北京大学中国语言学研究中心

国家出版基金项目
NATIONAL PUBLICATION FOUNDATION

早期北京话研究书系

主编 郭锐

早期北京话语法演变专题研究

刘云 著

北京大学出版社
PEKING UNIVERSITY PRESS

图书在版编目(CIP)数据

早期北京话语法演变专题研究/刘云著.—北京：北京大学出版社，2018.12
（早期北京话珍本典籍校释与研究）
ISBN 978-7-301-29832-9

Ⅰ.①早… Ⅱ.①刘… Ⅲ.①北京话—语法—演变—专题研究 Ⅳ.①H172.1

中国版本图书馆CIP数据核字(2018)第193937号

书　　名	早期北京话语法演变专题研究 ZAOQI BEIJINGHUA YUFA YANBIAN ZHUANTI YANJIU
著作责任者	刘　云　著
责任编辑	路冬月　邓晓霞
标准书号	ISBN 978-7-301-29832-9
出版发行	北京大学出版社
地　　址	北京市海淀区成府路205号　100871
网　　址	http://www.pup.cn　新浪微博：@北京大学出版社
电子信箱	zpup@pup.cn
电　　话	邮购部 010-62752015　发行部 010-62750672　编辑部 010-62753027
印刷者	北京虎彩文化传播有限公司
经销者	新华书店
	720毫米×1020毫米　16开本　23.75印张　318千字 2018年12月第1版　2019年7月第2次印刷
定　　价	96.00元

未经许可，不得以任何方式复制或抄袭本书之部分或全部内容。
版权所有，侵权必究
举报电话：010-62752024　电子信箱：fd@pup.pku.edu.cn
图书如有印装质量问题，请与出版部联系，电话：010-62756370

现代汉语共同语历史研究

(18JJD740001,2018年教育部人文社会科学重点研究基地重大项目)

总　序

　　语言是文化的重要组成部分，也是文化的载体。语言中有历史。
　　多元一体的中华文化，体现在我国丰富的民族文化和地域文化及其语言和方言之中。
　　北京是辽金元明清五代国都（辽时为陪都），千余年来，逐渐成为中华民族所公认的政治中心。北方多个少数民族文化与汉文化在这里碰撞、融合，产生出以汉文化为主体的、带有民族文化风味的特色文化。
　　现今的北京话是我国汉语方言和地域文化中极具特色的一支，它与辽金元明四代的北京话是否有直接继承关系还不是十分清楚。但可以肯定的是，它与清代以来旗人语言文化与汉人语言文化的彼此交融有直接关系。再往前追溯，旗人与汉人语言文化的接触与交融在入关前已经十分深刻。本丛书收集整理的这些语料直接反映了清代以来北京话、京味儿文化的发展变化。
　　早期北京话有独特的历史传承和文化底蕴，于中华文化、历史有特别的意义。
　　一者，这一时期的北京历经满汉双语共存、双语互协而新生出的汉语方言——北京话，它最终成为我国民族共同语（普通话）的基础方言。这一过程是中华多元一体文化自然形成的诸过程之一，对于了解形成中华文化多元一体关系的具体进程有重要的价值。
　　二者，清代以来，北京曾历经数次重要的社会变动：清王朝的逐渐孱弱、八国联军的入侵、帝制覆灭和民国建立及其伴随的满汉关系变化、各路军阀的来来往往、日本侵略者的占领等等。在这些不同的社会环境下，北京人的构成有无重要变化？北京话和京味儿文化是否有变化？进一步地，地域方言和文化与自身的传承性或发展性有着什么样的关系？与社会变迁有着什么样的关系？清代以至民国时期早期北京话的语料为研究语言文化自身传承性与社会的关系提供了很好的素材。

　　了解历史才能更好地把握未来。中华人民共和国成立后，北京不仅是全国的政治中心，而且是全国的文化和科研中心，新的北京话和京味儿文化或正在形成。什么是老北京京味儿文化的精华？如何传承这些精华？为把握新的地域文化形成的规律，为传承地域文化的精华，必须对过去的地域文化的特色及其形成过程进行细致的研究和理性的分析。而近几十年来，各种新的传媒形式不断涌现，外来西方文化和国内其他地域文化的冲击越来越强烈，北京地区人口流动日趋频繁，老北京人逐渐分散，老北京话已几近消失。清代以来各个重要历史时期早期北京话语料的保护整理和研究迫在眉睫。

　　"早期北京话珍本典籍校释与研究（暨早期北京话文献数字化工程）"是北京大学中国语言学研究中心研究成果，由"早期北京话珍稀文献集成""早期北京话数据库"和"早期北京话研究书系"三部分组成。"集成"收录从清中叶到民国末年反映早期北京话面貌的珍稀文献并对内容加以整理，"数据库"为研究者分析语料提供便利，"研究书系"是在上述文献和数据库基础上对早期北京话的集中研究，反映了当前相关研究的最新进展。

　　本丛书可以为语言学、历史学、社会学、民俗学、文化学等多方面的研究提供素材。

　　愿本丛书的出版为中华优秀文化的传承做出贡献！

王洪君　郭锐　刘云
2016年10月

早期北京话的语言研究价值
——"早期北京话研究书系"序

早期北京话指清中叶至民国时期的北京话。北京话在现代汉语中的地位极其特殊而重要，现代汉语的标准语——普通话——是以北京话为基础，普通话的语音标准是北京语音，普通话的词汇和语法也与北京话有密切联系。因此，要探讨普通话的语音、词汇、语法的来源，不能不涉及北京话。由于缺乏足够的材料，元明清初的北京话还无法进行系统的研究，与今天的北京话有直接的继承关系的北京话材料在清中叶才开始出现。但此时的北京话地位并不高，书面语传统也不够深厚，全国的通语是南京官话，而非北京官话。到1850年前后，北京话才取得通语的地位，并对日后的国语和普通话产生决定性的影响。

不过汉语学界对早期北京话的研究却相对薄弱。这一方面是因为过去对早期北京话材料了解不多，更重要的原因是重视不够。研究汉语史的，重视的是上古汉语、中古汉语和近代汉语；研究现代汉语的，重视的是1949年以后特别是改革开放以来的普通话语料；研究方言的，重视的是地方方言，尤其是东南方言，而北京话与普通话较为接近，晚清民国时期的北京话反倒少人问津，成了"三不管地带"。

随着清中叶至民国时期北京话语料的挖掘、整理工作的开展，早期北京话的面貌开始清晰地展现出来。根据初步考察，我们对这一时期北京话的语言研究价值有了大致的认识。可以说，清中叶以来的北京话是近代汉语过渡到现代汉语的桥梁。其中尤为重要的是，晚清民国时期，即19世纪40年代至1949年的一百多年间，北京话以及作为全国通语的北京官话、国语发生了一系列的变化，包括语音、词汇、语法，这些变化奠定了今天普通话的基本格局，而1950年至今的普通话则没有大的变化。

下面我们看看北京话在晚清民国时期发生的一些变化。

从语音方面看,变化至少有:

1. 庄组字翘舌~平舌交替

庄组字本来都读为舌尖后翘舌声母,其中大约30%今天读作舌尖前平舌音。但在晚清时期,有些字仍读作翘舌音,以威妥玛(Thomas F. Wade)《寻津录》(*Hsin Ching Lu* 1859)的记音为例:"瑟"读shê、"仄"读chai。还有相当一部分字有翘舌和平舌两读,形成文白异读:所(so~shuo)、涩(sê~shê)、责(chai~tsê)。另外,有些字今天读作翘舌声母,当时却有平舌声母的读法,如:豺(ts'ai)、侧(tsê)。

2. 声母ng彻底消失

北京周边的河北、山西、山东方言,中古疑母字的开口呼一般保留ng[ŋ]声母,影母字开口呼也读ng声母。清末的北京话还保留个别的ng声母字,如:饿(ngê)、恶(ngê)[富善(Chauncey Goodrich)《华英袖珍字典》(*A Pocket Dictionary ⟨Chinese-English⟩ Pekingese Syllabary* 1891)]。普通话中,ng[ŋ]声母完全消失。

3. 见系二等字舌面音声母和舌根音声母的交替

见系二等字在全国多数方言中仍保留舌根音声母,当代普通话中大部分见系二等字读作舌面音声母,但有约四分之一的见系二等字保留舌根音声母的读法,如"隔、革、客、港、耕、衡、楷"等。普通话中读作舌根音声母的字,在清末的北京话中,有一部分有舌面音声母的读法,如《华英袖珍字典》(1891)的记音:楷(ch'iai~k'ai)、港(chiang)、隔(chieh~kê)、揩(ch'ieh)、耕(ching~kêng)、耿(ching~kêng)。今音读作舌面音声母的见系二等字在稍早还有保留舌根音读法的,如《寻津录》(1859)的记音:项(hang~hsiang)、敲(ch'iao~k'ao)、街(chieh~kai)。

4. o~e交替

今音读作e[ɤ]韵母的字,对应到《寻津录》(1859),有两个来源,一个是e[ɤ]韵母,如:德(tê)、册(ts'ê)、遮(chê);另一个是o韵母,如:和(ho)、合(ho)、哥(ko)、刻(k'o)、热(jo)。从o到e的变化经历了多音并行和择一留存两个阶段,如:酌(chê~cho)、刻(k'o~k'ê)、乐(lo~lê)、洛(lê~lo)、额(o~ê)。在《华英袖珍字典》(1891)中,"若、弱、热"都有两读:jê或jo。最后择一保留的,有的是e韵母(刻、乐、热),有的是o韵母(酌、洛、若、弱)。

5. 宕江摄入声文白异读

《寻津录》(1859)中宕江摄入声文白异读主要是韵母o/io和ao/iao的差异,如:若(jo~yao)、约(yo~yao)、薄(po~pao)、脚(chio~chiao)、鹊(ch'io~ch'iao),这样的文白差异应该在更早的时候就已产生。二三等文读为üe韵母大约从1850年前后开始,《寻津录》(1859)中只出现了"学略却确岳"五字读üe韵母文读音。之后的三十来年间,短暂出现过üo韵母,但很快合并到üe韵母。üe作为文读音全面取代io韵母,大约在19世纪末完成。

晚清民国时期白读音的数量要明显多于当代的读音。如下面这些字在当代读文读音,而在当时只有或还有白读音:弱(jao)、爵(chiao~chio)、鹊(ch'io~ch'iao)、学(hsio~hsüeh~hsiao)、略(lio~lüeh~liao)。

6. 曾梗摄入声文白异读

曾梗摄入声字的文白异读,主要是e(o)韵母和ai韵母的差异,这样的格局自19世纪40年代以来没有改变,但清末北京话的文白两读并存要明显多于当代,如《华英袖珍字典》(1891)的记音:侧(ts'ê~chai)、泽(tsê~chai)、责(tsê~chai)、册(ts'ê~ch'ai)、拆(ts'ê~ch'ai)、窄(tsê~chai)、宅(chê~chai)、麦(mo~mai)、白(po~pai)、拍(p'o~p'ai)。

7. iai韵母消失

"解、鞋、挨、携、崖、涯"等蟹摄开口二等见系字在《音韵逢源》

(1840)中，韵母为iai。到《寻津录》(1859)，只有"涯"仍有iai的异读，其他字都读作ie韵母或ai、ia韵母。之后iai韵母完全消失。

8. 清入字声调差异

清入字在普通话中的声调归并分歧较大，但在清末，清入字的声调归并分歧更大，主要表现就是一字多调现象。如《寻津录》(1859)中的清入字声调：级(chi^2~chi^4)、给(chi^3~chi^4~kei^4)、甲($chia^1$~$chia^3$)、节($chieh^2$~$chieh^3$)、赤($ch`ih^1$~$ch`ih^4$)、菊($chü^1$~$chü^2$)、黑(hei^1~hei^3)、骨(ku^1~ku^2~ku^3)、铁($t`ieh^3$~$t`ieh^4$)、脱($t`o^1$~$t`o^3$)，这些多调字在当代普通话中一般只有一种调类。

次浊入在清末民初时期读作非去声的情况也较多，如：入(ju^3~ju^4)、略($liao^4$~lio^3~$lüeh^3$)、麦(mai^1~mai^4)。

以上这些成系统的语音变化有的产生更早，但变化结束并定型是在清末民初时期。

除此之外，一些虚词读音的变化也在晚清民国时期发生并定型。

助词和语气词"了"本读liao，在19世纪30年代或更早出现lo的读音，常写作"咯"，这应是轻声引起的弱化读法。此后，又进一步弱化为la（常写作"喇""啦"）、le[lə]。"了"的音变大致经历了四个阶段：

读音	liao	lo	la	le
开始时间	19世纪30年代前	19世纪30年代	19世纪50年代	1908

而语气词"呢"和助词"的"，也分别经历了ni——na——ne[nə]和di——da——de[tə]的语音弱化阶段。

语气词"啊"的语音变体，在当代普通话中有较为严格的条件，而晚清民国时期"啊"音变的条件与之有所不同。"呀"(ya)可以出现在：-ng后（请问贵姓呀？/《小额》），-n后（他这首诗不曾押着官韵呀！/《儿女英雄传》），

-u后(您说有多么可恶呀!/《北京风俗问答》),舌尖元音后(拿饭来我吃呀。/蔡友梅《鬼吹灯》)。"哇"可以出现在-ng后(做什么用哇?/湛引铭《讲演聊斋》)。这种现象与现在汉语学界所讲的语流音变条件似乎并不吻合,到底应如何分析,值得深入探讨。

此外,还有一些特殊的读音,也在早期北京话材料中有所反映。

"俩"读作lia,一般认为是"两个"的合音。但在晚清北京话材料中,有"俩个"的说法。这似乎对合音说提出了挑战,更合理的解释也许应该是"两"受到后一音节"个"的声母影响,导致韵尾脱落,然后是"个"的脱落,形成"俩"直接修饰名词的用法。

一些词汇的特殊写法,则反映了当时的特殊读音。有些是轻声引起的读音变化,如:知得(知道)、归着(归置)、拾到(拾掇)、额啦大(额老大)、先头啦(先头里);有些则是后来消失的白读音,如:大料(大略)、略下(撂下)。

可以看到,北京话在清代发生了一系列的语音变化,这些变化到19世纪末或20世纪初基本结束,现代汉语的语音格局在这个时期基本奠定。那么这些变化过程是如何进行的,是北京话自发的变化还是受到南京官话或其他方言的影响产生的,这些问题都可以通过早期北京话的材料找到答案。同时,这一时期北京话语音的研究,也可以为普通话的审音工作提供重要的参考。

词汇方面,晚清民国时期的北京话有一些异于普通话甚至当代北京话的词语,如:颏膝盖(膝盖)、打铁(互相吹捧)、骑驴(替人办事时在钱财上做手脚以牟利)、心工儿(心眼儿)、转影壁(故意避而不见)、扛头(不同意对方的要求或条件)、散哄(因不利情况而作罢或中止)、胰子(肥皂)、烙铁(熨斗)、嚼裹(花销)、发怯(害怕)、多咱(什么时候)、晌午歪(午后)。

为什么有一些北京话词语没有传承到普通话中?究其原因,是晚清民国时期汉语共同语的词汇系统,经历了"南京官话——北京官话/南京官话——

南北官话混合"三个阶段。根据艾约瑟《汉语官话语法》(1857)、威妥玛《语言自迩集》(1867)等文献记述,在1850年前后,通语由南京官话改为北京官话。当时的汉语教科书也由南京官话改为北京官话。不过,南京官话并没有消失,而是仍在南方通行。因此,南北官话并存成为晚清语言生活的重要特征。美国北长老会传教士狄考文编著的汉语教科书《官话类编》(1892)就是反映南北官话并存现象的重要文献。下面的例子是《官话类编》记录的北京官话和南京官话的词汇差异:

A		B		C	
北京官话	南京官话	北京官话	南京官话	北京官话	南京官话
白薯	山芋	耗子	老鼠	烙铁	熨斗
白菜	黄芽菜	脑袋	头	日头	太阳
煤油	火油	窟窿	洞	稀罕	喜欢
上头	高头	雹子	冰雹	胰子	肥皂
抽烟	吃烟	分儿	地步	见天	天天
扔	丢	自各儿	自己	东家	老板
馒头	馍馍	些个	一些	巧了	好像
多少	几多	姑爷	女婿	眍睐	留意

南北官话并存和对立的局面在民国时期演变为南北官话的混合,南北两种官话合并为一种共同语,即国语。作为国语的继承者,普通话的词汇,有的来自北京官话(如A列),有的来自南京官话(如C列),有的既来自北京官话,又来自南京官话(如B列)。普通话中与北京官话和南京官话无关的词不多见,如:火柴(北/南:取灯儿/洋火)、勺子(匙子/调羹)、本来(原根儿/起根儿)。那些在今天被看作北京土话的词汇,实际上是被南京官话挤掉而未进入普通话的北京官话词汇,如:胰子、烙铁、见天。

晚清时期北京话语法在研究上的重要性主要可以从两个方面来看。一是普通话的不少语法现象,是在这一时期的北京话中萌芽甚至发展成熟的。如兼表致使和被动的标记"让"的形成、受益标记"给"的形成、"程度副词+

名词"格式的产生、协同伴随介词和并列连词"跟"的产生等。二是普通话的不少语法现象，与晚清北京话有差异。比如：

1. 反复问格式：普通话的带宾语的反复问格式有"V否VO"（吃不吃饭）、"VO否VO"（吃饭不吃饭）、"VO否V"（吃饭不吃）等格式，但在晚清时期北京话中没有"V否VO"格式。

2. 双及物格式：普通话有"V+间接宾语+直接宾语"（送他一本书）、"V给+间接宾语+直接宾语"（送给他一本书）、"V+直接宾语+给+间接宾语"（带一本书给他）、"给+间接宾语+V+直接宾语"（给他带一本书）四种常见格式，晚清时期北京话没有"V+直接宾语+给+间接宾语"格式。

3. 趋向动词与动作动词构成的连谓结构语序：普通话可以说"吃饭去"，也可以说"去吃饭"，而晚清时期北京话只说"吃饭去"。

4. 进行体的表达形式：普通话主要用"在VP""正在VP"，晚清时期北京话主要用"VP呢"。

5. 被动标记：普通话用"被、让、叫、给"，晚清时期北京话主要用"让、叫"。

6. 协同、伴随介词：普通话用"和、同、跟"，晚清时期北京话主要用"跟"。

7. 时间起点介词：普通话主要用"从、打"，晚清时期北京话主要用"打、起、解、且、由"。

8. 时间终点介词：普通话用"到、等到"，晚清时期北京话用"到、赶、赶到"。

可以看到，晚清时期北京话的有些语法形式没有进入普通话，如时间起点介词"起、解、且"；有些语法项目，普通话除了采用晚清时期北京话的语法形式外，还采用晚清时期北京话没有的语法形式，如反复问格式"V否VO"、双及物格式"V+直接宾语+给+间接宾语"、被动标记"给"。这些在晚清时期北京话中没有的语法形式容易被看作后来普通话发展出的新语法形式。但如果联系到晚清南北官话的并存，那么可以发现今天普通话的这些语法形式，其实不少是南北官话混合的结果。下面看看晚清南北官话语法形式的差异：

	语法项目	北京官话	南京官话
1	反复问句	VO不V，VO不VO	V不VO，VO不VO
2	双及物格式	送他书，送给他书	送他书，送书给他
3	去VP	VP去	去VP
4	进行体	VP呢	在VP
5	被动标记	叫，让	被，给，叫（少见）
6	致使动词	叫，让	给，叫（少见）
7	协同介词	跟	和，同
8	并列连词	跟	和，同
9	工具介词	使	用
10	时间终点介词	赶，赶到	到，等到
11	时间起点介词	打，起，解，且，由	从

从上表可以看到，普通话语法形式与清末北京话的语法形式的差异，其实很多不是历时演变导致的，而是南北官话混合带来的。

普通话的语法形式与词汇一样，也是南北官话混合的结果。词汇混合的结果往往是择一，而语法混合的结果则更多是来自南北官话的多种语法形式并存。因此，要弄清今天普通话词汇和语法形式的来源，就必须对清末民初北京话的词汇和语法以及同一时期的南京官话的词汇和语法做一个梳理。

朱德熙先生在《现代汉语语法研究的对象是什么？》（1987）一文中认为，由于普通话，特别是普通话书面语是一个混杂的系统，应把普通话的不同层次分别开来，北京话是现代汉语标准语（普通话）的基础方言，因此研究现代汉语语法应首先研究清楚北京话口语语法，才能对普通话书面语做整体性的综合研究。朱德熙先生的观点非常深刻，不过朱先生在写作这篇文章时，主要是从方言成分混入普通话角度讨论的，还没有认识到普通话主要是北京官话和南京官话的混合，我们今天对早期北京话的研究为朱德熙先生的观点提供了另一个角度的支持。早期北京话的研究，也可以对朱德熙先生的观点做一个补充：由于普通话主要是北京官话和南京官话混合而成，所以研究现代汉语语法不仅要首先研究北京话语法,还需要对普通话中来自南京官话的成分加以梳理。只说北京话是普通话的基础是不够的,南京官话是普通话的第二基础。

此外,早期北京话文献反映的文字方面的问题也值得关注。早期北京话文献中异体字的使用非常普遍,为今天异体字的整理提供了很好的素材。其中一些异体字的使用,可以弥补今天异体字整理的疏漏。如:

> 有一天,一個狐狸進一個葡萄園裡去,瞧見很熟的葡萄在高架上垂掛著,他説:"想必是好吃的。"就咂着嘴兒讚了讚,驫蹤了半天,總搆不着。
> (《伊苏普喻言》(1879))

"搆"在《第一批异体字整理表》中,处理为"构(構)"的异体字,但根据原注"搆:读上平,以物及物也",不应是"构"之异体。查《华英袖珍字典》(1891),"搆"释为"to plot, to reach up to","plot"可看作"构"的意思,而"to reach up to"的意思是"达到",因此,这种用法的"搆"应看作"够(伸向不易达到的地方去接触或拿取)"的异体字。"驫蹤",原注"驫:上平,驤也""蹤:去声,跳也",根据注释和文意,"驫蹤"应为"蹿纵",而《第一批异体字整理表》把"蹤"处理为"踪"的异体,未看作"縱"的异体,也未收"驫"字。

早期北京话呈现出来的语音、词汇、语法现象,也为当代汉语研究的一些疑难问题提供了一个解决的窗口。比如:"啦"到底是不是"了"和"啊"的合音?晚清民国北京话的研究表明,"啦"并不是"了+啊"的合音,而是"了"弱化过程的一个阶段。普通话的同义词和同义句式为何比一般方言多?这是因为北京官话和南京官话词汇和语法的混合形成国语/普通话,北京官话和南京官话中不同的词汇、语法形式并存于普通话中,就形成同义词和同义语法形式。"给"为何可表被动但不表致使?被动标记和致使标记有密切的联系，很多语言、方言都使用相同形式表达致使和被动，根据语言类型学和历史语法的研究，是致使标记演变为被动标记，而不是相反。但普通话中"给"可以做被动标记，却不能做致使标记，似乎违反了致使标记演变为被动标记的共性，这是为什么？如果从南北官话的混合的角度看，也许可以得到解释：南京官话中"给"可以表致使，并演变为被动标记；而普通话中"给"的被动标记用法很可能不是普通话自发产生的，而是来自南京官话。因此表面上看是普通话"给"跳过了致使标记用法直接产生被动标记用法，实质是普通话只从南京官话中借来了"给"的被动标记用法，而没有借致使标记用法。这些问题在本书系的几部著作中，都会有详细的探讨，相信读者能从中得到满意的答案。

　　早期北京话研究的先行者是日本学者。1876年后，日本兴起了北京话学习的热潮，出版了大量北京话教材和资料，为后世研究带来了便利。太田辰夫先生在20世纪40年代就开始早期北京话的研究，提出了著名的北京话的七个特征。其后辈学者佐藤晴彦、远藤光晓、山田忠司、地藏堂贞二、竹越孝、内田庆市、落合守和等进一步把早期北京话的研究推向深入。国内的研究起步稍晚，吕叔湘等老一辈学者在研究中已经开始关注《白话聊斋》等民初京味儿小说，可惜受制于材料匮乏等多方因素，研究未能延续。北京大学是北京话研究重镇，林焘先生对北京话的形成有独到的研究，20世纪80年代初带领北大中文系1979级、1980级、1981级汉语专业本科生调查北京话，留下了珍贵的资料。20世纪90年代以来，经蒋绍愚、江蓝生等先生倡导，局面有所改变。深圳大学张卫东，清华大学张美兰，厦门大学李无未，中山大学李炜，北京语言大学高晓虹、张世方、魏兆惠，苏州大学曹炜等学者在早期北京话的语音、词汇、语法方面都有深入研究。2007年，北京大学中国语言学研究中心将北京话研究作为中心的重要研究方向，重点在两个方面，一是深度挖掘新材料，即将面世的"早期北京话珍稀文献集成"（刘云主编）将为研究者提供极大便利；二是培养新生力量，"早期北京话研究书系"的作者刘云、周晨萌、陈晓、陈颖、翟赟、艾溢芳等一批以北京话为主攻方向的年轻学者已经崭露头角，让人看到了早期北京话研究的勃勃生机。希望本书系的问世，能够把早期北京话研究推向新的高度，为汉语研究提供新的视角，解决过去研究的一些疑难问题，也期待更多研究者来关注这座汉语研究的"富矿"。

郭　锐

2016年5月7日于北京五道口

目 录

第一章 绪 论……………………………………………………… 1
    1.1 早期北京话的研究价值 ……………………………………… 1
    1.2 早期北京话语法研究概况 …………………………………… 8
    1.3 本书的研究思路和章节安排 ………………………………… 14

第二章 早期北京话的新材料……………………………………… 15
    2.1 引言 …………………………………………………………… 15
    2.2 清中前期的北京话材料 ……………………………………… 15
    2.3 晚清民国时期的北京话材料 ………………………………… 25
    2.4 结语 …………………………………………………………… 39

第三章 敬称代词"您"的来源及发展 …………………………… 41
    3.1 引言 …………………………………………………………… 41
    3.2 关于"您"来源的四种观点 ………………………………… 41
    3.3 对"你们合音说"的检验 …………………………………… 46
    3.4 敬称代词"您"在清代的发展 ……………………………… 52
    3.5 同类现象：第三人称敬称"怹"的发展 …………………… 79
    3.6 结语 …………………………………………………………… 98

第四章 长时副词"且"的来源及发展 …………………………… 102
    4.1 引言 …………………………………………………………… 102
    4.2 对"且$_{长时}$"的共时分析 …………………………………… 105

4.3　对"且₍长时₎"的历时考察 …………………………… 119
　　4.4　结语 …………………………………………………… 125
第五章　一些认识情态标记的来源及发展 ………………………… 127
　　5.1　引言 …………………………………………………… 127
　　5.2　"光景"和"不见得" ………………………………… 128
　　5.3　"准"和"大概" ……………………………………… 146
　　5.4　"多半"和"八成" …………………………………… 161
　　5.5　结语 …………………………………………………… 179
第六章　处置标记"给"的来源及发展 ……………………………… 180
　　6.1　引言 …………………………………………………… 180
　　6.2　对现有观点和重要用例的检验 ……………………… 187
　　6.3　"给₍狭义处置₎"的来源和历时演变 ………………… 190
　　6.4　"给₍广义处置₎"和"给₍致使处置₎"的发展 ……… 215
　　6.5　结语 …………………………………………………… 218
第七章　被动标记"给"的来源及发展 ……………………………… 220
　　7.1　引言 …………………………………………………… 220
　　7.2　"给₍长被动₎"的来源及发展 ………………………… 222
　　7.3　"给₍短被动₎"用法的来源及发展 …………………… 232
　　7.4　结语 …………………………………………………… 242
第八章　多功能标记"让"的来源及发展 …………………………… 244
　　8.1　引言 …………………………………………………… 244
　　8.2　路径一："让₍被动₎"的来源及发展 ………………… 249
　　8.3　路径二："让₍使令₎"和"让₍致使₎"的来源及发展 … 265
　　8.4　结语 …………………………………………………… 274

第九章　总结与展望 …………………………………………… 276
　9.1　主要观点 ……………………………………………… 276
　9.2　研究展望 ……………………………………………… 278
参考文献 ………………………………………………………… 281
附录一：清末民初京味儿小说大家蔡友梅生平及著作考述 ……… 306
附录二：清末民国京味儿小说大家徐剑胆生平及著作考述 ……… 319
附录三：《庸言知旨》作者宜兴考述 ………………………… 338
附录四：《清话问答四十条》作者常钧生平及著作考述 ………… 344
后　记 …………………………………………………………… 356

第一章 绪 论

1.1 早期北京话的研究价值

众所周知，北京话与现代汉民族共同语——普通话渊源极深，普通话不仅在语音上以北京话为标准音，在词汇和语法规则上也受到北京话极大影响。胡明扬先生在《北京、北京人、北京话》（1987）中对北京话的研究价值有着深刻的认识："由于北京话的特殊地位，对北京话发展史的研究成果将会成为汉语发展史的重要内容。至于对现代北京话的研究则更具有现实意义，并且也是现代汉语研究的一个重要方面，完全不同于对一般方言的研究。"本书所关注的清代民国时期的早期北京话正是北京话发展史的核心内容，其研究价值主要有以下几个方面。

1.1.1 对汉语史和语言接触研究的意义

北京话的历时研究无法回避北京话的来源问题，这是北京话研究中最为宏大和复杂的课题。俞敏（1984）、陈明远（1985）、林焘（1987）、薛凤生（1986）、张世方（2010c）、王洪君（2017）、史皓元（2018）等从周边方言、音韵、移民史、语言接触等多个角度提出了独到见解。然而明代以及清前期北京话文献的极度匮乏，给这个问题的解决带来了很大的难度。"到目前为止，北京话的形成发展历史仍是一个悬而未决的问题。"（曹志耘、张世方，2000）尽管如此，多数研究者倾向于当代北京话成熟于清民两代。如太田辰夫在《论清代北京话》（1950）中就明确提出："清代北京话与明代北京话相比存在断层。这可能是因为清朝占领北京城以后，使得北京内城的居民搬迁至外城，而旗人进入内城，他们的语言即成为标准语。"他在《近代汉语》（1969）中进一步指出："在中国，近代通常指鸦片战争以后。这里指整个清代，再近一点儿，把民国初年也包含其中。这一时代是北京话形成并作为通用语使用的时代。"

在汉语史上，这是个承前启后的重要时期，也是研究中的薄弱环节。"这两百多年特别是清初到 19 世纪末这一段的汉语，虽然按分期来说是属于现代汉语而不属于近代汉语，但这一段的语言（语法，尤其是词汇）和'五四'以后的语言（通常所说的'现代汉语'就是指'五四'以后的语言）还有若干不同，研究这一段语言对于研究近代汉语是如何发展到'五四'以后的语言是很有价值的。"（蒋绍愚，2005）

笔者非常赞同两位先生的上述观点，北京话的语法系统在这段时间确实经历了巨大的变化。先看太田先生对该时期北京话语法特点的系列研究。在《论清代北京话》（1950）中，他选择"儿"（如"今儿"）、"喒（咱）们"、"您"、"俩（仨）"、"别"（表示禁止、推测）、"得"（děi 须要）、"多咱"、"给"（介词）、"～的慌"、"～是（似）的"、"来着"、"罢咱"等 12 个用法作为判断北京话的标准。据佐藤晴彦（2018）介绍，太田先生在《北京话的文法特点》（1964）中根据《官话指南》（九江书局版）和《官话类编》把北京话的特点进一步细化为 8 个词类、72 条项目。后来为了方便研究者使用，他在《近代汉语》（1969）中把北京话的语法特点简化为以下 7 条：1）使用"咱们""我们"而非"俺""咱"来区别第一人称代名词的包括式（inclusive）和排除式（exclusive）；2）有介词"给"；3）用助词"来着"；4）不用助词"哩"而用"呢"；5）有禁止副词"别"；6）"很"用于状语；7）"～多了"置于形容词之后。并笃定地说："北京话的条件如以上那样设定的话，北京话无疑是在清代成立的。"太田先生所总结的诸多特点多数是清代才出现的新变化，数量已经极为可观，本书还涉及代词、副词、介词、处置、被动、使令、致使等用法的一些新变化，列举如下：

(一)第三人称敬称代词:您

(1)我姥姥您吃罢。我姥爷<u>您</u>这一程子倒硬朗啊?(《燕京妇语》)

(二)长时副词:且

(2)您姥爷穿鞋省着的哪,您一双鞋<u>且</u>穿哪,那儿就穿坏了。您兄弟他们穿的费着的哪,差不多儿一个月就得一双鞋。(《燕京妇语》)

(三)认识情态副词:光景

(3)你听大门外头车站住了,<u>光景</u>是客人来了。(《官话指南》)

(四)起点介词:且

(4)这点儿德行,我真不好说,他们这真叫作猪八戒吃炒肝儿——自餐骨肉,使这宗减心钱,吃什么也<u>且</u>脊梁骨下去,不得噎膈也得转食。(《大兴王》)

(五)处置标记:给

(5)刘瑾:(白)把这张状子拿去给他瞧瞧,告诉他说,做了一任好父母官,儿女百姓无恩可报,弄了这么张字纸就<u>给</u>您刷下来啦!(《法门寺》)

(六)被动标记:给

(6)你真是不会说话。我若是<u>给</u>那猛虎吃了下去,我还能回来么?(《狸猫换太子》)

(7)所以离着城门近的人家儿的狗,是时不常儿的有<u>给</u>药死的。(《北京风俗问答》)

(七)被动标记：让

(8)这个票子联,向来是个无赖之徒,坑绷拐骗,无所不为。他女人是让他气死啦(必是有心胸的),略下一个孩子,今年十六啦。(《小额》)

(八)使令标记：让

(9)他老人家可讹住了,楞说小额打他啦,翻滚不落架儿,非让小额打死他不成。(《小额》)

(九)致使标记：让

(10)二爷总瞧着不入眼,说赶不上你,反到让我们担心。(《阿英》)

较之元明时期,清代民国时期北京话语法的各个子系统中均发生了很大的变化,在汉语史研究中理应有一席之地。另一方面,早期北京话在一头一尾分别经历了满汉语言融合和欧化的洗礼。1644年,满族人入关,仅过了一个半世纪,其母语即基本完成了由满语向汉语的转用。(参看季永海,2004)这无疑是汉语发展史、教学史和语言接触史上的重大事件,"关于清代旗人汉语的形成、演变的过程及其与清代老北京话的关系,以及对于现代北京话形成的影响,是汉语历史语言学研究和汉语语言接触研究中需要厘清的重大问题。"(祖生利,2013)满汉合璧文献和民国北京话文献的大量存世也为研究这两个时期的语言接触提供了条件。

1.1.2 对现代汉语研究的意义

较之方言语法,普通话中一些语法现象在规律性上有所欠缺,如何区分"了$_1$"和"了$_2$"之类的诸多难题长期困扰研究者,推进极为缓慢。这是普通话作为研究对象的非匀质性导致的,胡明扬(1987a)指出:"现代汉语语法研究碰到了很多困难,困难之一是研究的依据都是书面语,而现代汉语书面语却严重不纯,很不规范,夹杂着各种方言成分、古汉语成分,还有各种欧化语法成分。要从如此驳杂的对象中整理出条理来,的确是难上加难,而且即使整理出一些条理来,任何人都可以随手拣起不少'例外'来加以非难。"朱德熙(1987)认为普通话由于包含了不同层次的复杂成分,不够均匀和稳定,称不上理想的研究对象。在文中,朱先生主张加强北京口语语法研究,认为这是现代汉语语法研究的基础,有三点理由,转引如下:

一、北京话是现代标准汉语的基础方言。

二、北京话是几百万人口里说的活生生的"具体"的语言,不像普通话那样只是理论上存在的抽象的东西。它基本上是稳定的、均匀的。一个语法格式北京话说还是不说,大都可以找到确定的答案;因此比较容易总结出规律来。

三、研究北京口语语法,有利于我们去发现现代汉语里最根本的语法事实。例如基本句型的确认,最重要的语法成分(某些虚词和后缀)的功能,语音节律(轻重音、语调、变调)跟语法的关系等等。这些都是语法研究中最根本最重要的方面。

郭锐、翟赟、徐菁菁(2017)对晚清民国时期南京官话和北京官话材料进行了大规模的统计,发现今日之普通话是北京官话和南京官话混合的产物:"混合方式是以北京官话为底子,吸收部分南京官话的词汇和语法形式,由此构成普通话的基本格局。混合主要发生在民国时期,1950年后普通话的基本格局相当稳定。"南北官话的语法形式混杂在一起,在共时平面难免会显得凌乱,欠缺规律性。如果我们能够摸清清代民国时期北京话和南方官话的词汇语法面貌,能够对普通话中相关语法形式乃至整个语法系统的形成过程有一个细致的历时梳理,无疑将会极大推动现代汉语层面的相关研究。郭锐、陈颖、刘云(2017)大量考察清中叶至民国时期北京话材料,总结出虚词"了"所经历的语音弱化过程的四个阶段：liao → lo → la → lə。而"了₁"和"了₂"发展并不同步：从第一阶段到第三阶段"了₂"比"了₁"发展快，从第三阶段到第四阶段则是"了₁"比"了₂"发展快。"了"读音变化的不同阶段，有"咯""啰""喇""啦"等不同写法。该文不仅大大加深了对"了₁"和"了₂"的认识，也充分展示了早期北京话研究对现代汉语研究的重要价值。

1.1.3 对方言和类型学研究的价值

北京话语法特点鲜明，是方言语法研究的重要部分。胡明扬（1987a）说："北京话作为一种地区方言有其特殊地位和特殊价值，因此对北京话的研究本身就很有意义。"近一个世纪以来，北京话语法的共时研究取得了很大进展。在著作方面，《国语入门》（赵元任，1948）、《中国话的文法》（赵元任，1968）、《汉语口语》（陈建民，1984）、《北京话初探》（胡明扬，1987b）、《北京话研究》（胡明扬等，1992）、《汉语功能语法研究》（张伯江、方梅，1996）、《北京口语语法（词法卷）》（周一民，1998）、《现代北京话研究》（周一民，2002）、《北京话中的"着"字新探》（刘一之，2001）较有代表性，最新的成果有《北京话口语中话题结构的功能认知研究》（刘林军，2010）、《老北京土话语法研究》（卢小群，2017）以及《早期北京话研究书系》（郭锐，2018）等。

在论文方面，下面一些前辈时贤的研究有一定代表性：赵元任（1926）、朱德熙（1980、1982a）、胡明扬（1981、1987b）、俞敏（1988、1989）、马希文（1987、1983、1988）、孟琮（1983、1986）、崔永华（1988）、陈刚（1957、1984）、周一民（1991、2003）、徐世荣（1992）、徐丹（1989、1995）、劲松（1989、1992）、贺阳（1994）、方梅（1994、2011）、董树人（1994）、陈妹金（1995）、陈泽平（2004）、彭宗平（2004）、刘祥柏（2004）、李咸菊（2009）、郭风岚（2009）、张世方（2010b）、乐耀（2010）、刘林军与高远（2010）、白鸽等（2012）。

由论文数量不难看出，北京话口语语法研究还较为薄弱，曹志耘、张世方(2000)分析这种局面主要是认识的偏差造成的:"北京话语法的研究与语音研究相比显得十分单薄,甚至不及词汇研究。究其原因,可能是因为人们以为北京话语法和普通话语法没有什么区别而对此未给予足够的重视,当然,这跟长期以来语法学界多注重书面语语法的研究而忽视口语语法的做法也有关系。"改革开放以来,普通话对北京话的同化速度在日益加快,无疑更加深了这种误解。而方梅先生近些年的系列研究则显示,当代北京话仍蕴含着巨大的研究空间,对汉语方言语法和类型学研究都具有重要意义。如《北京话儿化的形态句法功能》(2007)就发现了北京话中的儿化可以自指,单纯作为名词化手段,功能在于改变词类,已经可以作为一种句法屈折手段。《北京话里"说"的语法化——从言说动词到从句标记》(2006)则通过考察"说"在共时层面的变异,得出两条具有类型学价值的演变路径:1)言说动词 > 引语标记 > 准标句词 > 标句词;2)言说动词 > 话题标记 > 例举标记 > 条件从句标记 > 虚拟情态从句标记。《指示词"这"和"那"在北京话中的语法化》(2002)重点讨论了"这"由指示词用法发展出的定冠词用法,并结合南方方言中的同类现象对汉语定指标记的虚化路径进行了总结和分类,对类型学领域的相关研究做了很好的补充。在三篇个案研究的基础上,作者做出了重要的论断:形态句法(morphosyntax)范畴的萌生是当代北京话较之早期北京话的重要变化。

将语法化和话语分析相结合,在互动语言学和类型学的视角下,通过对共时变异的研究透视历史演变的过程和动因,方梅先生所倡导的研究思路对于方言语法研究,尤其是历史文献匮乏的方言,具有方法论意义。而北京话、吴语、闽语等早期语料较丰富的方言,也可展开相应的历时研究加以验证。得益于特殊的历史地位,北京话存世的早期语料数量最为丰富,可以对敬称代词"您"、被动标志"让""给"等一些重要的语法现象展开系统的溯源研究。此外,尽管很多用法已在当代北京话中消失(如认识情态标志"光景""作兴""高兴""巧了"等),但它们的发展轨迹在清代民国北京话文献中保存得十分完整,同样具有极高的类型学价值。以本书的研究对象为例,在世界语言中,有敬称代词的不算多,对"您",特别是"恁"的溯源研究可丰富敬称代词的来源。视觉传信用法"光景"向认识情态用法的发展则用实例证明了传信范畴和认识情态的内在联系。而"给"兼表被动和受益的语言事实则对 Croft(1991)的"致使顺序假说"提出了挑战。和北京话中的"给"一样,很多方言中的处置标记也兼有给予义动词或与事介词用法,研究者们提出了诸多假设,本书将利用大规模早期语料进行检验。

综上所述,清代民国时期的早期北京话有着多方面的研究价值,存世语料虽然在挖掘整理上存在着一定难度,但数量上是极为可观的,可为研究提供一定的支持。在下一节研究综述部分我们将会看到,受到观念和材料的制约,国内早期北京话语法研究还相对薄弱。近些年来,在蒋绍愚、江蓝生、张卫东、郭锐、张美兰等先生的大力倡导下,清代民国时期的北京话研究逐渐受到关注,在打破材料瓶颈后,一定大有可为。

1.2 早期北京话语法研究概况

1.2.1 海外研究概况

海外的早期北京话研究主要集中在日韩两国。韩国方面的研究起步略晚,近些年来发展势头良好,这很大程度上得益于韩国鲜文大学朴在渊先生对《京语会话》《骑着一匹》《关话略抄》《汉语独学》等早期教材的挖掘整理工作,相关成果一部分被收入《汉语会话书》和《汉语会话书续编》,一部分则以鲜文大学中韩翻译文献研究所内部刊物的形式传布,惠及学界。语法研究方面,较多集中于对早期教材中语法现象的描写和讨论,申美燮、金雅瑛两位学者近期较为活跃,系列文章产生了一定影响。

日本学界的研究起步则非常早,太田辰夫、尾崎实、香坂顺一等老一辈学者推动了学科发展。明治九年(1876),北京话成为学习对象,大批北京话教材和语法书应运而生,为早期北京话研究带来了极大便利。太田辰夫是北京话语法研究的开创者和集大成者,佐藤晴彦(2018)把他的研究贡献总结为两点,第一点是"探索清代北京话的语法特点",前文已有介绍,山田忠司(2018)对七大特点做了进一步的阐释和补充。陈晓(2015)通过对满蒙汉合璧文献、清末京味儿小说、戏曲、域外教科书等20部作品的考察,对清代北京话的语法特点及发展脉络进行了系统梳理。第二点是"发掘清代北京话研究的新资料",太田先生在20世纪50年代的研究中就大量发掘并充分运用了满汉合璧会话书、官话正音读本、京味儿小说、北京话教科书等资料,给后世研究指明方向。落合守和、竹越孝、寺村政男等后辈学者对《清文启蒙》《庸言知旨》《清文指要》等满汉合璧文献做了进一步整理和研究。落合守和先生在供词、曲艺、京味儿报刊中发掘出一批新材料,线索非常宝贵。竹越孝先生在英法等国图书馆中发掘出《满汉合璧集要》《清文指要》《问答语》等文献的重要版本,并利用满汉合璧文献对"罢了/罢咧""是呢"等用法进行了深入探讨。内田庆市先生最近整理出版的《北京官话全编》非常值得关注,语言面貌可与《语言自迩集》媲美。

此外,太田先生还非常重视专书研究,对《红楼梦》《儿女英雄传》《小额》《北京》《离婚》中的词汇语法现象都有专门研究,他对清末京味儿小说《小额》尤其钟爱,其弟子佐藤晴彦先生这样回忆道:

> 上课时,太田先生始终满面笑容,从他的表情上可以看出他对《小额》的无限热情,也看得出《小额》给他带来的无限乐趣。
>
> 在这门课上,太田先生每次会发两三张讲义,对《小额》作了很详细的注解,由太田先生亲自刻蜡版的。我认为后来由汲古书院出版的《小额(社会小说)》必定是根据这些讲义资料编写的。(佐藤晴彦,2018)

这一治学理念为后世学者所继承。一些学者对《儿女英雄传》《红楼梦》《北京》《官话指南》等经典语料进行再挖掘,代表研究包括藤田益子对《儿女英雄传》中的"价""重叠"和"被动"等课题的系列研究。《红楼梦》方面较有代表性的研究包括今井敬子(1991)对"来"和"去"的考察,地藏堂贞二(1996)对疑问句的研究,以及大岛吉郎(1992、1993)关于"吗"和"着"的论文。山田忠司(1998)在太田先生研究基础上,结合《红楼梦》《儿女英雄传》和老舍作品对"给"的发展做了进一步探讨。干野真一(2015)和下地早智子(2015)分别对《北京》的起点类介词以及《官话指南》的时体标记"了"进行了考察。

佐藤晴彦、落合守和、内田庆市、地藏堂贞二、山田忠司、竹越孝等学者对《北京官话全编》《京话指南》《燕语新编》《今古奇观》《说聊斋》《埋香记》等新语料的整理研究都富有新意。目前日本已经正式出版的早期北京话语料汇编有以下三种:《中国语学资料丛刊·白话研究篇》(四卷,波多野太郎编,东京不二出版社出版,东京,1984)、《中国语学丛刊·燕语社会风俗、官话翻译、古典小说、精选课本篇》(四卷,波多野太郎编,东京不二出版社出版,东京,1985)、《清民语料》(三卷,落合守和编,东京清民语料研究会出版,2002、2003)。

1.2.2 国内研究现状

王力先生的《中国现代语法》(1943)即是以《红楼梦》为研究对象,吕叔湘、孙德宣等老一辈学者在研究中也利用了《说聊斋》《讲演聊斋》等民国京味儿小说。可见国内的早期北京话研究起步并不晚,但由于种种原因,研究未能得以延续,虽有一些研究讨论了《红楼梦》《儿女英雄传》和老舍作品中的语法现象,也显得零散不成系统。20世纪90年代以来,这种冷清局面被打破,研究队伍得到明显壮大,除了北京大学、中国社科院、中国人民大学、北京语言大学、北京师范大学、首都师范大学这几所有着北京话研究传统的机构外,北京外国语大学、对外经济贸易大学、中央民族大学、南开大学、吉林大学、苏州大学也形成了研究团队。在研究方面,对《红楼梦》《儿女英雄传》中语法现象进行探讨的研究明显增多,崔希亮、李小凡、项梦冰、李宗江、哈伟诸先生对《红楼梦》的处置式、疑问句、状态词、给予义动词、副词进行了探讨,成果被收入《〈红楼梦〉的语言》(吴竞存编,1996b)。龚千炎(1994a)结合两部作品讨论了近代汉语向现代汉语演变过程一些具有过渡性特征的语法现象。研究中还出现了一些新的动向,可大致分为以下几类:

(一)域外北京话教科书研究

江蓝生《〈燕京妇语〉所反映的清末北京话特色》(1994、1995)是开山之作,该文不仅对《燕京妇语》中的特殊语法现象进行了详细的描写,更是令读者感受到了新材料给早期北京话研究带来的巨大学术空间,极大地推动了研究的发展。类似的研究还有孙锡信(1997)。在王顺洪、张卫东、张美兰、李无未、张西平、姚小平、王澧华等先生的引介下,大批日本、朝鲜、欧美作者主导编写的早期北京话教科书进入研究者视野。《中国语学资料丛刊》《中国语教本类集成》《日本明治时期汉语教科书汇刊》(张美兰,2011)、《日本汉语教科书汇刊(江户明治编)》(李无未,2015)、《语言自迩集》(威妥玛著、张卫东译,2002)等影印资料汇编和整理本给国内研究者带来极大便利。张美兰与陈思羽(2006)、张美兰(2009)结合域外教材分别对清末北京话的话题标记和句法特点进行了细致研究。杨杏红(2014)首次对明治时期北京官话课本的语法系统进行系统描写。在西人教材方面,宋桔(2015)对《语言自迩集》中的语法现象和语法思想做了深入探讨。

(二)语法要素历时演变研究

李炜先生的早期北京话研究开展得较早,他对"给"相关用法的历时发展进行了一系列的研究,对"您"和介词也有深入探讨。曹炜先生的系列论文对北京话人称代词的历时嬗变进行了系统考察。

北京话中的副词特点十分鲜明,一些用法主观性极强,张世方(2010a)、陈晓(2013)、韩沛玲等(2015)、魏兆惠(2016)对"刷白""所""且""满"

的研究有一定说服力。陈前瑞、韦娜（2013）从语序接触的角度分析北京话双"了"句的兴衰，研究视角和结论令人耳目一新。连词方面，赵日新（2018）对并列连词 hàn、hài 的来源进行了考察，龙国富（2018）对连词"只要是、就算是、虽说是"的历史演变进行了探讨，他对北京话中儿尾结构、"来+N"构式的形成也有独到见解。陈颖的《早期北京话语气词研究》（2018）从主观互动的视角分析了清末民初北京话的主要语气词"啊/呢/哪/么/罢/了"的语义，并深入探讨了语气词的互动等级序列和语音弱化程度的关系。

此外，敬称代词"您"、被动标记"让"、处置标记"给"、被动标记"给"、被动标记"让"这几种重要用法的来源问题是热点问题，也是本书研究的对象，前辈时贤的重要观点将在相关章节中详加介绍。

（三）满汉语言接触研究

在满语界，胡增益（1989、1995）探讨了《红楼梦》中"白"的特殊用法，认为系借自满语"bai、baibi"，这个议题也引发了长期的讨论。爱新觉罗·瀛生（2004）列举出《清文汇书》《清文启蒙》《红楼梦》中的相关用法，展示了不同时期旗人北京话的面貌以及诸多受到满语影响的北京话现象。

在汉语界，孟琮（1985）讨论"咧"时利用了满汉合璧文献。近几年来，一些研究者自学满语，发表了一些颇具深度的研究。祖生利（2013）是一篇极具启发和指导意义的经典之作，作者在《清文启蒙》和《清文指要》中发现了大量满式汉语用法，如"因此上""求的上头"中的"上/上头"表示原因，对应于满语的后置词 ofi 和位格 -de，他提出类似的旗人汉语中的满语干扰特征是前人在不完全习得汉语过程中固化并传承下来的民族方言特征。张美兰、綦晋（2016）比照《〈清文指要〉汇校与语言研究》中的 7 个版本，发现"（的）上/上头"等 8 种满语虚词的对译形式到了《语言自迩集·谈论篇》（1867）就已基本消失，认为这体现了满语在与汉语接触、融合过程中逐渐衰落的历程。陈前瑞（2006）认为"来着"的产生受到满语很大影响。王继红等（2017）认为：清代满汉合璧文献中的"V_1

着 (O)V_2"构式受到了满语影响,使得 V_1 的开放程度更大,结构更复杂,语义更多样,[+ 持续性] 也并非进入 V_1 的唯一标准。

《清代句末语气助词"是呢""才是呢"》(祖生利、毕晓燕,2017)、《从〈清文指要〉和〈重刊老乞大〉的差异看满语对汉语的影响》(陈丹丹,2017)两篇研究也具有一定启发性。

(四)南北官话对比研究

张美兰(2008)利用《官话指南》的异文材料考察了清末民初介词在南北方官话中的区别特征,这种研究方法很值得借鉴。翟赟(2018)依托大规模语料,系统考察了南北官话在句式、语序、副词、介词等方面的差异。郭锐、翟赟、徐菁菁(2017)通过对大规模语料的统计分析,对南北官话语法项目的异同和混合过程进行了细致的考察,对普通话的来源构成和分期有了新的认识。

(五)共时语法化研究

以方梅先生的系列论文为代表,前文已有详细介绍。

如上所述,国内的早期北京话研究已经取得了长足的进步,尤其是在近十年中,在类型学、互动语言学、话语分析、语法化、语言接触学说等先进理论的武装下,早期北京话研究展现出勃勃生机和巨大的潜力,是一座名副其实的"富矿"。我们也必须认识到,当前的研究在整体上仍然十分薄弱。吕叔湘先生指出,专书研究是汉语史研究的基础,而我们在这方面的系统研究寥寥无几,对早期北京话语法的基本面貌了解得还远远不够。新材料的挖掘整理工作虽取得一定进展,很多重要的语料在研究中仍未得到充分利用,导致一些重要议题的讨论得不到直接证据的支持,经常得求助于其他方言或语言的旁证。总体上,研究尚处于起步阶段,有大量有价值的课题可供挖掘,同时也有大量基础性的工作需要完成。

1.3　本书的研究思路和章节安排

笔者长期从事早期北京话的挖掘整理工作，在语料上有了一定的积累，因此本书在研究思路上希望通过新材料来发现、研究新问题，并尝试着结合新的语言事实去解决一些老问题。

第二章会专门介绍早期北京话研究所需的一些重要语料，涵盖曲艺、小说、教材、报纸等多个种类，它们也是本书研究的根基。第三章讨论敬称代词"您"和"怹"的来源和发展问题。第四章所关注的长时副词"且"是当代北京话中最具有辨识度的语法标记之一。第五章考察北京话中的一些认识情态标记："光景""不见得""准""大概""八成"和"多半"。第六章和第七章讨论北京话中的"给"为何能兼表处置和被动。第八章考察多功能标记"让"如何发展出"使令""被动""致使""允让"等用法。第四章和第五章是新问题，第三、六、七、八章都曾是热门议题。

第二章 早期北京话的新材料

2.1 引言

综观日本学界以及国内学界所取得的进展,新材料的发掘整理工作功不可没。本章将介绍一些已有的成果以及笔者所接触到的一些有价值的新语料。这些材料口语化程度高,时间跨度大,数量也极为可观,相信能对相关领域的研究有所助推。

第 2.2 节将介绍满汉合璧文献、官话正音教材、宫廷档案等清中前期的北京话语料。第 2.3 节重点介绍晚清民国时期的北京话语料,内容涉及京味儿小说、曲艺、白话报以及北京话教材。为了方便读者了解和获取语料,我们会附上一些语料的片段以及获取途径。

2.2 清中前期的北京话材料

2.2.1 满汉合璧文献

满族人入关后,汉语逐渐成为第一语言,北京话的形成离不开满汉语言的接触融合。"关于清代旗人汉语的形成、演变的过程及其与清代老北京话的关系,以及对于现代北京话形成的影响,是汉语历史语言学研究和汉语语言接触研究中需要厘清的重大问题。"(祖生利,2013)

《满汉成语对待》(1702)、《清文启蒙》(1730)、《清话问答四十条》(1757)、《清语易言》(1774)、《庸言知旨》(1802年序)、《清文指要》(1809)、《续编清文指要》(1809)等一大批满汉合璧会话书的存世为研究清代旗人北京话的来源、发展以及满语干扰特征奠定了文献基础，它们为教授旗人学习满语而生，与满文对照的汉文口语化程度很高，记录了早期旗人北京话的真实面貌，极具研究价值。

这批材料中存世最早的要属刘顺的《满汉成语对待》(1702)，其汉文部分明显受到了满语的影响，请看：

> 山噶喇子里的山傻子，再不是个人，无故的，见了人，只是呵呵的笑。你把他头顶的脚跐的去处，白试试你问他看，高兴点头儿，也是再也没的事。虽是那们的，他也有可取的地方。

而影响最大的则要属舞格所著的《清文启蒙》，该书初版于清雍正八年(1730)，成书时间比《红楼梦》还要早。全书分语音、会话、虚词和词形辨析四部分，会话部分的译文口语化程度极高，请看：

> 甲：阿哥你是几时高升了的？大喜呀！我总连影也没有听见。若是听见，该当望喜去来着。因为不知道，故此没有去贺喜。阿哥别不好思量，诸凡求乞容谅。
>
> 乙：阿哥怎么这样说？咱们都是好朋友啊，见面就完了，必定尚虚套礼作什么？朋友们相交之间，只要彼此心里盛着，才是朋友的道理罢咧，那样奏作的都是假呀。或有一等人们在虚套礼虽然甚是响快，倘若望着他商量一件心腹的事儿，只是浮面皮儿答应，若想那样有什么趣儿？

同为经典的还有《清文指要》，几乎是一个世纪后，威妥玛在为《语言自迩集》编写"谈论篇"时，仍以《清文指要》为底本，其价值可见一斑。(参看藤田益子，2007)张美兰、刘曼(2013)和竹越孝(2018b)对《清文指要》的流变和改编情况又做了进一步的系统考察。

《清话问答四十条》和《庸言知旨》两部作品受到的关注较少,实际上,它们的成书也很早,口语化程度极高,先看《清话问答四十条》中的片段:

> 甲:阿哥看你,虽然年轻,生的伶俐,量不透日后到什么地步,但目下不曾听见学的是何等本事。
>
> 乙:生成个人,学本事还算不得什么,但是立身行己的道理,毕竟以甚么为先,按着层次前进,求教导。
>
> 甲:问的大,立身行己的道理,不是一言能尽的。世间的事,虽大小不得一样,件件有个自然的理。要肯穷究那个理,没有不得的。若不肯用心,知识何以得长?子曰:"饱食终日,无所用心,难矣哉。"若果把这心不闲着要用他,可就在格物致知上做起功夫来。用力日久,一旦通达了的时节,凡百的都可以能够透彻,前进的工夫还须问吗?

《清话问答四十条》口语化程度很高,内容贴近京旗生活,为研究当时的北京土语和满语提供了珍贵的第一手数据。以书中词汇为例,"来着""发福""讨没趣""左撇子""眼熟""多材多艺""张罗""领情""计较""家常饭""碰钉子"等大量北京话词汇至今仍被使用,并为普通话词汇系统所吸收,同时"凡百""缘法""情话""有心有肠""底里""大样""规模""嗷摔""提白""寻趁""巴结""遭数"等大量特色词汇或已退出使用,或迥异于今日用法,试举几例:

(一)凡百:表示"所有、全部"

(1)用力日久,一旦通达了的时节,<u>凡百</u>的都可以能够透彻,前进的工夫还须问吗?

(二)缘法:指"缘分"

(2)尊驾多材多艺,听见的久了,<u>缘法</u>好,才得遇见,也要叙叙仰慕的情话。

（三）大样：装模作样，进而引申出高傲、瞧不起人之义

（3）说你有时谦逊，有时<u>大样</u>。

（四）寻趁：指故意挑刺找碴

（4）人家的动作，管他作什么，只是个反求诸己行去，没有<u>寻趁</u>的分儿，能够怎么样呢？

这些用法在庚辰本《脂砚斋重评石头记》也有用例，请看：

（5）我这屋里有的没的，剩了他一个，年纪也大<u>些</u>，我<u>凡百</u>的脾气性格儿他还知道<u>些</u>。（第四十七回）

（6）宝钗道："真俗语说'各人有<u>缘法</u>'"。（第四十九回）

（7）早都不知作什么的，这会子<u>寻趁</u>我。（第二十九回）

（8）周瑞家的等人皆各有事务，作这些事便是不得已了，况且又深恨他们素日<u>大样</u>，如今那里有工夫听他的话，因冷笑道："我劝你走罢，别拉拉扯扯的了。"（第七十七回）

再看《庸言知旨》的两个片段：

  欲说满洲话总要简便，别游疑。脸上别发躁，问那个，简简绝绝的答应。语音要学老口角，包裹的神情必要贴切，要这样一扑心儿的勉力久了，自然囫囵半片的俫得过儿，何愁受人当面薄斥的？

  日月过去的，如电光石火一样呢。把光阴别失错了。你如今在父母的运里，自己白闲着，不专心勤学汉子的本事。日后当起家来，就说要学，官差羁绊，私事牵连的，不大得闲空儿了啊。到个正经地方，比人家显鼻子显眼的不济的时候，只好受人的摔，递手本罢咧，可不丢汉子的味儿吗？从这会儿努力上紧用功罢。功到自然成，何愁比人不高出头的呢？

太田辰夫在《论清代北京话》(1950)一文中提出用12个特征词作为北京话材料的判断标准，出现9个以上的材料即可认为是北京话，我们对《庸言知旨》中出现的特征词及用例数进行了统计，请看：

表2.1 《庸言知旨》的北京话特征

特征词	有无	数量	例句
儿	有	24	这儿钻那儿入。 来不来的这儿那儿的预备发忙。
喒（咱）们	有	57	咱们守着老家儿口角的恩泽。 咱们的身子是父母给的呀。
您	无	0	
俩（仨）	无	0	
别（禁止）	有	32	千万别入到叔父的坟茔里。 可别高兴骄纵以为自是能干自专了。
（推测）		1	别是抱怨我不准你们往快活地方儿玩儿去。
得	有	2	得使唤这几个不能不采的人。 必得锯开推刨瞧啊！
多喒（咱）	有	5	不知多咱才得到来呢。 多咱必定有个粉碎的时候。
给（介词）	有	9	从那们赶着胡里撝的给马撽上鞍子。 给那姓某的木匠送去。
～的慌	有	1	我肚里就饿的响起来了，闻着那个肉菜的香味儿，好不馋的慌。
～是的（似的）	有	18	不要信口儿数白文的是的。 至今动弹腰里针多的是的酸疼。
		14	就像凉水浇了似的。
来着	有	27	你见我凑牲口来着么？ 不用说这是由着他任意儿吃随便跑来着罢咧。
罢咱	有	10	看老家儿们手里过的人罢咱。 看他颤颤多索的样子罢咱。

如上表所示，只有两个特征词"您"和"俩（仨）"未出现，它们的发展相对滞后，在此时尚未出现。而其余10个特征词的出现充分证明了《庸言知旨》作为清代北京话语料的可靠性。由于言文脱节，清代前期的北京话语料较为罕见，以《满汉成语对待》《清话问答四十条》《清文指要》《清话问答四十条》《庸言知旨》为代表的满汉合璧会话书为探明清代北京话的词汇语法面貌提供了可能。总体来说，这批文献有着极大的研究空间，一些作者的生平还很模糊。本书附录部分对《清话问答四十条》和《庸言知旨》两位作者的生平、家世和著述情况进行了考察，兹不赘述。

除了以上介绍的著作外，其他语料价值较大的文献还包括：《清文进步》《清语会话》《清语问答》《清语采旧》《翻译话条》《初学必读》《话条子》《满汉杂抄》《满蒙汉三合松窗破闷》《满蒙汉话条二十五段》《满蒙汉话条五十四段》《满蒙汉话条七十五段》和《满汉单话》。

这批材料散见于国家图书馆、北京大学图书馆、民族宫图书馆、中央民族大学图书馆和大连图书馆，数量较为可观。在日本早稻田大学图书馆网站中检索"三槐堂"，可下载《清文启蒙》和《清文指要》等著作。在德国柏林国立图书馆网站可以下载到《清文杂话》《初学清语》《满汉成语对待》《清文启蒙》《清话问答四十条》《字法举一歌》《三合便览》等诸多作品，一些抄本形式的话条子也不在少数。

张美兰、刘曼（2013）对《清文指要》不同版本、改编本的汉文部分加以整理，极大方便了研究者。台湾学者张华克对《清文指要》进行了整理，日本学者竹越孝对《清文启蒙·兼汉满洲套话》和《新语清文指要》进行了系统整理。由中日两国学者合作编纂的《清代满汉合璧文献萃编》收入了《满汉成语对待》《清文启蒙》《清话问答四十条》《一百条》《清语易言》《清文指要》《续编清文指要》《庸言知旨》《清文接字》《字法举一歌》《重刻清文虚字指南编》等十一部经典满汉合璧教材，全部进行了拉丁转写和逐词标注，相信将为研究者带来便利。

2.2.2 官话正音教材

雍正六年（1728），雍正在福建、广东两省推行官话，福建为此还专门设立了正音书馆。清人俞正燮在《癸巳存稿》中这样记载道："雍正六年，奉旨以福建、广东人多不谙官话，著地方官训导，廷臣议以八年为限，举人、生员、贡、监、童生，不谙官话者，不准送试。福建省城四门设立正音书馆。"① 这一"正音"运动的直接影响就是《官语详编》《正音咀华》和《正音撮要》等一批官话正音教材的问世。这些书的作者有的是旗人，有的久居京城，书中保留着大量北京话词汇和口语材料，有一定的研究价值。代表著作如下：②

1. 袁一州《官语详编》一卷，雍正七年（1729）刊本
2. 张玉成《别俗正音汇编大全》二卷，又名《南北官话汇编大全》，乾隆五十年（1785）刻本
3. 蔡奭《新刻官话汇解便览》三卷，原名《官音汇解》，乾隆甲寅（1794）序刊本
4. 高静亭《正音撮要》四卷，道光十四年（1834）刊本
5. 莎彝尊《正音辨微》六卷，道光十七年（1837）刊本
6. 莎彝尊《正音咀华》三卷，咸丰三年（1853），麈谈轩刻本
7. 莎彝尊《正音切韵指掌》一册，咸丰十年（1860）刊本
8. 莎彝尊《正音再华》一册，同治六年（1867），麈谈轩刻本
9. 潘逢禧《正音通俗表》二册，同治九年（1870），逸香斋刻本

《新刻官话汇解便览》和《正音撮要》已被《明清俗语辞书集成》（上海古籍出版社出版）和《中国方言谣谚全集》（台湾宗青图书出版公司出版）收入，《别俗正音汇编大全》《正音咀华》《正音切韵指掌》《正音再华》和《正音通俗表》国家图书馆有藏。北京大学图书馆古籍部藏有《正音咀

---

① （清）俞正燮撰，《癸巳存稿》，辽宁教育出版社，2003。
② 这部分主要在侯精一（1962）和高田时雄（1997）的基础上增订而成。

华》(清咸丰三年(1853)麈谈轩刻本)和《正音撮要》(清光绪三十三年(1907)粤东卒英斋刻本)两种。《早期北京话珍稀文献集成》的《清代官话正音文献》分卷(周晨萌主编)对《正音撮要》和《正音咀华》进行了点校注释,并附上了影印底本,下面的一段文字摘自《正音撮要》中的"官话读本"部分,记录了大量当时的北京口语词和歇后语,很有研究价值。

十六段　闹臭话

京里在茶馆吃茶,听那些闹皮科的人说话,也有个顽意。他望着他的朋友们说笑话,才是好听呢。

他说你这个人到底是甚么脾气呢?叫你那么着,你偏要这么着;叫你这么着,你偏要那么着,你到底要怎么这呢?你这么阳气吗?你发甚么标呢?你怎么比得我们呢?你是个甚么好活呢?武大郎盘扛——你还够不着呢?武大郎放风筝——你出手就不高了。床底下踢毽子——高到那里呢?猫儿头戴帽子——混充鹰。猴儿头戴帽子——混充人。屁股眼儿插蜡——算甚么人灯呢?耗子尾巴尖儿长疮——有多大的脓血呢?虾蟆垫桌腿——死捱罢哩。二胖子系腰——稀松。猴子骑棉羊耍棒槌——甚么人马、甚么家伙呢?你干的事儿,老西儿拜把子——糊弄局;你说的话儿,王大夫候脉——一片虚,你有甚么能耐呢?你只会蹭脸,替人家赖厚、替人家舔眼子。

你一块豆腐的身家,闹甚么呢?沾人家的光,瞧见人家有好吃的东西,你就像是老西儿下棋——搓一个足,额尔素吹海笛子——不懂眼的。你不是真胡涂,你是装胡涂的,你想拿架子偏又丢架子,你想称脸偏又丢脸,你想堵气强过人偏又丢人,还闹甚么雁儿孤呢?你还强甚么呢,还偏甚么呢?放两只脚走甚么道呢?

你连张三李四都比不上了,你瞧张老三李老四人又长得体面,又端品,又阳气,有担戴靠得住,有口齿,不欺人。腰里头又有几个钱儿,一指鼻梁甚么事情都应过来了,一挺腰子甚么为难都担戴了。又杀得人又救得人,他干的事总要占理,不叫人家拿错,不受人弹,不落褒贬。你想占他的便宜也不能,想望他的跟前行霸道也不能。你十分没理,他也会收拾你。收拾你一个到地儿,拿指头鏨你脑门、打你脖子拐、打你嘴吧子。你再不依咯,拿脚踢你、挖你两个眼睛、把大腿都跺折你的、把手都拧断你的、割你肌八、把两个卵子都挤你的出来。他看待底下人也不错,都有恩典,总要好好儿的。若在他跟前捣鬼、讹谝他、瞒了他,他查出来说你,你还不认错、还要害他闹。他也照旧这么收拾你。你再撒野,他叫人把链子锁起来、拿绳子捆起来,狠狠的打一顿,送到衙门里去,问你还寻死不寻死、知道王法不知。这么利害谁不怕他呢?谁还敢惹他呢?

你听他说这些话,有趣没趣呢?没有事,出大街上逛逛,卖卖呆,往前门一带地方茶馆、酒馆里坐坐,听听他们说话才是有趣呢。

2.2.3 宫廷档案

有语料价值的清宫档案大致可分为两类,一类是康熙、雍正等人对奏折的批复,口语化程度较高,请看:

密云县的城是我常走的地方,交给巡抚料估修了好,我记得先曾料估过,不知道料估了多少。[①]

着实勉力。你向来认人眼目不甚清楚,不要教人哄了,人最难信的。只可以自己勤慎服劳,公正清廉做去。错说了人好,不可粉饰。过后看出来,只管将过去错看处,声明方是。

知人则哲,那是你这样才情人,保得不错的。切记!再你广东开垦田地,从前督抚所作的,你当着实留心。特谕。[②]

[①] 见中国第一历史档案馆编《康熙朝汉文朱批奏折汇编》(第五册)第1652页。
[②] 见中国第一历史档案馆编《清朝皇帝御批真迹选》(二)第32页。

第一段内容是康熙五十三年（1714）直隶巡抚赵弘燮的奏折中所记录的康熙手谕，第二段内容是雍正元年（1723）雍正给年希尧的批复。中国第一历史档案馆编著的《康熙朝汉文朱批奏折汇编》和《雍正朝汉文朱批奏折汇编》可供参考。

另一类是当时北京人的话，请看：

（庄头丁永供）我是圆明园庄头，本月十五听见我雇的长工王二在一溪清水引风凉的东边稻池内拾得一个死黄鼠狼，十七日晚我听见里头跑了一只貂鼠，各处找寻，我疑惑王二拾得一个黄鼠狼恐其是貂鼠，因此叫他拿来看，果然是一张貂鼠皮，庄头不敢隐瞒，据实呈报。①

上面材料是乾隆年间的一段话。而下面的一段材料则为落合守和（2003）所发掘的和珅供词，出自《春冰室野乘》，作者在书中对材料来源是这样介绍的：

宣统庚戌秋，北游京师，从友人某枢密处，获睹嘉庆初故相和珅供词。用奏折楷书，犹是进呈旧物。惜仅存四纸，不过全案中千百之一。其讯与供亦多不相应，盖又非一日事矣。寻而存之，以见当时狱事之梗概。

从语言面貌来看，这个材料是较为可信的，转引如下：

奴才城内，原不该有楠木房子，多宝阁及隔段式样，是奴才打发太监胡什图，到宁寿宫看的式样，依照盖造的。至楠木都是奴才自己买的，玻璃柱子内陈设，都是有的。总是奴才胡涂该死。

又珍珠手串，有福康安、海兰察、李侍尧给的。珠帽顶一个，也是海兰察给的。此外珍珠手串，原有二百余串之多，其馈送之人，一

---

① 引自《旧京人物与风情》第578页，北京燕山出版社，1996年。

日记不清楚。宝石顶子，奴才将小些的，给了丰绅殷德几个（丰绅殷德为和珅子，即尚和孝公主者）。其大些的，有福康安给的。至大珠顶，是奴才用四千余两银子，给佛宁额尔登布代买的，亦有福康安、海兰察给的。镶珠带头，是穆腾额给的。蓝宝石带头，系富纲给的。

又家中银子，有吏部郎中和精额，于奴才女人死时，送过五百两。此外寅著、伊龄阿都送过，不记数目。其余送银的人甚多，自数百两至千余两不等，实在一时不能记忆。再肃亲王永锡袭爵时，彼时缊住原有承重孙，永锡系缊住之侄，恐不能袭王，曾给过奴才前门外铺面房两所。彼时外间不平之人，纷纷议论，此事奴才也知道。以上俱是有的。

据落合守和（2011）介绍，在中国第一历史档案馆所藏的顺天府档案中，收录了不少清代的供词，口语化程度也非常高。清前期的北京话材料极为罕见，宫廷档案也许会成为一个突破口。

2.3 晚清民国时期的北京话材料

2.3.1 京味儿小说

2.3.1.1 《三侠五义》及《龙图耳录》系列小说

《三侠五义》被公认是晚清公案侠义小说的代表作之一，而《龙图耳录》却并不为人熟知。

《三侠五义》题石玉昆述，书首有"问竹主人""退思主人"和"入迷道人"序。石玉昆，字振来，天津人，道光咸丰间以善说《包公案》（又名《龙图公案》）而名动京城。一般认为，《龙图耳录》是石玉昆演出中说词的记录本，"知此书乃听《龙图公案》时笔受之本。听而录之，故曰《龙图耳录》"。（孙楷第，1957）崇彝在《道咸以来朝野杂记》中记述了《龙图耳录》的成书过程："因为书本无底本，当年故旧数友，有祥乐亭、文治庵二公在内。

每日听评书，归而彼此互记，因凑成此书。"文治庵即文良，为《儿女英雄传》作者文康的族兄。

据苗怀民（1999）研究，《龙图耳录》现仅存谢蓝斋抄本和光绪七年（1881）抄本，前者已经由上海古籍出版社出版，不难找到，后者虽刊刻时间较晚，但其所据之底本优于谢蓝斋抄本，现藏于北京师范大学图书馆。

而广为流传的《三侠五义》系"文竹主人"（生平不详）和"入迷道人"（文琳，字贡三，汉军正黄旗人）在《龙图耳录》基础上修订而成，于光绪己卯年（1879）刊出。己丑年（1889），俞樾修订《三侠五义》并更名为《七侠五义》。

2.3.1.2 《红楼梦影》

《红楼梦影》24回，刊于光绪三年丁丑（1877），作者顾太清，满洲镶蓝旗人，是土生土长的北京人。该书继承了《红楼梦》的语言特点，具有很高的语料价值。

2.3.1.3 《永庆升平》及《永庆升平后传》

《永庆升平》又题《绣像永庆升平全传》，讲述清朝剿灭天地会八卦教之事。北京宝文堂于光绪十八年（1892）刊印此书。书前有作者郭广瑞自序及洗心主人、周泽民、樊寿严序。

作者郭广瑞，字筱亭，号燕南居士，潞河（今北京通州）人士，他在书前自序曰："余少游四海，在都常听评词一书，乃我国大清褒忠贬佞、剿灭乱贼邪教之实事。……余长听哈辅源先生演说，熟记在心，闲暇之时，录成四卷，以为遣闷。兹余友宝文堂主人见此书文理直畅，立志刊刻传世……余亦乐之。"可见《永庆升平》的成书和《龙图耳录》相似，都是在原有的评书基础上，经京人修改而成。

光绪十九年癸巳（1893），北京本立堂刊印了《永庆升平后传》，作者贪梦道人，杨挹殿，福建人，陈大康（2002）怀疑其为北京人或客居北京多年者。

2.3.1.4 清末民初报人小说家的创作

在清末民初的北京文坛上曾活跃着一大批京籍报人小说家，他们运用地道的北京话创作了大量的京味儿作品，受到读者的欢迎，也为研究一个世纪前的北京话留下了珍贵的语料。

（一）蔡友梅

蔡友梅，本名蔡松龄，汉军旗人，以京味儿小说《小额》蜚声海内外，其作品语言京味儿十足，颇受读者推崇："蔡友梅别号损公，描写实事颇有趣味，更是纯粹京话，为学习京话是极好的读物。"[①] 在《进化报》《顺天时报》《益世报》《京话日报》《国强报》等北京白话报上，蔡友梅以"损""损公""退化""梅蒐""老梅""亦我"等笔名发表了百余部作品。清末民国时期的京味儿小说创作逐渐受到汉语界和文学界关注，《小额》功不可没，作品中对北京话的运用堪称京味儿文学史上的巅峰，请看：

> 善大爷才待要答话，喝，就瞧这把子碎催鸡一嘴鸭一嘴，乱乱烘烘这们一路山跳动，闹的善大爷张口结舌，要说，直会说不出一句来。后来，小脑袋儿春子一瞧善大爷不言语啦，以为是让他们给拍冈（平声）啦呢，赶紧对着大家伙儿说："老哥儿们，别乱，我拦诸位清谈。我请问您哪，善哥，倒是怎么着？老大爷倒是在家没在家？我们哥儿几个既然来啦，是为你们两造里好，难道就让我们这们回去吗？再说天下人管天下事，常言说的好，席头儿盖上，都有一个了。您知道啦，我们哥儿几个是为好，别说这点儿事，不怕您过意的话，三头六臂，红黄带子，霹雷立闪的事情，这个兄弟都了过。赏脸不赏脸的话，给我们一句干脆的话。了的了，我们了，了不了，送佛归殿，有你们的事在。好善哥的话，就说这件事，跟您说句外话，黄雀儿的母子，很算不了麻儿。"喝，小脑袋儿春子这一套大握大盖，连拍带咬，把一位老实角儿的善大爷气的目瞪口呆，浑身的肉乱颤，张口结舌，结巴了

---

① 此评价由读者董敬三题于小说《姑作婆》（首都图书馆藏）扉页。

半天说:"很好,很好,说的很好!这回事,你们几位不用管了,我们不定闹的那儿去哪。"

大量土语的运用把一个地痞的嘴脸刻画得入木三分,《小额》也成为研究清末北京话的绝佳对象,为词汇和语法研究提供了大量课题。

1907年,《小额》在《进化报》连载,次年由和记排印书局发行单行本,该单行流落至日本后受到日本学界重视,波多野太郎先生将之赠与中山大学中文系的王起教授,后被收入《中国近代文学研究(第一辑)》,这才重新进入国内学者视野。学界通常认为该底本为海内孤本,实则不然,笔者在北京师范大学图书馆发现了民国二年(1913)由京华新报馆出版的另一种单行本,此外北京大学历史学院资料室所存的《进化报》可见部分连载。

蔡友梅在之后的创作中,考虑到读者并非都是北京土著,有意识地减少土语的使用,在小说《库缎眼》中,他这样解释道:"定下媳妇儿没过门,因为老亲病重,赶紧搭过来,北京俗话叫作'暴搭',又叫作'暴抬'。就说'暴搭''暴抬'这两句话,听着都不甚雅驯,其实是北京常说的话。本报既开设在北京,又是一宗白话小说,就短不了用北京土语。可是看报的人不能都是北京人哪,外省朋友们看着,就有不了然的。一个不了然,就许误会,很耽误事情。所以记者近来动笔,但能不用土语,我是决不用。可是白话小说上,往往有用句俗语,比文话透俏皮。小说这宗玩艺儿,虽然说以惩恶劝善为宗旨,也得兴趣淋漓才好。可是话又说回来啦,有兴趣没兴趣,也不在乎用土话上(八面儿理全都让我站了)。往往挤的那个地方儿,非用土话不成。不但记者这宗小说,就是上海白话小说,也短不了用上海的土语。这层难处,作过小说的都知道。如今我想了一个法子,实在必得用土语的时候儿,费解的不用,太卑鄙的不用,有该注释的,咱们加括弧,您瞧好不好?"因此,蔡友梅其他作品在口语化程度上要略微逊色。在附录部分《清末民初京味儿小说大家蔡友梅生平及著作考述》一文中,笔者对蔡友梅的生平和著作进行了考察,兹不赘述。

（二）勋锐

旗人作家勋锐，在《北京新报》《群强报》等白话报上主持《说聊斋》《讲演聊斋》《评讲聊斋》等小说栏目，把文言小说《聊斋志异》改写为京味儿小说，极受市民欢迎。其作品的语言面貌仅次于《小额》，下面两段文字分别引自《曾友于》和《花姑子》，大量运用了北京土语：

> 昨朝话表，曾友于赶到曾义背后，一棍子把曾义打的爬伏在地，曾孝、曾忠、曾信，此时好像得着破坏党了似的，立刻嘴吧、拳头、窝心脚、棍子、棒子、大门闩，一个劲儿的往下这们一招呼，打的曾义到是不含糊，直喊："同胞哇，我的最亲爱的真同胞，你们倒是瞧我死爸爸呀。"此时曾孝，直仿佛前些年义和团大师兄见着教友似的，一死儿非要命不可。友于一瞧，这可出家庭交涉（那位说："没有这们一句。"诸位不晓得家国一理吗），想着："当初我要不过来，他们这们打，还犹自可，我把他打躺下，他们打老实的，这叫打便宜手儿，我可得拦着点儿。"于是把棍子扔下，横拦竖遮，心想大哥也就算完啦。不想曾孝把两眼一瞪，气哼哼的说："罢了罢了，起火儿也是你，先动手儿也是你，到如今充好老婆尖儿也是你。我要说别的，怕你罚我们，你简直的是我的里外汉奸的同胞就结喽。你趁早儿躲开，不然可别说我连你一齐概而不论啦！"

> 却说安爷这一场病，是外感勾起内伤，又加上是认死扣子的心病，大概再耽延个三五天，就许呜呼哀哉、伏维上飨、无常、解脱、羽化、圆寂、眼儿猴、咯儿屁、皮儿啦、吐啦、刘二哥啦（费什么话哪，简直的全是文野相杂，"死了"代名词）。

存世的《群强报》较为完整，使得大量勋锐作品得以存世，笔者见到的有以下篇目，数量极为可观：

《香玉》《乐仲》《姊妹易嫁》《嘉平公子》《曾有于》《花姑子》《金生色》《瞳人语》《晚霞》《婴宁》《促织》《庚娘》《神女》《继黄粱》《胭

脂》《崔猛》《凤仙》《阿英》《陈云》《梦狼》《画皮》《仇大娘》《劳山道士》《种梨》《黄英》《胡四姐》《田七郎》《公孙九娘》《齐天大圣》《蕙芳》《长亭》《钟生》《贾奉雉》《阿霞》《毛狐》《书痴》《武孝廉》《王成》《王桂菴》《寄生》《彭海秋》《公孙夏》《宝氏》《房文淑》《九山王》《韦公子》《双灯》《湘裙》《黎氏》《考弊司》《佟客》《张鸿渐》《丁前溪》《霍女》《吕无病》《段氏》《薛慰娘》《褚遂良》《聂小倩》《仙人岛》《申氏》《龙飞相公》《邵女》《巩仙》《鸽异》《小翠》《红玉》《张诚》《丐仙》《水莽草》《狐嫁女》《任芳》《贾儿》《成仙》《莲琐》《汪氏秀》《王者》《保住》《青蛙神》《陈锡九》《荷花三娘子》《西湖王》《莲花公主》《绿衣女》《云萝公主》《甄后》《胡大姑》《娇术》《妖术》《毛大福》《太原狱》《邢子仪》《白莲教》《云翠仙》《萧七》《狐梦》《僧术》《骂鸭》《驱怪》《狐女》《王大》《伍秋月》《夜叉国》《大力将军》《姬生》《老饕》《叶生》《细侯》《锦瑟》《阿绣》《刘夫人》《青娥》《梅女》。

根据孟兆臣（2005、2009）考证，当时报纸连载白话聊斋极为盛行，以此闻名的还有庄耀亭、陈智兰等人，存世作品也不少。

（三）剑胆

剑胆本名徐济，别号哑铃、亚铃、亚、涤尘和自了生，在当时是与蔡友梅齐名的京味儿小说大家，他的创作生涯超过四十年，在《正宗爱国报》《京都日报》《白话捷报》《爱国白话报》《蒙学报》《京话日报》《小公报》《群强报》《实报》《北京白话报》《顺天时报》《武德报》等北京白话报连载小说，数量惊人。仅笔者见到的作品就达两百部之多。剑胆的生平和著作情况详见附录部分《清末民初京味儿小说大家徐剑胆生平及著作考述》一文。

（四）冷佛与儒丐

冷佛因连载于《爱国白话报》的小说《春阿氏》声名鹊起，该书讲述清末发生在京城的一起冤案，于宣统三年（1911）出版。冷佛是北京内务府旗籍，作品以中长篇为主，语言的口语化程度很高。笔者在首都图书馆和国家图书馆还发现了《小红楼》《井里尸》《侦探奇谈》《未了缘》等作品。

儒丐，名穆都哩，也是旗人出身，曾任《国华报》编辑，小说《梅兰芳》先后连载于《国华报》《群强报》和《盛京时报》。儒丐1916年来到沈阳，陆续在《盛京时报》上发表了《徐生自传》《同命鸳鸯》《北京》等作品。

20世纪20年代，冷佛和儒丐这两位旗人作家均已经转战东北文坛，其后二十余年的创作生涯中著述颇丰，有待进一步发掘。

（五）耿小的

耿郁溪（1907—1994），笔名耿小的，是与老舍同时期的京味儿小说家，20世纪三四十年代是他的创作高峰，著有《滑稽侠客》《时代群英》《一锅面》《六君子》《凤求凰》《半夜潮》《云山雾沼》《落山风》《摩登济公》等30余部作品。耿小的在当时影响很大，"许多作品能达到老舍《老张的哲学》和《赵子曰》的水平，但赶不上《二马》，更及不上《离婚》。……但他的创作实绩不是偏于讥刺便是偏于油滑，总之充满了北京市井社会的气息。"（孔庆东，2004）中国现代文学馆藏有《滑稽侠客》《时代群英》和《野渡无人》三种，很多作品散落于海外图书馆和私人藏书家手中。

根据于润琦（2006）调查，当时活跃于文坛的报人京味儿小说家还有杨曼青、文子龙（睡公）、丁竹园（国珍）、时感生、耀公、钱一蟹、尹虞初等人，还有很大的挖掘空间。《清末民初小说书系》（于润琦，1997）收录了一些。《明、清、民国时期珍稀老北京话历史文献整理与研究》（周建设，2014）也收录一些京味儿小说的影印本。新近问世的《清末民初京味儿小说书系》（王金花、姜安，2018）对蔡友梅、冷佛、儒丐、勋锐、徐剑胆的49部代表作品加以点校注释，总字数近200万字，可为清末民初的北京话研究提供新的素材。

此外，岳乐山的《尘世奇谈》、王度庐代表作品、以《施公全案》为代表的公案小说均已出版，也有一定的参考价值。

2.3.2 北京话教科书

2.3.2.1 西人所编教材

在西方人编写的汉语教材中,当属威妥玛的《语言自迩集》影响最大,该书的中文译本已由北京大学出版社出版。其他语料价值较高的西人教材主要有以下这些:

1.《汉字文法》(江沙维,1829)

2.《铅椠汇存》(帛黎,1895)

3.《京话指南》(于雅乐,1887)

4.《官话萃珍》(富善,1916)

5.《适用新中华语》(芮德义,1927)

6.《言语声片》(卜道成、爱德华兹、老舍等,1929 年前后)

7.《官话初阶》(怀恩光,1939)

8.《华语须知》(奥瑞德,1931)

9. *The Chinese Speaker; or, Extracts from Works Written in the Mandarin Language, as Spoken at Peking*, Thom, R. 1865

10. *A Chinese and English Vocabulary in the Pekinese Dialect*, Strny, G. C., 1877

11. *Progressive Lessons in the Chinese Spoken Language*, Edkins, J., 1885

12. *A Course of Mandarin Lessons Based on Idiom*, Mateer, C. W., 1900

13. *Chinese Merry Tales*, Baron Guido Vitale, 1901

14. *Chinses-English Mandarin Phrase Book (Peking Dialect)*, Fulton, T. C., 1911

15. *A Short Course of Primary Lessons in Mandarin*, Mateer, C. W., 1911

16. *The Chinese Language and How to Learn It*, Walter C. Hiller, 1913

17. *Colloquial Chinese (Northern)*, A. Neville J. Whymant, 1922

在这些教材的作者中，有些曾受过西方语言学的训练，对汉语的语法体系和语言现象有着独到的见解，因此他们的著作不仅具有语料价值，对汉语语言学史的研究也具有重要的意义。上述图书有一部分藏于国家图书馆、北京大学图书馆、上海图书馆以及对外经贸大学海关文献阅览室，还有一部分可以通过下列在线网站检索到扫描版。

1. 美国 Archive 网站：http://archive.org/

2. Google 图书：https://www.google.com

3. 大学数字图书馆合作计划网站：http://www.cadal.zju.edu.cn/QuickSearch.action

4. 日本关西大学近代汉语文献语料库：http://www2.csac.kansai-u.ac.jp:8080/library/

第一个网站尤其值得关注，它整合了众多欧美大学图书馆的古籍数字化资源，连较为罕见的《语言自迩集》第一版都可以查阅。晚清民国时期，类似教材的出版量非常大，还有很大的挖掘空间。《西人北京话教科书汇编》（翟赟、郭利霞，2018）收入了《寻津录》、《语言自迩集》（第一版和第二版）、《北京话语音读本》、《官话类编》、《言语声片》、《华语入门》、《华英文义津逮》、《汉英北京官话词汇》、《北京官话初阶》、《汉语口语初级读本》、《北京儿歌》等十二部重要著作。

2.3.2.2 日本编写的北京话教材

1876 年以后，日本兴起了北京话学习的热潮，出版了大批北京话教材，其中影响较大的有《亚细亚言语集》（广部精编）、《官话指南》（吴启太、郑永邦共著）、《官话急就篇》（宫本大八著）。

由于多有北京籍教员，尤其是旗人教员参与编写或把关，不少教材、读本和词典都极富语料价值，例如：《自迩集平仄编四声联珠》（福岛安正编)、《燕语启蒙》(牧相爱著)、《北京官话谈论新篇》(金国璞、平岩道知著)、《北京官话士商丛谈》(金国璞著)、《北京官话翻译必携》(马绍兰、足立忠八郎著)、《最新北京官话典型》(好富道明著)、《北京风俗问答》(加藤镰三郎著)、《北京风土编》(张廷彦著)、《言文对照北京纪闻》(冈本正文著)、《搜奇新编》(石杉福治著)、《官话北京事情》(宫岛吉敏著)、《今古奇观》(金国璞著)、《北京官话虎头蛇尾》(金国璞著)、《华言问答》(金国璞著)、《北京官话家言类集》(冯世杰、市野常三郎和高木常四郎著)、《京语萃选》(秋山昱喜著)、《北京笑话会话》(冯世杰著)、《华语跬步》(御幡雅文著)、《北京官话伊苏普喻言》(中田敬义译)、《北京官话万物声音》(濑上恕治著)、《华语要诀》(宗内鸿著)、《北京官话常言用例》(小路真平、茂木一郎共著)、《北京官话俗谚集解》(铃江万太郎、下永宪次共编)、《北京土语集》(佐藤博著)、《北京语集解》(下永宪次著)和《北京俗语儿典》(下永宪次著)、《适用支那语解释》(木全德太郎著)。

上述著作多数已被《中国语学资料丛刊》(波多野太郎编)和《中国语教本类集成》(六角恒广编)收入,前者北京大学中文系资料室有藏,后者国家图书馆和北京外国语大学日本学研究中心有藏。更多的书目可参看六角恒广先生的《日本中国语教学书志》及附录。

值得关注的是,内田庆市等学者一直致力于新文献的挖掘、整理和研究,最近影印出版的《北京官话全编》口语化程度极高,研究价值很大。下面的内容节选自该书的第三百二十八章:

"张顺。""喳。""你回来告诉厨子,今儿的菜,别弄的那么齁咸的,还有昨儿晚上的那个鱼,弄的齁腥齁臭,实在是难吃。炒肉片儿也是厚薄全有,太是不留心了,今儿要是再像昨儿那个样儿,我一定不要他了,你要告诉明白他叫他小心,免得后悔。""是,我这就告诉他去。""嘿,你回来。""喳。""昨儿你说要买一件褐衫,我才核算了一核算,买现成儿的不但不合算而且不合式,不如买材料儿叫裁缝做,倒合身合体,你想怎么样?""老爷说的是。""那么今儿吃了饭儿您上前门就把材料儿买了来。""喳。"

"哎哟，这屋是烧了甚么了，这么齁气息的，您快瞧瞧罢。""是顺儿在屋里烧字纸哪。""顺儿，你这个胡涂东西，怎么在屋里烧字纸呀，弄的这么齁味儿的，真是胡闹。还不快拿到院子去烧呢，快把门开开，出出味儿罢。""喳。""顺儿。""喳。""你怎么老这么跳跳窜窜猴儿似的，你不会慢慢儿的走吗，你瞧王老爷使唤的书僮儿有多么厚重，你怎么老不跟人家学呢，起今儿往后你要改着点儿才好哪。""是。"

"老爷饭得了，是就摆呀，是等等儿？""得了，就摆罢。""是。""拿点胡椒面儿来。""喳。""今儿这个醋溜白菜，醋太多了，齁酸齁酸。这羊肉也不好，吃到嘴里齁䐃。你拿了去，叫厨子问一问，这怎么吃呀？""厨子说，这两天没有好羊，各铺子里都是这么着，他说他昨儿回过老爷，老爷一定要吃羊肉，所以才买了这个肉来。""他这真是胡说霸道，我多咱一定要吃肉来着，他也没告诉过我这两天没好羊，你把他叫来。""老爷，厨子来了。""你才刚和顺儿胡言乱语的说了些个甚么话，我多咱一定要吃羊肉来着？""是，老爷没要吃羊肉，我才刚和顺儿说的话，是胡弄着他玩儿来着，没想到他就信了。今儿的羊肉实在是我贪价儿贱，所以上了挡了，求老爷宽恕罢，以后再不敢买这样儿的肉来。""那就是了，后来千万不可再这么样了，若是再不改我可就不要你了。"

《日本明治时期汉语教科书汇刊》（张美兰，2011）和《日本汉语教科书汇刊（江户明治编）》（李无未，2015）收入了部分著述的影印版。《日本北京话教科书汇编》（陈颖、陈晓，2018）收入《燕京妇语》《急就篇》《官话续急就篇》《虎头蛇尾》《华言问答》《中国话》《中等官话谈论新篇》《生意经络》《亚细亚言语集》《北京风俗问答》《北京风土编》《官话北京事情》《京华事略》《北京纪闻》《伊苏普喻言》《搜奇新编》《今古奇观》《四声联珠》《华语跬步》《官话指南》《改订官话指南》等二十一种教材，涵盖会话书、综合教科书、改编读物、风俗纪闻读物等多种类型，分门别类后加以点校注释，将给研究带来很大便利。

2.3.2.3 朝鲜编写的北京话教材

研究者可以利用的文献有以下一些：《骑着一匹》（19世纪初，不晚于1826）、《华音撮要》（1877）、《华音启蒙》（1883）、《学清》（1885）、《关话略抄》（19世纪后半叶）、《汉谈官话》（至迟1902年）、《交邻要素》（1906）、《改订增补汉语独学》（1911）、《修正独学汉语指南》（1913）、《高等官话华语精选》（1913）、《官话华语教范》（1915）、《速修汉语大成》（1918）、《支那语集成》（1921）、《速修汉语自通》（1922）、《官话问答》（约在1915年到1924年之间）、《官话丛集》（1924）、《中语大全》（1933）、《无先生速修中国语自通》（1929）、《支那语大海》（1938）和《"内鲜满"最速成中国语自通》（1939）。

前六种已收入汪维辉先生的《朝鲜时代汉语教科书丛刊》和《朝鲜时代汉语教科书丛刊续编》，它们的语言基础是否为北京话尚有争议。剩余的教材则被《汉语会话书》和《汉语会话书续编》（朴在渊、金雅瑛编，韩国学古房出版社）收录。此外，韩国国立中央图书馆所藏的《京语会话》一书也具有极高的研究价值，请看：

"有人谈论他甚么事呢？""咳，别题喇。有人谈论他不孝父母。我想苍蝇不抱没缝的鸡蛋，总是有这个事，人家才这们谈论呢。""您听人家都怎么说呢？""说他的这个人，是他的一个接房。他家里抬杠拌嘴，都听的真真儿的。说他跟他父母，常常的打闹。一句都不让。并且是人对父母说不出来的话，他都说的出来。他媳妇儿，更非常的不贤，常听见大口儿的骂他的婆婆，并且连他也骂。无论怎么习悍，他是连声儿都不敢出。老是偏袒着他的媳妇儿，欺侮他的父母。他们两口子，由着性儿的吃穿足乐，他父母吃饭他都打算盘。拿斜眼儿看，还得成天家给他们两口子当奴隶。不知道的人要到他们家里看着，穿着儿也实在跟奴隶一样。这不成了枭獍喇吗？这要出在没念过书不知礼的浑蛋人家儿,还不足奇,咱们念书的人。竟会有这个样儿的行为,不就太新鲜喇吗?"

新近出版的《朝鲜日据时期汉语会话书汇编》(朴在渊、金雅瑛)收入《改订增补汉语独学》《修正独学汉语指南》《高等官话华语精选》《官话华语教范》《速修汉语自通》《无先生速修中国语自通》《速修汉语大成》《官话标准：短期速修中国语自通》《中语大全》《"内鲜满"最速成中国语自通》等十部教材,校注的同时还附有影印全文,十分便于国内研究者使用。

2.3.3　曲艺

评书、子弟书、相声等植根于民间的北京传统曲艺也保留有大量的早期北京话材料,下面是一段老北京灯影戏戏文,口语化程度很高：

"呦,爷今日这闲哉吔。""好说,乐子哪天不闲哉吔。""噢,大爷何妨望我们串个门子呢。""哈哈,敢子好。"[①]

车王府本《刘公案》鼓词成书于 18 世纪末,说白部分保存了大量当时的土语。由八旗子弟始创的子弟书虽以清丽典雅著称,却也不乏《为票傲夫》《穷鬼叹》《厨子叹》《老侍卫叹》等反映旗人境况和老北京市井生活的作品,其中保留了很多早期北京话词汇。此外,《连升三级》《法门寺》《玉堂春》《晴雯撕扇》《狸猫换太子》《四进士》《四郎探母》等早期京剧剧本语言也很通俗,多口语句式。陈晓博士在北京大学图书馆藏《玉霜簃藏曲》中发掘出昆曲《十全福》的演出本,口白部分的研究价值极高,转引如下：

桑长兴：不差什么,有二更天了罢。……我闷得慌,不上去。
仰　　氏：你坑死我了,上去罢。……

---

① 见《北平俗曲略》第 39 页,上海文艺出版社,1990 年。

妙　玉：我告诉你纳罢，我也有点子心事。……

仰　氏：你再强，我个又要打了。

妙　玉：你就是打死我，我是不睡定的了。……

仰　氏：敢是你心上有什么不完的事，想要了局么。……

妙　玉：我越想越恨，还得找补几下。……这如今四更了，也不来的了，我个也要去睡了。……怎么胡儿八道，换了丧良心，弄得我心里糊里胡涂，方才弄了个希乎脑子烂乱腾腾。……

仰　氏：娼妇，贼在那里？这么炸庙。

妙　玉：什么炸庙，我亲眼看见一个人在你纳房里出来，还抱着个孩子，嘴里自己嚷拿贼，碰我一个大觔斗，开了大门去了。……阿一哇，波罗盖多跌破了……真个了不得。

2.3.4　早期白话报

清末民初，彭翼仲、文实权等一批爱国知识分子选择报纸作为"开启民智"和"改良社会"的工具，为了最大程度地吸引底层民众，报纸的语言力求浅显易懂。著名爱国报人彭翼仲在《京话日报》的发刊词中这样写道："本报为输进文明、改良风俗，以开通社会多数人之智识为宗旨。故通幅概用京话，以浅显之笔，达朴实之理，纪紧要之事，务令雅俗共赏，妇稚咸宜。"① 以《进化报》（第一百八十号）一则标题为《马车轧老妈儿》的北京新闻为例：

> 本月二十三日午后，东安市场西门外，有位堂客，带着个小孩儿，后头跟着个老妈儿，过马路来着。正走在马路当中，忽然由南飞了一辆马车来，把老妈儿就给碰躺下了。便宜算是没轧着，就是让马把心口踢了一下子。守望巡警赶紧把马车拦住，让他对了保，给老妈儿雇了一辆车，送回家去了。

---

① 见《京话日报》第 7 号。

该段材料的词汇和句式的选择跟口语几无二致,这在当时并非个别现象,《进化报》《京话日报》《白话国强报》《爱国白话报》《益世报》和《群强报》的大量栏目都是用纯正京话写就。国家图书馆和上海图书馆有较完整的缩微胶卷可供查阅,北京大学图书馆所藏的《顺天时报》和《益世报》在数量上也较为丰富。

2.4 结语

很多清人笔记中也存有诸多宝贵材料,请看夏仁虎《旧京琐记》中的三则材料:

> 装饰妇女聘卖于异乡人,乘隙卷而逃焉,谓之"放鹰",亦曰"打虎"。设为赌局,诱骗愚懦,谓之"腥赌"。代接妇女,秘密卖淫,谓之"转当局"。引诱富家子弟游荡嫖赌,以博其资,谓之"架秧子"。皆社会不良之风俗。

> 有一字而分两意者,如你我之"你",遇平行以下可直呼"你",尔、汝意也。然遇尊长则必曰"您",读如"邻",非是则不敬。"他"字亦分两意,呼平辈可直曰"他",即彼意也。然述及尊长,则"他"字必读如"坦",非是亦不敬。

> 京师人海,各方人士杂处,其间言庞语杂,然亦各有界限。旗下话、土话、官话,久习者一闻而辨之。亦间搀入满、蒙语,如看曰"把合"(靠),役曰"苏拉",官曰"章京"(读如音),主管曰"侉兰",大皆沿用满语,习久乃常用之。又有所谓回宗语、切口语者,市井及倡优往往用之,以避他人闻觉。庚子后则往往搀入一二欧语、日语,资为谐笑而已,士夫弗屑顾也。

由这几则材料可以窥得北京话发展历程之复杂,既有着自身的内在发展规律,又受到语言接触的长期影响,这就对研究者使用的语料提出了极高的要求。本章所介绍的语料涉及满汉合璧材料、官话正音教材、小说、曲艺、报刊和域外北京话教材等多个领域,不仅口语化程度极高,而且时间跨度大,数量丰富,反映了北京话的早期面貌和发展脉络,可为今后的溯源研究和断代构拟奠定材料基础。

第三章 敬称代词"您"的来源及发展

3.1 引言

在北京话和普通话的代词系统中,敬称代词"您"的特点最为鲜明,有着深厚的文化蕴涵和历史积淀,齐如山在《北京土话》(1991)中这样写道:"北京人对面说话,绝对不会说'你',以其太不恭敬也。都要说'您',虽与父母长辈说话亦可以'您'呼之。"在共时研究层面,陈松岑(1986)、周一民(1998)、郭风岚(2008)等对当代北京话中"您"的用法进行了细致深入的考察。"您"的来源问题也颇受关注,清代说文大家王筠在著述中就已论及,近半个世纪以来,国内外学者更是众说纷纭。本章拟以早期北京话语料为突破口,在大规模本土文献和域外文献的支撑下,对敬称代词"您"的语源及发展路径进行系统考察,并在此基础上,对北京话中的第三人称敬称代词"怹"进行溯源。

3.2 关于"您"来源的四种观点

3.2.1 "你们"合音说

王力(1958)等研究指出,在英语、法语、德语、俄语等一些语言中,复数标记发展出了单数敬称用法。陈玉洁(2008)从河南商水方言入手,结合类型学和其他方言中的语言事实,对复数人称代词单数化现象进行了深入探讨。而在金元时期,复数用法"你们"合音后恰好写作"您",

学界对该现象的讨论较为充分，吕叔湘（1940、1985）、高名凯（1948）、王力（1958）均认为"您"为"你们"的合音形式，受此观点影响，很多学者相信现代北京话中的敬词"您"也经过了类似的合音过程。王力先生在《汉语史稿》（1958）中指出宋元史料中的"您"由"你们"合音而来，不表尊称，表复数，语音发展为 nim>nin。后来"您"和"你们"用法上有了分工，"您"逐渐用于单数、尊称，"你们"用于复数。

江蓝生（1995）指出北京话作品《燕京妇语》和《小额》是"迄今所知'您'用作敬称代词的最早资料"，"从敬称代词'您'的最初用法来看，'您'不太可能是'你老人家'的合音，更可能是'你们'的合音，用复数表敬，是许多语言共有的现象。"谢俊英（1993）、时良兵（2006）、汪化云（2008）则在元明清语料中努力发掘敬称用法的用例，试图证明它们跟复数用法有着传承关系。

谢俊英（1993）认为"您"是在由复数义向单数义的变异过程中获得表敬功能的，"在金元俗文学中，代词'您'有两个意义：第二人称单数义和复数义。在《刘知远》和《董西厢》中'您'的复数义占优势，到元杂剧，比例有所改变，尽管可以用于复数义，但单数义有了明显的优势，并且已经带有尊敬对方的意味。……'您'单数义单用例明显增多，从元曲的 22% 上升到明杂剧的 83%，到明清传奇又增至 98%，而且这种单用全部用于权势关系的下对上及一致关系的互尊的交际场合"。照该文的逻辑，北京话中出现敬称代词"您"似乎是顺理成章的事，实则不然。首先，如吕叔湘先生所言，在《红楼梦》《儿女英雄传》等清代北京话文献中均不见"您"的用例，谢文也承认"明清小说的数量为前所未有。但在明清小说中有代词'您'出现的作品并不多"。因此，说北京话中的"您"和金元时期的"您"一脉相承显然缺乏文献的支持。其次，北京话敬称代词"nín"在《语言自迩集》中写作"您"，在稍后的《老残游记》中写作"儜"，在《二十年目睹之怪现状》中写作"你儜"，倘若是由金元时期的"您"发展而来，似乎不应出现这种字形极不统一的情况。此外，谢文所考察语料的方言背景十分庞杂,伍铁平(1982)明确指出在湖南某些方言中,"您"的发音明显地反映出它来源于"你老人家",所以即使某些方言的敬称代词"您"确实来源于"你们",也并不能排除北京话中的"您"有其他来源的可能性。

吕叔湘(1985)很早就对"你们合音说"提出了质疑,主要观点如下:(1)金元时期文献中的"您"虽有复数和单数两种用法,但绝没有尊称意味,与今天北京话只用于单数敬称的"您"截然不同;(2)英语的"you",法语的"vous"以及德语的"sie"均是借用第二人称复数表单数敬称的用例,但是它们的复数用法并没有因此而消失,而北京话中的"您"并没有复数用法;(3)缺少文献证据的支持,《红楼梦》《三侠五义》和《儿女英雄传》中并没有"您"的用例。

3.2.2 "你老人家"合音说

清末吴趼人在《二十年目睹之怪现状》中写道:"你儜,京师土语,尊称人也。发音时唯用一儜字,你字之音,盖藏而不露者。或曰'你老人家'之转音也,理或然欤。"李家瑞在《北平风俗类征》(1937)中也持类似的观点:"京兆方言特别字:……您读若凝,实南方'你老人家'四字之省文也。"在《蓥友臆说》(1848)一书中,王筠进一步指出,在"你老人家"发展为"您"的过程中,还经历了"你那"这一中间阶段,其中"那"是"老人家"的合音:"都中称所尊敬者曰'你那',即是你老人家,则'那'者又'老人家'三字之合音也"。

3.2.3 "你老"合音说

"你老,尊辈称也。……你老二字急呼之则声近儜,故顺天人相称加敬则曰儜,否则曰你。"(《光绪顺天府志·地理志十四·方言上》)但"你老"发展为"您"并不是一个简单的过程。王力在《中国语法理论》(1955)中在"你们合音说"之外又提出一种假设:"'您'字大约是'你老人家'

的缩短：由'你老人家'缩短为'你老'，再由'你老'缩短为'您'。王力先生对这一语音演变作了如下解释："ni+lau=ni+l=nil，但中国语里没有 nil 音，故变为 nin。"

再看吕叔湘（1985）的观点："老字脱落元音，只剩下一个'l'的时候，汉语里既没有用'-l'作韵尾的习惯，就转成发音部位相同的 -n。现在口语里您字有时说成您哪，要是现在的您就是早期的您，这是不可理解的；要是您是你老的省缩，就比较容易说明：您哪（nina）是您（nin）凑上老（lao）字留下的 -a-。"

汪化云（2008）对"你老"合音说提出了不同意见：1）使用"你老"的方言很多，为什么只有北京话发展出"您"的用法；2）"您"应该是"你们"的合音，这导致北京话中没有"您们"的说法；3）北京话中的第三人称敬称用法"怹"可以表示"他们"，这也许可以作为"您"来源于"你们"的证据。

3.2.4 "你能"来源说

俞理初在《癸巳存稿》中写道："京师语称你侬，音若你能，直隶则通传为你老。你侬者即古言尔……你侬者，尊之亲之，专言你则贱之矣。"在清代北京话文献中，"你能"仅见于《正音撮要》（1810）和《品花宝鉴》（1848）中，在前者中写作"你儜"，书中注明"儜"为"泥耕切"。

（1）<u>你儜</u>怎么这样说呢。我这程子也有点事儿，总离不了家。(《正音撮要》)

（2）天寿眼瞪瞪的看了一会，问道："<u>你能</u>是不是去年同一位吃烟的老爷来？那位吃烟的同我师父打起来，还是你能拉开的。"(《品花宝鉴》)

（3）翠官一笑道："三爷<u>你能</u>好造化，我才叫<u>你能</u>一个干爹爹，就又给<u>你能</u>招了一个来了。"(《品花宝鉴》)

从语义来源上讲,"第二人称代词+助动词"不太可能向敬称代词发展,类型学研究和方言研究中未见报道。从语音上看,汉字表音在准确性上有欠缺,"你能"的实际读音无从得知,这就给研究带来了极大困难。

此外,在下面三种清代北京话文献中,第二人称敬称代词又以"你呢""你你"和"儜"的形式出现,这些表音形式之间是何关系?它们对"您"的最终形成产生了多大的影响?这些是本节所要解决的难题。

(4)这一种酒是陪阿哥讲礼的酒呢,<u>你呢</u>亲手筛酒咧,实在当我们不合礼啊!(《骑着一匹》)

(5)老爷,<u>你你</u>用饭咧无?(《关话略抄》)

(6)"劳儜驾,看他伙计送进去,就出来,请<u>儜</u>把门就锁上。劳驾,劳驾!"(《老残游记》)

3.2.5 小结

上述四种来源假说实际上可以归为两类,"你们合音说"强调的是与金元时期复数用法的内在联系;而剩下的三种假说则否认这种联系的发生,认为北京话中的"您"有着其他来源和发展路径。此外,内田庆市(2000)的观点也非常值得关注,他认为"您"是"你能"系统和"你那"系统结合的产物。这些观点均有一定合理性,为一探究竟,本章将元、明、清、民国、当代五个时期的文献均纳入考察范围,第3.3节考察《脂砚斋重评石头记》之前的文献,检验"复数>敬称"这一路径是否存在,第3.4节考察《脂砚斋重评石头记》之后的文献,考察敬称代词"您"的来源和发展路径。

3.3 对"你们合音说"的检验

3.3.1 对元代文献的调查

在《元曲选》《元刊杂剧三十种》《孝经直解》《通制条格》《元代白话碑文集录校注》《鲁斋遗书》《大元圣政国朝典章·刑部》《原本老乞大》等材料中,"您"(有时也写作"恁"),有第二人称复数和单数用法,并无尊称意味:

(7)张元帅俺根底奏告来:"中都城里住底掌教张真人,北京城里住底张真人、王真人,恁三个根底,亳州有底太清宫里圣贤□□□,恁每圣贤底大官阙见坏□【了】也,□□□"这般说有。(《元代白话碑文集录校注·一二五七年鹿邑太清宫令旨碑》)

(8)至元八年四月,尚书省三月二十一日钦奉圣旨宣谕:"听得您每如今断底公事也疾忙断有。今后断底公事,合打底早打者,合重刑底早施行者。"钦此。(《大元圣政国朝典章·刑部》)

(9)鲁子敬没道理,请我来吃筵席,谁想您狗行狼心使见识,偷了我冲敌军的军骑,拿住也怎支持!(《新校元刊杂剧三十种·关大王单刀会》)

(10)既共俺参辰卯酉,谁吃您这闲茶浪酒?你一个烧栈道的先生忒绝后!你当日施谋略,运机筹,煞有!(《新校元刊杂剧三十种·汉高皇濯足气英布》)

(11)至元九年五月十九日,中书省钦奉圣旨:"听得汉儿人每多有聚集人众达达人每根底哄打有。这般体例那里有,您每严加禁约者。"钦此。(《通制条格·杂令·汉人殴蒙古人》)

3.3.2 对明清文献的调查

在《三言二拍》《西游记》《水浒传》《金瓶梅》《醒世姻缘传》《儒

林外史》等诸多《脂砚斋重评石头记》之前的小说中,也未见敬称代词"您"的用例。实际上谢俊英(1993)也承认"明清小说的数量为前所未有,但在明清小说中有代词'您'出现的作品并不多",认同"你们合音说"的学者所举例证主要集中在宫廷档案和戏曲文献中。

3.3.2.1 宫廷档案

时良兵(2006)在《水东日记》中发掘出一则重要材料:

> 洪武戊申十一月十四日早朝,宣圣五十五代龙封衍圣公臣孔克坚,于谨身殿同文武百官面奉圣旨。"老秀才,近前来,您多少年纪也?"臣对曰:"五十三岁也。"上曰:"我看您是个有福快活的人,不委付您勾当,您常常写书与您的孙儿,我看他资质温厚,是成家的人。您祖宗留下三纲五常,垂宪万世的好法度。您家里不读书,是不守您祖宗法度,如何中?您老也常写书教训者,休息惰了。于我朝代里,您家里再出一个好人可不好。"

《水东日记》是明人著作,作者叶盛(1420—1474),江苏昆山人。该书现存最早的版本为明弘治常熟徐氏刻本(三十八卷),笔者在国家图书馆中见到三十八卷和四十卷两种版本,三十八卷署"嘉靖甲寅仲秋既望吴郡后学吴邑庠生王玉芝谨志",刻写时间为1554年,应该是以明弘治本为底本,四十卷本为康熙十九年(1680)年叶氏赐书楼印本。这两个版本中,确实写作"您",《钦定四库全书》中收入法式善详校的三十八卷本也如是。以上能否证明朱元璋在口语中已经使用敬称代词"您"了呢?笔者持不同意见,理由如下:

1. 这段文字记载的史实发生在1368年,而叶盛数十年后才出生,因此这段文字并非第一手材料,所依据的应该是洪武六年(1373)立于孔庙的《朱元璋与孔克坚、孔希学对话碑》[①],此碑屹立至今,同样的内容却写

---

① 承蒙胡双宝先生告知:由《明太祖文集》可以看出,此类材料为朱元璋草拟,大臣无所(不敢,也无须)修改,因此口语化程度远高同时以及后代文人所写文章高。

作"你"。

2. 在《刘仲璟遇恩录》《皇明诏令》《高皇帝御制文》等记录了朱元璋或朱棣口语的本土文献中，并没有"您"的敬称用例，只有"恁"的第二人称的用法，无尊敬意味。

（12）恁每回去，至诚着。恁老子都是君子人。(《刘仲璟遇恩录》)

（13）敕天下武臣：自古国家设立军马的意思，只为要看守地方，保安百姓，征剿那做歹勾当不顺的人。虽是天下十分太平，不曾撒了军马不整理。如今恁军官每是自己立功劳出来的，有是祖父立功劳承袭出来的，都承受朝廷付托，或掌看方面，或管着边塞，或镇守地方，都要十分与国尽心尽力。如今休道天下太平无事恁便懒惰了。恁常勤谨小心，守着国家法度，尽恁的职分做得好呵，恁的富贵传子传孙便长远保守，恁的好名儿史书上也写着传将天下，后世不磨灭了。若是懒惰不用心，又不依法度，便打罢了做军，去边塞守御；重便连身家丧了。凡人受福受祸都是自己做来的，恁只依我言行，便长远享福受快活。(《皇明诏令·谕天下武臣敕》)

3. 《李朝实录》和《高丽史》①这两部域外文献中也记录了朱元璋跟朱棣的部分口语，"恁"不表敬称。

（14）但是朝鲜的事，印信、诰命、历日，恁礼部都摆布与他去。(《朝鲜王朝实录·太宗实录》)

（15）我如今把你放在船上，不教下岸来，恁心里如何？恁每是打差使人，不干恁每事，说与恁那国王，既然疑惑我呵，修理城郭囤粮，准备弓箭炮石军马，便敢相敌。你这般使人来打细，济甚事！(《高丽史》)

---

① 汪维辉（2009）将两书中的口谕进行了录入整理，给本研究带来极大便利，谨致谢意。

3.3.2.2 对明清戏曲的考察

请看《全明杂剧》和《六十种曲》中的用例:

(16)〔狼〕先生可怜见!不争俺死不带紧,枉了您个"恻隐之心,人皆有之"。这不干赵卿的事。先生,是您不救咱,死于九泉之下,俺不怨赵卿,则怨着您!〔末〕俺待不救,恁来可不道:"墨者之道,兼爱为本。"这却是如何?罢罢!那里不是积福处。俺便当救活您,只索出俺图书,把个空囊,藏您在里面罢。(《全明杂剧·中山狼》)

(17)〔赵上〕兀那汉子!恁在这树下歇息,可曾见那中山狼去来? ……〔赵〕看您这厮,一谜里胡言!俺打围到此,那中山狼当道,人立而啼。被俺开的弓、拈的箭,飕的一声,应弦饮羽,失声走了。您在路傍,怎生不见他去来?您看俺剑者!〔拔剑砍车辕科〕东西南北,兀谁的隐讳了狼的去向,把这车辕儿做个赛例者!〔末〕(《全明杂剧·中山狼》)

(18)〔外〕我指望你步青云登高第,却缘何裹乌巾投凶肆。广寒宫懒出手扳仙桂,天门街强出头歌蒿里。不肖子!您也曾读诗书,怎不知廉耻。积德门间,到养这等习下流不肖子。(《六十种曲·绣襦记》)

(19)〔丑〕哈。个个奸民。您做帮闲荐耍人。明绝我个衣饭。与您何雠衅。使我无投奔。……常伯醒。我戏娘虾蟆。狗也弗射您。我定用打渠。(《六十种曲·锦笺记》)

句(16)中的"您"似乎有着尊敬的意味,实际上这种理解是受到了普通话语感的干扰,结合句(17)这样的上下文就不难发现,这两句中的"您"绝非敬称用法,与"恁"处于混用状态。在句(18)和(19)中,说话人干脆就是一副指天咒地的语气。而在下面的例句中,"您"还保留着早期的复数用法:

（20）〔尼〕您两个猛地哩话从前，乍相逢信有缘，可记取灯下屏前，几年儿同付春烟。问前生欢娱价恁浅，剩香魂归来似璧返珠还。（《盛明杂剧·春波影》）

在清代的戏曲文献中，情况并未有太大改变：

（21）【出队子】（外）怎知俺神机奇妙，您怎敢逞凶顽把军令挠。难道是将军阃外戏儿曹？您速去休辞顷刻劳，须想道任做了奉旨萧何向辕门奉诏。（《双官诰》清康熙二十九年钞本）

3.3.3 来自域外资料的证据

3.3.3.1 朝鲜《老乞大》的版本对比

在《朴通事》不同时期的版本中，同样没有发现第二人称敬称用例，而《老乞大》的情况要复杂一些，请看：

（22）a. 恁既是姑舅两姨弟兄，怎么沿路秽语不回避？（《古本老乞大》）
　　　b. 你们既是姑舅两姨弟兄，怎么沿路上多有戏言，全不避讳呢？（《老乞大新释》）

表 3.1 《老乞大》不同版本间的用字对比

版本	刻本年代	第二人称	例句（23）
《古本老乞大》（元代）	1418—1450	你 恁	a. 你学甚么文书来？读《论语》《孟子》《小学》。恁每日做甚么工课？
《老乞大谚解》（明改本）	1515年左右	你	b. 你学甚么文书来？读《论语》《孟子》《小学》。你每日做甚么工课？
《老乞大新释》（清改本）	1761	你	c. 你学的是甚么书？我曾念的是《论语》《孟子》《小学》。你每日所做甚么工课呢？
《重刊老乞大》（清改本）	1795	你	d. 你学的是甚么书？我曾念的是《论语》《孟子》《小学》。你每日做甚么工课？

《古本老乞大》反映了元代的语言面貌,句(22a)显示"恁"还保留有最早的复数用法,在句(23a)中,第二人称"你"和"恁"处于混用状态,并没有敬称用法,在明代和清代的三种修订本中,"恁"更是索性被替换为"你",这充分证明北京话中的"您"跟早期的用法没有直接联系。

3.3.3.2　日本江户时代(1603—1867)的唐话教材

唐话教本中保留了大量语料,是研究明清时期南京话、厦门话、漳州话等南方方言的重要材料。笔者调查了《译家必备》《华学圈套》《译通类略》《唐话类纂》《唐译便览》《唐话便用》《语录译义》《两国译通》《唐音和解》《唐音世语》《八仙桌燕式记》《唐音雅俗语类》《南山考讲记》《养儿子》《常话方语》《唐通事心得》《和语珍解》《华夷通商考》等教本的第二人称用例,只在教本《养儿子》中发现了"你老"的零星用例:

(24)财主说道:"老丈<u>你老</u>肯请教我,我也不瞒你说,小儿前日晚上,在家里忽然跌倒了。"(《养儿子》)

3.3.4　小结

由于明代和清前期的北京话文献较为罕见,本节将大量南方背景的语料纳入考察范围,即便如此,也未发现支持"你们合音说"的有力证据。而明代北方话语料则显示,第二人称单复数用法"您"已经日趋没落,《老乞大谚解》(明改本)将《古本老乞大》中的"恁"改为"你"即为明证,清代初期的北京话语料中更是难觅"您/恁"的踪迹,《康熙朝汉文朱批奏折汇编》(1689—1722)、《蔡怀玺投书允禵案》(1726)、《雍正四年允禵允禑案》(1726)、《清文启蒙》(1730)、庚辰本《脂砚斋重评石头记》①

---

① 庚辰本《脂砚斋重评石头记》(人民文学出版社,1975)第六十三回中就有几则"您"的用例仍需存疑,此回中芳官唱了一支《赏花时》,曲中数次出现"您",请看:

　　翠凤毛翎箒叉,闲为仙人扫落花。<u>您</u>看那一风起玉尘沙,猛可的那一层云霞,抵多少门外即天涯。<u>您</u>看那一风斩黄龙一线儿差,再休向东老贫穷卖酒家。<u>您</u>与俺高眼向云霞。(洞宾呵)<u>您</u>得了人可便早些儿回话。(若迟呵)错教人唱恨碧桃花。
　　　　　　　　　　　　　　　　　　　　　　　　　　　(转下页)

（1760）等文献中均无可靠用例。由此可见，虽然演变路径"第二人称复数＞第二人称单数敬称"确实存在于一些语言和方言中，但早期北京话文献未见该路径发展的明显痕迹，吕叔湘先生对"你们合音说"的反对意见令人信服，清代北京话中的"您"的真正来源有待探究。

3.4　敬称代词"您"在清代的发展

侯精一（2010）提出，清朝中叶，约从康熙时代开始，满族社会进入满汉双语时期，这标志着现代北京城区话的形成。我们认为，敬称代词"您"的出现是现代北京城区话成熟的重要标志之一。《脂砚斋重评石头记》中虽没出现"您"，但为"你老"扩展为"您"的最终产生奠定了语义基础，本节在新的记音材料的支持下，将整个语法化路径归纳为四个阶段：你老人家＞你老＞你那／你能＞您纳＞您，并尝试着从语音角度加以解释。

3.4.1　第一阶段：你老人家 [ni^{35} lau^{35} zən^0 tɕiA^0]＞你老 [ni^{35} lau^0]

3.4.1.1　"你老人家"及其缩略形式"你老"

"你老人家"用作对年长者的尊称在汉语方言中非常普遍，而由于使用的高频性和发音上的经济性，"老人家"往往会因省略或合音而缩合为一个或两个音节，具体如表 3.2 所示：

（接上页）

己卯本《脂砚斋重评石头记》（上海古籍出版社，1981）此处文字虽略有出入，但也均为"您"。《赏花时》一曲出自明代汤显祖的《邯郸记·度世》，原本皆为"你"，己卯本和庚辰本《脂砚斋重评石头记》皆为乾隆时期抄本，全本唯有此处出现"您"，颇令人不解。根据吕叔湘（1985）的研究，金元时期，"您"主要表示复数，后来也可表单数但不表敬称，此处的"您"也许是后一种用法的残留。值得注意的是，抄写时间较晚的《戚蓼生序本石头记》只保留第一处"您"，后三处均写作"你"，我们猜测当时敬称代词"您"确未产生，因此抄手抄写完第一处"您"后也心生怀疑，遂将后三处改为"你"。

表 3.2　汉语方言中"你老人家"的使用形式①

西宁	你老人家	⁻ni ⁻lo ₌zẽ ₋tɕia
济南	你老人家	⁻ni ⁻lɔ ·zẽ ₋tɕia
南京	你老人家	⁻li ⁻lɔ ·zẽ ₋tɕia
武汉	你老人家 你家	⁻ni ⁻nɑu ·nən ₋tɕia n̩ ·tɕia n̩ ·nia
长沙	你郎家	n̩ ·lan ·ka
娄底	你喃家	n̩ ₌nã ·ka
建瓯	你老人	ni₌ seᵌ neiŋᵌ
太原	你老	⁻ni ⁻lɑu

就各地方言的使用而言,"你老人家"的缩略形式大致可分为两类:一是中间音节"老人"的省略或合音,比如武汉是直接省略,仅留"你家",而湖南大部分地区则是合音,如隆回"你老家"、邵阳"你那家"、涟源桥头河"你人家"等;二是末尾音节"家"或"人家"的省略,建瓯话中略去了"家"仅称"你老人",而在广大的北方地区则是简化为"你老",如山东菏泽、聊城等地都把"恁老"用作对长者的尊称。

在北京话中,"你老人家"也是缩略为"你老"。"你老,尊辈称也。"(《光绪顺天府志》)在庚辰本《脂砚斋重评石头记》(1760)中,"你老人家"有45 例,"你老"有 23 例,出现了很多并举的情况:

---

① 材料来自李荣《现代汉语方言大词典》(江苏教育出版社,2002)以及许宝华、[日]宫田一郎《汉语方言大词典》(中华书局,1999)。其中武汉方言中的 [ni nia] 应是 [ni tɕia] 的变体,是语音的顺同化现象造成的;长沙和娄底方言中的"郎 [lan]"和"喃 [nɑ])"都是"老人"的合音。

(25)夏婆子道："我的奶奶，你今日才知道，这算什么事。连昨日这个地方他们私自烧纸钱，宝玉还拦到头里。人家还没拿进个什么儿来，就说使不得，不干不净的忌讳。这烧纸倒不忌讳？<u>你老</u>想一想，这屋里除了太太，谁还大似你？<u>你老</u>自己撑不起来；但凡撑起来的，谁还不怕<u>你老人家</u>？如今我想，乘着这几个小粉头儿恰不是正头货，得罪了他们也有限的，快把这两件事抓着理扎个筏子，我在旁作证据，<u>你老</u>把威风抖一抖，以后也好争别的礼。便是奶奶姑娘们，也不好为那起小粉头子说<u>你老</u>的。"（第六十回）

(26)周瑞家的四人又都问着他："<u>你老</u>可听见了？明明白白，再没的话说了。如今据<u>你老人家</u>，该怎么样？"（第七十四回）

(27)莺儿本是顽话，忽见婆子认真动了气，忙上去拉住，笑道："我才是顽话，<u>你老人家</u>打他，我岂不愧？"那婆子道："姑娘，你别管我们的事，难道为姑娘在这里，不许我管孩子不成？"莺儿听见这般蠢话，便赌气红了脸，撒了手冷笑道："<u>你老人家</u>要管，那一刻管不得，偏我说了一句顽话就管他了。我看<u>你老</u>管去！"（第五十九回）

(28)柳氏道了生受，作别回来。刚到了角门前，只见一个小幺儿笑道："<u>你老人家</u>那里去了？里头三次两趟叫人传呢，我们三四个人都找<u>你老</u>去了，还没来。<u>你老人家</u>却从那里来了？这条路又不是家去的路，我倒疑心起来。"（第六十回）

在上述用例中，两种用法同现且用法一致，"你老"缩略自"你老人家"的痕迹十分明晰。

事实上，多音节词在语流中出现减音现象，是北京话口语的一个突出特点。例如：

也不知是 —— 也不是
可惜了儿 —— 可了儿
不差什么 —— 不差么儿
回头呆一会儿 —— 回呆儿

3.4.1.2 指称长者＞指称尊者：庚辰本《脂砚斋重评石头记》中"你老"的用法扩展

值得注意的是，表3.2中"你郎家"等缩略形式在用法上并未发生太大变化，仍然只尊称长者，这也许是它们未能进一步发展的原因。而在《脂砚斋重评石头记》中，"你老人家"和"你老"在语义上得到了进一步发展，不仅可以指称长者，还发展出指称尊者的用法。句（29）中，贾瑞不过二十来岁，李贵以"你老人家"称之，显然不是因为年龄因素，而是出于尊卑的考虑：

（29）李贵笑道："不怕<u>你老人家</u>恼我，素日<u>你老人家</u>到底有些不正经，所以这些兄弟才不听。就闹到太爷跟前去，连<u>你老人家</u>也脱不过的。"（第九回）

"你老"继承了这一功能变化，下面几个例子中，反倒是年长的刘姥姥称呼周瑞家的跟王熙凤"你老"。

（30）刘姥姥一壁里走着，一壁笑说道："<u>你老</u>是贵人多忘事，那里还记得我们呢。"（第六回）

（31）论理今儿初次见姑奶奶，却不该说，只是大远的奔了<u>你老</u>这里来，也少不的说了。（第六回）

在《儿女英雄传》中，安家公子玉格不过才十七岁，跑堂的、骡夫、店主人等年长者却皆以"你老"尊之：

（32）店主人说："你老要作得主，我就会给他扎。"（第三回）

（33）那白脸儿狼看见，说："我合他一块儿去，少爷，你老也支给我两吊，我买双鞋，瞧这鞋，不跟脚了。"（第四回）

（34）跑堂儿的陪笑说道："这是那儿的话，怎么'烦'起来咧？伺候你老，你老吩咐咇。"（第四回）

（35）那跑堂儿的瞧见，连忙的把烟袋杆望巴掌上一拍，磕去烟火，把烟袋掖在油裙里，走来问公子道："要开壶啊，你老？"公子说："不是，我要另烦你一件事。"（第四回）

在句（32）—（34）中，"你老"充当主语和宾语，而句（35）中的"你老"用法特殊，非常值得关注。江蓝生（1995）把这种句末用于打招呼或应答的用法称为后置呼语。句（35）似乎可理解主语后置，可还原为"你老要开壶啊"。在之后的文献中，后置呼语用法则鲜有类似情况，越来越成熟，再看一些类似的用例：

（36）问：你姓甚么？
　　　答：姓王啊，你老。（《华语跬步》）

（37）富二先生说："你的八字五行缺水罢？"曹永江说："就是，你老。"（《曹二更》）

（38）富二先生说："你父亲要是愿意，我再亲身去正式说媒。"曹立泉说："就是，你老。"（《曹二更》）

（39）两个马夫挣起他们来道："二位快莫开玩笑，我们怎敢作你老老师？"赵邦杰站起来一看，原来是白天的两个马夫，不由说道："咦，你们不是马夫吗？"马夫道："是呀，你老。"华慕侠一听，也怔了。（《滑稽侠客》）

（40）博二太太说："今天倒把外甥累着了。"曹立泉说："不累的慌，你老。"（《曹二更》）

（41）赶驴的说："不敢，你老。我贱姓王，叫王二格。"（《和尚寻亲》）

（42）毛伙计一听，直要乐死。心说："也不是那里来的一个犯官迷的书呆子，大清早晨的跑了来犯老瘀来啦。"可又不好不应酬，这才凑近一步接过名片，说："这话可似这们说，<u>你老</u>，咱家老妹子昨晚出了三个局，从衙门回来，已然三点半啦，此时还没有起床，你老可得耗会子。等他睡醒，我是尽着力儿的替你老往好里说，你可别发急呀。"（《细侯》）

（43）且说满生，来到贾寓门口儿，恭恭敬敬的一喊回事，从院中出来一个毛伙计，上下打量了满生半天，笑嘻嘻的说："你老八成儿，认错了门儿了吧？咱这地方儿，是外场人来的，不是官场啊，<u>你老</u>。"（《细侯》）

（44）如海说："借光，<u>你老</u>。回事处在那里？"（《过新年》）

在下文中，我们会看到，由"你老"发展而来的"你纳"和"您纳"也继承了这种后置呼语用法。

3.4.2 第二阶段：你老 [ni^{35} lau^{0}] > 你那（纳）[ni^{35} nA^{0}]

3.4.2.1 车王府曲本《刘公案》和《汉字文法》中的新兴用法：你那

"你老人家""你老"在语义和语用上的扩展和泛化又促进了其语音上的进一步弱化，在车王府曲本《刘公案》中发展出新用法"你那"。据石继昌（1991）考证，《刘公案》成书于1796年至1797年初之间，是研究当时语言和风土民俗的珍贵资料。书中"你老人家"共有10个用例，而"你老"的使用频率较之《脂砚斋重评石头记》则有巨大提升，达12例，更重要的变化是出现了21例"你那"，全部为敬称用法。其中主语17例，宾语3例，后置呼语1例，列举如下：

（一）主语用例：17例

（45）张炳仁说："你老人家不坐顶轿去吗？再不然骑匹牲口，这到那，有六七里地呢！<u>你那</u>走着下乏吗？"

(46) 大勇闻听，说："<u>你那</u>特圣明咧，真不肯亏人，等着你老人家选着知县的时节，我们小哥俩辞了这个差使，跟着你老人家当定了内厮咧！"

(47) 李升顺着熊公子手，瞧够多时，说："少爷，<u>你那</u>不知道吗？这就是咱们衙门中皂头段文经的女孩嘛！"

(48) 小内厮来祥一旁开言，说："少爷，这件事情<u>你那</u>不用生气。"

(49) 承差王明闻听皮匠王二楼之言，竟意的带笑说："好的，幸亏才没骂什么别的重话，是王二哥<u>你那</u>扔的？"皮匠说："是我扔的。"

(50) 青儿答应一声，说："道爷，你两个山字垛起来——<u>你那</u>请出罢！"

(51) 金六说："二位不必瞧戏咧，这个戏也无什么大听头，<u>你那</u>想：六吊钱、二斗小米子、十斤倭瓜，唱五天，这还有好戏吗？不过比俩狗打架热闹点完咧。"

(52) 要是咱们的人赢了呢，<u>你那</u>就拉倒；要是他们赢了呢，二位瞧我的眼色儿行事。

(53) 快家子王五假装迟疑之相，说："先拿一吊掷着。"忽听那人说："金六哥，何苦呢？碰这么个大钉子。这么着罢：<u>你那</u>打发人到西关里王虎臣家店里，就说有钟老叔要十吊钱呢。"快家子王五说："先拿一吊下注不咱？"

(54) 王虎臣闻听提钱，说："他这还有个十来吊钱，还欠我两吊多钱。要拿，<u>你那</u>给他拿八吊去，我们再算就是咧。"周成说："就是这么着。"

(55) 南边那个人闻听，说："不错呀！<u>你那</u>不知道吗，那庙里是女僧，当家的叫妙修，那个小模样子，长了个干净！"

(56) 王大爷，这如今咱们去拿他，倘或他不认账，反为不美。倒不如<u>你那</u>杀住脚步慢行，我头里先去，将这个花尾巴狼贪的稳住，省得他到当堂变卦。

（57）你那瞧，莫非我撒谎不成？

（58）还有江宁府的二位头目，跟了我来，同取银子。嫂嫂是知道的，我家内房屋窄小，也不像个样儿。没的说，你那叫收拾点酒饭，我们吃了好走。

（59）何氏想罢，带笑开言，说："妈妈，你老教导我的，都是好话。也罢，既是大相公见爱，老妈妈为好，两下里张罗辛苦，再要是推托，那我就算奴家不懂事体。将这银子留下，奴领高情。"……何氏月素暗恼，嘴里冷笑，搭讪着说："妈妈，你那去吗，我竟失送咧！"

（60）旁边这个吃劳禁的说："掌柜的，你那不知道，方才无有听见说，跑堂的就是给这个屯旧老头子当了！"

（61）克展闻听，眼望汪氏开言，说："嫂嫂，这定是张君德、刘奉他们俩来咧。你那快打发人将他们二位请进来，我还有话讲。"

（二）宾语用例：3例

（62）快家子唐五说："黄大爷，不瞒你那说，我是去了块稻地，去了四百三十吊钱，明日就写文书。"

（63）赵洪说："这还有个十来间房。赢了，我就拿着走；要是输了呢，写个欠字给你那，我就要串房檐玩去咧！"

（64）堂倌拿起来，又到刘大人的跟前，说："老爷子，拿票子来罢，我们掌柜的叫给你那赎去呢！"

（三）后置呼语用法：1例

（65）堂倌接过，出了酒铺，又来到当铺之中，把票子连钱在柜上一搁，说："掌柜的，借个光儿你那，将这票当快给我赎将出来罢。"

在葡萄牙遣使会传教士江沙维的《汉字文法》（1829）一书中，"你纳"充当主语的有14例，充当宾语的有8例，充当定语的有5例，列举如下：

(一)主语用例：14例：

(66) 你纳贵姓？

(67) 你纳贵国？

(68) 你纳是汉人是旗人？

(69) 我没有看见你纳来。

(70) 你纳来的刚巧。

(71) 你纳要赁这一所房么？

(72) 你纳几时回来？

(73) 是了，你纳请。

(74) 你纳贵处？我原是陕西人，到底有十几年在外头作买卖。

(75) 你纳好。

(76) 你纳纳福。

(77) 你纳身上也好？

(78) 好，你纳也好。

(79) 你纳容易使筷子。

(二)宾语用例：8例

(80) 请你纳上坐。

(81) 还要烦你纳给我细细的讲各地方的生意。

(82) 狠好，叫你纳罢心。

(83) 我很想你纳。

(84) 请你纳吃家常饭。

(85) 就是这个好，请你纳尝一尝。

(86) 请你纳说要什么书。

(87) 是，请你纳试一试。

（三）定语用例：5 例

（88）前日到了，一路平安，托赖你纳的福。

（89）应当回你纳的礼。

（90）好，托你纳的福。

（91）好，托你纳的恩。

（92）托赖你纳的情分，我想看一看这些可纳罕的物件。

从《刘公案》和《汉字文法》来看，"你那（纳）"不仅用例已较为可观，用法也较为丰富和成熟，该用法在口语中的出现时间可能更早。在"您"和"您纳"兴起之前，"你那（纳）"（还有"你呐"等书写形式）是最重要的第二人称敬称形式，在《寻津录》《儿女英雄传》《语言自迩集（第一版）》《北京话语音读本》《速修汉语大成》《官话萃珍》等文献中均有用例，择列如下：

（93）我平日见老弟你那不爱听戏，等闲连个戏馆子也不肯下，我只说你过于呆气，谁知敢则这桩事真气得坏人！（《儿女英雄传》第三十二回）

（94）姑老爷不用管我们的事，我们不能像你那开口就是"诗云"，闭口就是"子曰"的。（《儿女英雄传》第三十三回）

（95）你纳这么大年纪了，比我们年轻的人儿还硬朗，将来准活得到一百岁，像个老寿星似的。（《寻津录》）

（96）据先生这么说，我瞧着狠是，但其你纳这几年在我们一块儿盘桓熟了，保不定话里头不知不觉的带点儿迎合这么着罢。（《寻津录》）

（97）我有一件事，要托吾兄，只是怪难开口的，什么缘故呢，实在求的事情太多了，但只是不求你纳，除你纳之外，再也没有能成全我这件事的人，因此我又烦琐你纳来咯，你不是为找姓张的那件事情来了么？（《语言自迩集（第一版）》）

（98）我有一件事，要和<u>你纳</u>商量，打发了几次人去请去，<u>你纳</u>那儿家下人们说，坐了车出去了，也没留下话，我算计着，<u>你纳</u>去的地方儿很少，不过是咱们圈儿内的，这几个朋友们罢咧，瞧完了，一定到我家里来，谁知道等到日平西，也不见来，算是白等了一天哪。(《语言自迩集(第一版)》)

（99）虽说是有我不多，没我不少，替<u>你纳</u>待待客也好啊，若论<u>你纳</u>高亲贵友，送来的礼物还少么？(《语言自迩集(第一版)》)

（100）<u>你纳</u>出去之后，有俩人来，说是<u>你纳</u>升了官，道喜来了。(《语言自迩集(第一版)》)

（101）请问<u>你纳</u>是老爷先瞧是太太先瞧？(《北京话语音读本》)

（102）<u>你纳</u>往那儿去来着？(《速修汉语大成》)

（103）我若知道，就早过来看<u>你纳</u>来了。(《速修汉语大成》)

（104）这是我家，<u>你纳</u>请上坐。(《速修汉语大成》)

（105）多谢<u>你纳</u>替我分心。(《官话萃珍》)

（106）奉劝<u>你纳</u>一句话。(《官话萃珍》)

（107）奉烦<u>你纳</u>给我捎封家信。(《官话萃珍》)

（108）<u>你纳</u>是有福有寿的。(《官话萃珍》)

（109）请<u>你纳</u>赏脸。(《官话萃珍》)

（110）不敢劳动<u>你纳</u>大驾。(《官话萃珍》)

（111）失陪<u>你纳</u>。(《官话萃珍》)

3.4.2.2 "你老 [ni^{35} lau^{0}] > 你那（纳）[ni^{35} nA^{0}]"的证据和音变构拟

种种证据显示，"你那（纳）"应是由"你老"发展而来，理由如下：

1. 在产生时间上，"你那（纳）"是后起用法。"你那（纳）"的文献首现时间可上溯至18世纪末，仍然晚于"你老"在庚辰本《脂砚斋重评石头记》中的用法扩展。

2. 功能上相近。

（47）李升顺着熊公子手，瞧够多时，说："少爷，<u>你那</u>不知道吗？这就是咱们衙门中皂头段文经的女孩嘛！"（《刘公案》）

（59）何氏想罢，带笑开言，说："妈妈，<u>你老</u>教导我的，都是好话。也罢，既是大相公见爱，老妈妈为好，两下里张罗辛苦，再要是推托，那我就算奴家不懂事体。将这银子留下，奴领高情。"……何氏月素暗恼，嘴里冷笑，搭讪着说："妈妈，<u>你那</u>去吗，我竟失送咧！"（《刘公案》）

"你那"跟"你老"的用法非常一致，句（59）是两者同现的用例，指称的是同一对象。句（47）中的说话人明显比"少爷"年长，这说明"你老"指称尊者的新用法已被"你那"继承。此外，《刘公案》和《汉字文法》中"你那（纳）"在句法上充当主语、宾语、定语和后置呼语，跟"你老"用法一致，尤其是用法较为特殊的后置呼语，充分显示了两种用法的渊源。后来的文献中，"你老""你纳（那、哪）"后置呼语用例逐渐增多，择列如下：

（112）如海上前道了一个辛苦，说："借光<u>你老</u>，有位秦老爷在这里哪没有？"（《过新年》）

（113）就瞧有一个老者向怯伙儿说道："你们是那县的？"麻子说："我们是实坻县的，<u>你老</u>，今年水闹的厉害，我们家四十来亩地，都在水里泡着呢。"（《连环套》）

（114）这个老者也爱说话，说："你姓甚么呀？"麻子说："我姓刘行二，<u>你老</u>。"（《连环套》）

（115）我不敢不敢。何八，明个儿再见罢<u>你哪</u>。我有要买东西，别处去。（《关话略抄》）

（116）老爷，好睡，<u>你哪</u>。（《关话略抄》）

由句（112）—（116）可见，后置呼语的用法是"你老""你那（纳、哪）"

所共有，后起用法"您纳"也得以继承，而复数用法"你们"则没有这种用法。

3. 在语音上，"$[ni^{35}lau^0]$ > $[ni^{35}nA^0]$"这一演变过程也是成立的。在"你老"中，"老$[lau^0]$"作为轻声音节[①]很容易发生弱化，韵母$[au]$动程减弱，变为单元音并不断向央元音方向移动，最终变为$[A]$，而声母$[l]$也在顺同化作用下变为同一发音部位却发音省力的$[n]$。其音变过程，我们推测大致如下：

$$[ni^{35}lau^0] \rightarrow [ni^{35}nə^0] \rightarrow [ni^{35}nA^0]$$

虽然音变的中间过程已不可再现，但"你能"的出现为我们这一推断提供了有力的证据。

3.4.2.3 关于"你能"和"你儜"

几乎与"你纳"同时间段，19世纪上半叶的文献中出现了不少"你能"表示敬称的用例，《正音撮要》(1810)和《品花宝鉴》(1849)中分别有13例和39例。《正音撮要》中写作"你儜"，"儜"注为"泥耕切"。请看用例：

（117）你儜过来，我敢不恭敬你儜吗？

（118）可不是吗？你儜瞧，冻了这么厚的冰，为什么不冷呢？

（119）你儜等着，歇歇，我穿上衣服替你再看看去。

（120）嗳哟，你今儿上了画了。这么排场，你儜必有些喜事阿。

（121）正是呢，我要到我们亲家那里吃喜酒。偏你儜了。

（122）嗳哟，违教好久了，家里坐咯，这几年不见你儜都发了福了。

（123）你儜放心交给我，我有本事给你弄了来，错了你儜罚我。

（124）沙尘滚滚一溜烟儿去了，你儜瞧见什么东西，我总没看真。

（125）你儜这么疼我、这么抬爱我、这么栽培我，我还没补你的情呢。

[①] 关于"你老"中的"老"是轻声音节的问题，虽然我们没有找到有关当时读音的文献资料，但现代北京话中的"您老"读作轻声，山东菏泽话中的"恁老$[nen^{}lɔ^0]$"，表3.2中多处方言点也都读作轻声，同时《语言自迩集》等西人文献中的"你纳"和"您纳"都读轻声，这些都可以作为旁证。

（126）我少张罗、少照应、少效劳、少亲教、少请安，你儜恕我呢。

《品花宝鉴》中"你能"的尊称意味是非常明显的，代表用例择列如下：

（127）那卖玉器的便不肯接，道："老爷既问价，必得还个价儿，你能瞧这壶儿又旧，膛儿又大，拿在手里又暖又不沉，很配你能使。你能总得还个价儿。"（《品花宝鉴》）

（128）二喜道："不可那就是安心了。咱们陌陌生生的陪了一天酒，李老爷你能想，想到敬皮杯的交情，也就够了。我们也叫出于无奈，要讨老爷们喜欢，多赏几吊钱，在师傅跟前挣个脸。若总照今日的样儿，我们这碗饭就吃不成了。李老爷，你既然不肯打发人回去，如今这么着，劳你能驾送我回去，对我师傅说一声，你赏不赏都不紧。"（《品花宝鉴》）

（129）琴言家里的几个人，尽着招陪软央，说道："琴官实在有病，好不好都拿不定。这几天如果好了，总叫他师傅领着到两位太爷府上磕头。今儿求你能高高手，实在他病势沉得很，你就骂他，他也断不能出来。他师傅又进城去了，总求你能施点恩。过了今天，明日再说，我们替你能陪个礼，消消气罢。"（《品花宝鉴》）

（130）那琴官的人，即向那穿青衫的道："求你能劝劝这位爷，索性候他病好了再来，明日瞧着是不能好的，你能总得宽几天限。明日先叫他师傅到府上陪罪，候琴官好了，再同过来说罢。"（《品花宝鉴》）

（131）亮轩支吾道："我还有点事。"天寿道："你能没有事，你能不肯赏脸。"（《品花宝鉴》）

（132）琴言带哭说道："师傅，多承你能收了我做徒弟，教养了半年，我心上自然感恩，所以忍耐，又活了两个月。如今师傅既不要我，我也不到别处去，省得师傅为难。总之我没有了，师傅也就安稳了。"（《品花宝鉴》）

"你能"跟"你那(纳)"似乎有着密切的联系。在功能上,句(127)—(132)均可以替换为"你那(纳)"或"您";在时间上,含有"你那(纳)"或"你能"的语料交替出现,并且间隔极短,甚至有些语料(《菉友臆说》和《品花宝鉴》)仅有一年之隔:

你那《刘公案》(18世纪末)>你儜《正音撮要》(1810)>你纳《汉字文法》(1829)>你那《菉友臆说》(1848)>你能《品花宝鉴》(1849)>你纳 *A Grammar of the Chinese Colloquial Language, Commonly Called the Mandarin Dialect*(1864)>你纳《语言自迩集》(1867)

再考虑到汉字标音的不准确性,我们推测"你能"跟"你那(纳)"一样,也是"你老"的不同音变形式。《语言自迩集》提供了重要线索:"ni-nɑ, or ni-nê, is more respectful than ni alone",在威妥玛体系中,符号"ê"发[ə]音,这就意味着,在[nʌ⁰]之外,"老"[lau⁰]还有[nə]的音变形式。参照现代北京话口语中的轻声弱化音节(如"热闹[nɐ⁰]"),"你老"弱化为[ni³⁵ nə⁰]是完全可能的。① 读者也许会质疑,为何不用汉字"呢"来标音,反而舍近求远选择"能"呢?这是因为"呢"在当时的北京话中读作[ni],由于没有汉字能够精确拟音,只能退而求其次选择"能"。实际上,在"能"轻读的情况下,"你能"的实际读音跟[ni³⁵ nə⁰]已经非常接近。"你能"跟"你那"的并存说明"你老"的音变已经基本完成,也支持我们对音变过程的构拟([ni³⁵ lau⁰] → [ni³⁵ nə⁰] → [ni³⁵ nʌ⁰])。

我们对上述文献的统计数据也可以清晰地展示"你老>你能/你那(纳)"这一发展过程:

---

① [nə]和[nɐ]在音感上区别较小,可看作是不同记音人的习惯问题。

表 3.3 各文献中的表现形式及出现频次

名称	年代	你老人家	你老	你纳	您纳
《脂砚斋重评石头记》	1760	45	23	0	0
《刘公案》	1796—1797	10	12	21（你那）	0
《正音撮要》	1810	4	1	12（你儜）	0
《汉字文法》	1829	2	3	33（你纳）	0
《品花宝鉴》	1849	9	0	39（你能）	0
《语言自迩集》（第一版）	1867	0	0	78（你纳）	4

值得注意的是,《语言自迩集》已经出现了"你那"的替代形式"您纳"。

3.4.3 第三阶段：你纳 [ni^{35} nA^0]> 您纳 [nin^{35} nA^0]

"您纳"由"你纳"发展而来，也承袭了后置呼语用法，请看：

（133）问：借光您纳。这店里住着的有一位周老爷么？
　　　答：这店里住着有两位周老爷了，您问的是那一位呀？(《华言问答》)

（134）劳您驾罢。好说您纳。(《华言问答》)

（135）问：我给五两银子，卖不卖？
　　　答：五两银子，不行您纳。(《华言问答》)

（136）问：是那一位？
　　　答：是我呀，您纳。(《华言问答》)

（137）少见少见。好啊，您纳？(《速修汉语大成》)

（138）问：那么叫老弟受等。
　　　答：好说您纳。您是上那儿去了一趟？(《改订官话指南》)

（139）好说您哪。(《支那语异同辨》)

（140）沏甚么茶您哪？(《支那语动字用法》)

在《语言自迩集(第一版)》中,"你纳"有78例,"您纳"仅有4例,出现在课文中的3例如下:

(141)还有什么难处呢,您纳说一说。
(142)部首本是乙,您纳找的是那个部首。
(143)那"乱"字的意思,您纳明白不明白。

词表中对"您纳"的逐字注音形式为"nin²na⁴",狄考文在《官话类编》(1900)中指出"您纳"中"纳"的发音非常轻:"(您)It's also often read as if written 您纳, the na being spoken very lightly",可以推知"您纳"的实际读音当为 [nin³⁵nA⁰]。到了《语言自迩集》的第二版中,很多"你纳"用例都被替换为"您纳"。(参看宋桔,2011)以句(144)和(145)为例,修订后最大的变化就是"你纳"被替换为"您纳",请看两组对应用例:

(144) a. 阿,你纳就是孟爷。
b. 我知道不是你纳买的。
c. 买的意思你纳倒不用打听,到底是谁给买的?
d. 那堂子胡同住的张爷,你纳认识不认识?
e. 你纳骑的不是我们这儿的马么?原是在贵处买的马。
(《语言自迩集(第一版)》)

(145) a. 阿,您纳就是孟爷?
b. 我知道不是您纳买的。
c. 买的意思您纳倒不用打听。
d. 那堂子胡同住的张爷您纳认识不认识?
e. 您纳骑的不是我们这儿的马么?不错,是在贵处买的马。
(《语言自迩集(第二版)》)

3.4.3.1 "你纳"向"您纳"发展的理据

在语音上,"你那"$[ni^{35}nA^{0}]$发展为"您纳"$[nin^{35}nA^{0}]$合乎规律。在日常语流中,$[nA^{0}]$由于轻化,已不是完全意义上的独立音节,很容易与前一音节产生融合,从而使其逐渐带上了鼻韵尾"-n",变成了$[nin^{35}nA^{0}]$。[①]而在声调上,我们认为"您"的阳平调应是"你老"变调的顺延,目前并没有关于"你纳"连读声调的确切资料,但今天的天津话中,"你了"[②]是读作阳平的,这倒是可以作为我们的一个佐证。同时,从韵律的角度来看,"阳平+去声"(↗+↘)是一个最佳组合,现代汉语中"主意、打扮"等轻声词中前字也都变为了阳平,因此,我们认为这些词前字的变调可能是由于本调为去声的轻声反作用于前字,使得一些非阳平字变为了阳平。(参见周晨萌,2006)

3.4.3.2 "你纳"被"您纳"迅速替代的原因

在《语言自迩集(第二版)》注解中,"你纳"和"您纳"均用"ni-na"表示,我们推测此时"你纳"的实际读音已经变为$[nin^{35}nA^{0}]$,使用汉字记音难免会滞后于语音的实际发展。Joseph Edkins 在 *A Grammar of the Chinese Colloquial Language, Commonly Called the Mandarin Dialect*(1864)中的表述也证实了这一点:"在北京,'恁纳'(nin na),也写作'你纳',是'你'的尊称"。

由于"你纳"的汉字读音跟实际读音$[nin^{35}nA^{0}]$有一定差异,被新的汉字形式"您纳"迅速取代也就不足为奇了。那么"你纳$[ni^{35}nA^{0}]$>您纳$[nin^{35}nA^{0}]$"这一变化究竟是什么时候完成的呢?文献中没有直接的证据,我们推测新形式$[nin^{35}nA^{0}]$19世纪初期就已在口语中出现,其后跟旧形

---

① 在"你纳"的融合过程中,甚或会出现"nin a",它和"nin na"是自由变读,音感上并无太大区别,只是"nin a"的融合程度更高、独立性更差,因而很快便被替代。而由我们此处的论述来看,吕叔湘(1985)说:"您哪(nína)是您(nín)凑上老(lǎo)字留下的-a-",是合理的,只不过,不是"您"字凑上"老",而是"你"字凑上"老"。

② 据我们的调查,天津话中常说"您了",有时也说"你了",但在发音上"你"读作阳平调。

式[ni^{35}nə^0]"和[ni^{35}nA^0]共存了一段时间,最终在竞争中胜出,并以"您纳"的汉字形式固定下来。

3.4.4 第四阶段:您纳[nin^{35}nA^0] > 您[nin^{35}]

"您纳"[nin^{35}nA^0]的出现意味着语素"您"[nin^{35}]的独立性在不断增强,语感上逐渐被接受。"那(纳)"虽然脱胎于"老",音变之后已经难觅词源痕迹,在语音以及句法位置上跟语气词"哪"更为接近,请看例句:

(146)老兄,怎么这程子,我总没见<u>您哪</u>?(《官话指南》)

(147)可以,那么叫他解多咱来伺候<u>您哪</u>?(《官话指南》)

(148)可不是么,他叫我先带个好儿来,过两天他还要来拜<u>您哪</u>。(《华语跬步》)

(149)是,俗事匆忙,所以没得来请安,不然今儿我还不能来,是因为有件要紧的事情,特来烦琐<u>您哪</u>!(《华语跬步》)

(150)周老爷在屋里了么,有人找<u>您哪</u>。(《华言问答》)

(151)他很尊敬<u>您哪</u>。(《支那语动字用法》)

(152)好哇,我这儿谢谢<u>您哪</u>。(《燕京妇语》)

(153)说着,又过伊老者跟前儿来说:"老大爷,没气着<u>您哪</u>?"(《小额》)

(154)我请问<u>您哪</u>,善哥,倒是怎么着?(《小额》)

(155)额大奶奶也给他还了个安,说道:"这又劳动<u>您哪</u>。"(《小额》)

很难区分这些例句中的"您哪"究竟是一个词还是两个词,此时重新分析成为可能,我们推测[nin^{35}]正是在此机制下最终获得了独立成词的机会。在"您"的早期用例中,也能见到后置呼语用法的身影,请看:

(156)今儿个我还算是偷闲呢,按规矩说早就该走咯<u>您</u>,咱们改天说话儿,我先少陪。(《华语跬步》)

(157)你这车得绕道走,前边儿开了口子过不去了,那么借光<u>您</u>,我

第三章 敬称代词"您"的来源及发展 71

这个车可以打那么绕过去呢,你得打这么往西走出十几里地再往北走可就行了。(《助动词语解》)

(158)您瞧还有这种人,三句话不离本行。就拿您说吧,您天天在这儿说相声,一天您没有买卖,出来溜达,遇见了人,人家问您说你今天没做买卖呀?你一定要好好端端地说:"可不是吗您。"你决不能对着人家说:"哐!来呆令哐!"(《黄鹤楼》)

"你老""你纳""您纳""您"在句法表现上(尤其是可以充当后置呼语)的一致性,为路径"你老 > 你纳 > 您纳 > 您"提供了支持。

在《语言自迩集(第一版)》课本部分,"您"的数量较之"你纳"还处于劣势,择列如下:

(159)称人"您",是有点儿尊重人的意思,您好,您多咱来的,就使得。(《语言自迩集(第一版)》)

(160)令祖好阿,令尊好阿,是问您祖您父亲的安。(《语言自迩集(第一版)》)

(161)请您替我挑一点儿好的。(《语言自迩集(第一版)》)

(162)那儿的话呢,您去,理应是见,我陪着您去,好不好?(《语言自迩集(第一版)》)

(163)您的公事虽然烦杂,心里还乐,我有一件要事,实在累得慌,奉求您替我打算。(《语言自迩集(第一版)》)

(164)您想出什么教的头绪来没有?(《语言自迩集(第一版)》)

(165)大人不必费事了,我替您开发了罢。(《语言自迩集(第一版)》)

而在随后的文献中,"您"数量明显增多,《官话指南》的修订也体现了这一变化:

表 3.4 《官话指南》修订前后的对比

	你老	你纳	您纳	您
《官话指南》	1	0	19	327
《改订官话指南》	0	0	14	358

在与"您"的竞争中,"您纳"逐渐败下阵来,表现在两个方面:

1."您纳"功能的弱化

《官话指南》中的前5个用例中,"您纳"用作主语。

(166)<u>您纳</u>贵姓?

(167)<u>您纳</u>可以一块儿搭伴儿去,与我也很方便了。

(168)<u>您纳</u>说话声音太小,人好些个听不清楚。

(169)老没见了,<u>您纳</u>还认得我么?

(170)<u>您纳</u>这一向好,我有件事托你办办。

而在《改订官话指南》中,这种主语用法全部被删除,只剩下宾语用法和后置呼语用法。

2."您纳"和"您"使用频率开始此消彼长,请看表3.5的统计:

表 3.5 "您纳"和"您"的使用频率

名称	年代	你老	你纳	您纳	您
《语言自迩集》(第一版)	1867	0	78	4(您纳)	31
《官话指南》	1881	1	0	19(您纳)	327
《北京风土编》	1898	0	0	1(您纳)	42
《汉语口语初级读本》	1901	0	0	5(您哪)	42
《支那语助辞用法》	1902	0	0	0	9

（续表）

名称	年代	你老	你纳	您纳	您
《华语跬步》	1903	4	0	14（您纳/呐/哪）	280
《改订官话指南》	1903	0	0	14（您纳）	358
《华言问答》	1903	0	0	11（您纳）	230
《北京纪闻》	1904	0	0	0	6
《今古奇观》	1904	0	0	1（您纳）	100
《官话北京事情》	1906	1	0	0	106
《虎头蛇尾》	1906	0	0	0	66
《汉英北京官话词汇》	1911	1	0	0	8
《华音文义津逮》	1913	0	0	3（您纳）	66
《搜奇新编》	1916	0	0	2（您纳）	28
《北京话语音读本》	1918	0	1	0	20
《最新官话谈论篇》	1921	0	0	0	323
《北京风俗问答》	1924	0	0	1（您哪）	407

在北京语言大学"当代北京口语语料库"（186万字）中，我们检索到1384例"您"，而"您哪"只有13例，其中主语6例，宾语2例，后置呼语1例，剩余4例无法判断。

（一）主语用例：

（171）后来，我说老头儿，我说："老大爷您哪，后边儿排着队去。"

（172）哎，就这么干等着它，到十天的时候儿我才，嗯，像，我们那个，我家里那个大孩子说："<u>您哪</u>，您也甭瞧。您就躺在炕上等着吧，多会儿好了算。您要一瞧不行，不能揉您这一下子，摔的。"

（二）宾语用例：

（173）老，老头儿呢，八十，跟我们说话，也是"<u>您哪</u>""麻烦麻烦<u>您哪</u>"。

（三）后置呼语：

（174）哟，大妈您还没休息呢？或者，大婶儿您还没歇着呢？没呢<u>您哪</u>。

与《刘公案》中的早期"你那"用例不同，当代北京话的"您哪"在使用上是受限制的，有着特定的语用功能，我们将专文讨论这一问题。

结合上文的论述，我们可推知"您"的产生过程："你老人家"减音缩略为"你老 [ni^{35}lau^0]"，轻读音节因弱化而逐渐变为央元音"你能 [ni^{35}nə]""你纳 [ni^{35}nA^0]"，之后又逐步丧失独立性而融入前一音节，变为"您纳 [nin^{35}nA^0]"，并最终脱落而独立成为"您 [nin^{35}]"。

关于敬称代词 [nin^{35}] 的首现时间

在朝鲜汉语教材中，第二人称敬称经常以"你呢""你你"的形式出现：

表3.6 朝鲜教材中的"你呢""你你"

名称	年代	nín 的文字形式	用例
《骑着一匹》（中华正音）	19世纪初，不晚于1826	你呢	我们恳求阿哥托些个东西，阿哥<u>你呢</u>应为我们大费事也倒罢了。

（续表）

名称	年代	nín 的文字形式	用例
《华音撮要》	1877	你呢	李掌柜的，<u>你呢</u>三四年的工夫，家里几遍走过来着？
《华音启蒙》	1883	你呢	<u>你呢</u>不是李老爷么？
《学清》	1885	你呢	<u>你呢</u>老几呵？我却是老二那。
《关话略抄》	19世纪后半叶	你你	<u>你你</u>贵姓啊？
《汉谈官话》	至迟1902	你呢 你你	<u>你呢</u>哈。我不会哈。 老大人 老人家 <u>你你</u>

内田庆市（2000）认为"你呢"是"你纳"的早期形式，笔者持有不同意见，因为"呢"在当时还没开始读 [nə]，《语言自迩集》和《官话萃珍》对"呢"的注音均为 [ni]，因此"你呢"的单字音应为 [ni²¹⁴ ni⁰]，连读变调之后跟 [nin³⁵] 非常接近①。考虑到汉字表音的非精确性，我们认为"你呢"即是敬称代词"nín"的雏形，这就使得"nín"的出现时间大大提前。与之相应，"你那 [ni³⁵ nA⁰]"和"您纳 [nin³⁵ nA⁰]"在口语中的出现时间恐怕也比文献首现时间要早得多。值得注意的是《关话略抄》和《汉谈官话》中还有"你你"的形式，跟"你呢"异曲同工，在《汉谈官话》中，"你"和"呢"的注音均为 [ni]，这进一步证实了笔者的推断。

在满汉合璧教材《庸言知旨》（1802年序，1819年刊）中也有"你呢"用例②，请看：

（175）姐姐<u>你呢</u>在你们家里是娇生惯养的个闺女。如今新到这里脸上下不来。

---

① 这里并不是说在"您"的产生过程中还有"ni ni"这一读音形式，而是在汉字"您"创造出来之前，人们用音近的"你呢"或"你你"两个字指代"nin"。
② 用例较少，此处尚不能排除"呢"是语气词的可能。

（176）<u>你呢</u>是个厚道老诚人。什么什么精明人，见了他都怕蝎子是的脑浆子疼。

《正音咀华》（1836）则是更进一步，开始用单字词"儜"来表第二人称敬称：

（177）客问："好啊！"主答："<u>儜</u>好啊。许久不见。几乎不认得了。请坐喇。近来恭喜发财啊。"客云："好说了。蒙过奖了。托<u>儜</u>的福。"

（178）回问："府上老世伯老伯母哥儿兄弟都好啊。"主答："都好。叫<u>儜</u>惦着。"

（179）诸事还仰仗<u>儜</u>栽培，还要讨<u>儜</u>个情面。待有相当的去处，打发人去通<u>儜</u>个信。

与《正音撮要》不同的是，《正音咀华》对"儜"的注音为"呢盈切，舌尖"，这里牵涉到另一个重要问题，早期北京话中，第二人称敬称形式是否有"níng"这一发音。据内田庆市（2000）介绍，日下恒夫认为至少在清末存在这样的读音，证据来自下面两则材料：

> 京都人所用者。……您音近凝，义似尔汝，施之于较己为尊者也。（《清稗类钞》）

> 京兆方言特别字：……您读若凝，实南方"你老人家"四字之省文也。（《北平风俗类征》）

笔者认为这两个证据还不够充分。首先这两则都是民国时期的材料，根据序言，《清稗类钞》成书于1916年，作者徐珂是浙江杭县（今杭州）人，《北平风俗类征》出版于1937年，作者李家瑞出生在云南。当时《语言自迩集》《官话类编》《北京话语音读本》等西人记音材料中明确只有[nin³⁵]这一发音。其次汉字注音往往在精确性上有欠缺，两则材料中"音近""读若"的字眼也提示了这一点，[nin³⁵]在当时没有合适的汉字来标音,"恁"声调不同且失之生僻,只能退而求其次选择稍有缺陷的常用字,"凝"与[nin³⁵]相比只是鼻音韵尾的前后之分,而前后鼻尾在很多方言中又是混同的。民国时期类似的表音形式还有"邻",跟[nin³⁵]相比只有声母不同:"遇尊长则必曰'您',读如'邻',非是则不敬。"(夏仁虎《旧京锁记》)。如果据此认为"您"还有[lin³⁵]这一发音,恐怕只会给研究带来混乱。

至于《正音咀华》的"儜",我们认为跟上述"凝"的情况比较类似,汉字表音跟实际读音存在一定误差。这种解释同样适用于《二十年目睹之怪现状》中的"你儜"和《老残游记》中的"儜":

(180)里边走出一个白胡子的老者,拱着手,呵着腰道:"你儜来了!久违了!"(自注:"你儜,京师土语,尊称人也。发音时唯用一'儜'字,'你'字之音,盖藏而不露者。")(《二十年目睹之怪现状》第七十二回)

(181)翠环慌忙立起身来说:"儜那歇手。"(《老残游记》第十二回)

吕叔湘(1985)认为刘鹗没找到合适的同音字,才在《老残游记》中造出一个"儜"字:"也许刘鹗根本不知道过去有过'您'字,也许他知道有这个字,但同时又知道这个字在现代方言里读 nen,这才造了个'儜'字。'宁'音 niŋ,标音不正确,但是音 nin 的汉字原来一个也没有,无可假借。"

此外,我们发现用"儜""你儜"和"凝"给"nín"标音的四位作者都是南方背景,不排除受到方言影响的可能。

到了《顾误录》(1851)中,"您"的汉字形式开始出现①,随后使用频率逐渐提高,到了19世纪末已经获得绝对强势的地位。

---

① 《顾误录》:"您,叶印",利用叶音的方式对"您"进行了注音。19世纪中叶,北京话影疑母字前出现了[ŋ]声母,而后部分地区又进一步发展,与泥母字混流,读作[n]声母,今天北京周边方言及远郊县的密云、平谷等地仍是如此。因此,"印"读作 nin,"您,叶印"是成立的。

表 3.7 "您"在不同文献中的字形

名称	年代	汉字
《庸言知旨》	1802	你呢
《骑着一匹》	不晚于 1826	你呢
《正音咀华》	1836	儜
《顾误论》	1851	您
《语言自迩集》	1867	您
《官话指南》	1882	您
《官话类编》	1900	您
《汉谈官话》	至迟 1902	你呢　你你
《二十年目睹之怪现状》	1903	你儜
《老残游记》	1903	儜
《燕京妇语》	1906	您
《进化报》	1906	您
《小额》等 86 部蔡友梅小说	1907—1921	您
《汉语独学》	1911	偒
《汉语指南》	1913	您
《华语精选》	1913	您
《康小八》等 189 部剑胆小说	1913—1944	您
《华语教范》	1915	偒
《汉语大成》	1918	您
《讲演聊斋》	1916—1922	您
《中国语自通》	1929	您

20 世纪一二十年代,《进化报》《京话日报》《群强报》《益世报》等北京纸均采用"您"作为敬称代词 [nin^{35}] 的书写形式,使得这一汉字形式最终得以稳固。

3.4.5 小结

本节利用《语言自迩集》《官话类编》等西人记音材料对"你那""您那""你能"的实际语音进行了构拟,在理清"您"四个发展阶段的同时,对"你呢""你你""你能""儜"的来源予以了合理的解释。同时,通过对《刘公案》等早期本土文献的挖掘,我们将"你那"的出现时间提前至18世纪末,将敬称代词"nín"的出现时间前提至19世纪初。

3.5 同类现象:第三人称敬称"怹"的发展

3.5.1 当代北京话中的"怹"及句法语义特点

第二人称尊称"您"进入普通话后,大大丰富了普通话的代词系统。在北京话中,第三人称也有类似的尊称形式"怹",特点同样鲜明,可惜未被普通话吸收,受到的关注也较少。"当代北京口语语料库"中的一则例句很好地阐释了"怹"的表义特点:

(182) 为什么他北京人,这个,他有时候儿在语言上,说话上,他较比让人中听呢?他就是考虑着,你比如说,说"您",立刻把人家那火儿消了百分之五十,你说"你",这立刻就增长百分之五十,是哇。所以,这个字儿呢,你要在语言学上究竟怎么探讨,这"您"字儿到底原来怎么个发音,怎么个什么,谁也说不清,但是好像就是什么,你像我们北京人对老年人说话,是啊,嗯,本人儿没在,还有尊重语言,不能说他,得说"<u>怹</u>",是啊,就是"他"字儿底下搁个"心"字儿,是啊。

"怹"在北京话中已经逐渐退出使用,年轻一代对这个词已经较为陌生[①],在老舍、王朔等作家的作品中也鲜见用例[②]。幸运的是,我们在《北京口述历史》一书找到34例用例,该书采访对象以长者居多,他们在追溯往事时经常使用"怹"尊称故人或长辈。这些用例显示:"怹"在语义上均为第三人称单数的尊称,没有复数用法,在句法上主要充当主语(18例)、定语(10例)和宾语(6例)。请看:

(一)主语用例:

(183)你看就是北京围城的时候,那天怹让我陪他去,我那时候12岁嘛,雇一辆排子车,买了一排子车粮食,干什么呢?

(184)怹是家里的台柱子,一逼宫他就故去了,可是那时候儿女已经工作了。

(185)后来怹(怹,即他,是北京话中对长辈的尊称,下同)就退休了,那会儿是一次性退休,给了一大笔钱。

(186)怹就说有学文的,有从军的,有学武的,有学商的,到什么时候我这家庭,不倒。

(187)怹给我讲过,说这是草原的一种音乐形式。

(188)那就不知道了,怹可能受我祖父他们的影响。

(189)怹也能唱一些个满族的东西。

(190)余叔岩先生出生在梨园世家,可以说是"幼承家学"吧,怹学的是文武老生,少年时就上台演出,后来又拜了谭鑫培先生为师。

(191)(马连良)怹还要求演出要"三白"(干净):护领要白的,这水袖要白的,这靴子底儿要白的。

---

① 胡双宝先生曾告知笔者:1995年,约10月下旬,电台连续几天,在上午某时播放京剧名旦刘秀荣(北京人,如今已过80岁)讲述老师王瑶卿的教诲,说到王瑶卿,准是"tān"。这是唯一的一次,听北京人说"怹"。

② 因此本节将多搜集一些"怹"的用例,尤其是历时用例,以便读者开展后续研究。

（192）我还记着嘛，一辆汽车，那会儿是华沙牌汽车，灰色的，到门口了，接老爷子上中南海，您换上中山装了，就走了。

（193）您对自己要求很严。马连良红了一辈子，他外头没有任何瞎事，没有。

（194）平日我伯父身边我是离不开的，我伯父也离不开我，您洗脸、擦脸、刮脸、擦鼻涕、擦鞋什么的都得我帮着。

（195）完了您就说，车来了吗？

（196）这句话我认为没错儿，您拿眼睛瞟了我一眼，什么也没说。

（197）后来您上梅家，跟梅伯母说，说我最大的一个心病，就是温如还在罐子里搁着呢，说姐姐姐姐，您帮我想想办法。

（198）您看我这儿供着主席像，那是开国大典，您在天安门宣布，中华人民共和国中央人民政府成立了。

（199）为什么我供着他？您这儿宣布，我们在天安门广场授红领巾，我是中华人民共和国开国的第一批红领巾。

（二）定语用例：

（200）国庆十周年的时候民族宫刚建好，有一个民族工作十年成就展览，展览会上有您（指父亲）一个位置吧，好像就在最上层楼梯往里边走的拐弯的地方，有您一张照片，就是满族人印华亭经营的服装商店。

（201）我母亲结婚的时候，我这外姑祖母，就是您姑姑，是送亲太太，当时就很受人注意，都说这老太太不一般哪，后来别人说了，这是侍候过西太后的。

（202）梅先生说话温和，梅先生有戏德，开戏前还给我说戏，使我成您演戏中的帮手。

（203）余叔岩先生是他的崇拜偶像，但没拜在您的名下。

（204）我多年跟着我伯父一起演出，怹的嗓音达远，唱腔可以说是委婉俏巧。

（205）男人都穿圆领衫吧，有那种好像是丝的其实人造丝的，那种圆领衫，透明的，夏天穿着一来不贴身二来凉快，怹那衣裳后背不是出汗嘛，一会儿后边破一小窟窿，给织上了，这个织上没几天，那边又一个，那边又一个，那边又一个，有一次就叫我："八子"，我大排行行八，"拿这圆领衫叫你大嫂（就是我崇仁大哥的夫人），给我织上。"

（206）我伯父生前就喜欢这玻璃器皿，那会儿叫水晶的都是，怹那个餐厅里头摆设的都是高档的玻璃器皿。

（207）三年以后我父亲也故去了，怹老两口从发病到死亡都是24小时。

（208）但是怹二位的艺术和人格，梨园同行没有不佩服的。

（三）宾语用例：

（209）你看谁要跟他在一块儿研究戏，受益极深，那能演不好吗？能够不给怹傍严了吗？

（210）我就跟怹去理发，理完发我们爷儿俩横过马路，路南是天源酱园。

（211）听怹唱过。

（212）我听怹说，怹那个资金是怎么积累的呢？

（213）家务料理、对外交际、人情份往全由伯母（陈慧琏夫人）打理，决不让怹分神。

3.5.2 第三人称敬称代词"怹"的来源及发展

在"怹"的来源问题上，有类推说、"'他们'合音说"和"'他老'合音说"三种代表观点。前两种观点由王力先生提出。他先是在《中国语法理论》（1955）中提出"怹"是"您"类推的结果，后在《汉语史稿》（1958）

中认为"恁"是"他们"合音的结果,语音发展可概括为 t'am>t'an,跟"您"一样,"恁"也经历了由复数向单数尊称演变的过程。同为敬称代词却命运迥异,"您"进入了普通话,"恁"却趋于消亡。

朱自清在《你我》一文中也持类似观点:"北平有个'恁'字,用以指在旁边的别人与不在旁边的尊长;别人既在旁边听着,用个敬词,自然合式些。这个字本来也是闭口音,与'您'字同是众数,是'他们'所从出。可是不常听见人说;常说的还是'某先生'。也有称职衔,行业,身分,行次,姓名号的。"

而吕叔湘(1985)则认为"恁"和"他老"关系密切:"恁的生成在您之后,其中多少有点类推作用。但是这不是纯粹形式上的类推:倘使没有他老(人家)通行于前,可能产生不出一个恁。同时,倘使没有你老变您在先,他老也不会变恁。"

"他们合音说"和"他老合音说"在某种意义上都是对"您"溯源研究的延伸,遗憾的是,先贤们并未结合语料进行进一步的论证。我们在考察语料后发现,"恁"演变路径可概括为:他老人家 > 他纳 > 恁纳 > 恁,与"您"的发展异曲同工。

3.5.2.1　第一阶段:他老人家 [t^{h}A^{55}lau^{35}zən^{0}tɕiA^0] > 他老 [t^{h}A^{55}lau^0]

"他老人家"主要用来指涉听说双方以外的第三方年长者,句法上可以充当主语、宾语和定语。请看:

(一)主语用例:

(214)春燕笑道:"你可少玩儿!你只顾玩,<u>他老人家</u>就认真的。"(《红楼梦》程乙本)

(215)刘大人并非是图省盘费,皆因是<u>他老人家</u>很爱吃这两宗东西,所以不断。(《刘公案》)

(216)褚一官道:"我不怕别的,<u>他老人家</u>是个老家儿,咱们作儿女的,顺者为孝,怎么说怎么好。就是<u>他老人家</u>抡起那双拳头来,我可真吃不克化!"(《儿女英雄传》第十四回)

（二）宾语用例：

（217）贾珍尤氏二人亲自递了茶，因笑道："老太太原是老祖宗，我父亲又是侄儿，这样日子，原不敢请他老人家；但是这个时候，天气正凉爽，满园的菊花又盛开，请老祖宗过来散散闷，看着众儿孙热闹热闹，是这个意思。谁知老祖宗又不肯赏脸。"（庚辰本《脂砚斋重评石头记》第十一回）

（218）凤姐儿笑道："媳妇来接婆婆来了。"赖大家的笑道："不是接他老人家，倒是打听打听奶奶姑娘们赏脸不赏脸？"（庚辰本《脂砚斋重评石头记》第四十五回）

（219）另外还有多少匪类人谋害他、凌辱他，又没有儿子养活他老人家。（《汉字文法》）

（三）定语用例：

（220）再者，刘大人虽然身做四品黄堂，天子的命官，理刑名，断民词，不过是仗着胸中的才学，推情问事，设法拿贼，这是他老人家的本等。（《刘公案》）

（221）样样上，看他老人家的光景儿，都在意思之前，迎合预备，像他那样的可说得起个养志啊，所以他为私事再不出门。（《庸言知旨》）

（222）老爷子是说是你个师傅，他老人家的性子没三句话先嚷起来了。（《儿女英雄传》第十九回）

（223）老爷子来了这么半天，你也不知张罗张罗他老人家的饭！（《儿女英雄传》第三十九回）

同"你老"缩略自"你老人家"类似，"他老"也是"他老人家"的缩略形式，句（224）是两者同现的用例，所指称的都是同一个人物——邓九公。

（224）安老爷先问了问邓九公的身子卷口，陆葆安答说："他老人家精神是益发好了。打发武生来，一来给老太爷、少老爷道喜请安；二来叫武生认认门儿，说赶到他老人家庆九十的时候，还叫武生来请来呢。还说，他老如今不到南省去了，轻易得不着好陈酒，求老太爷这里找几坛，交给回空的粮船带回去。不是也就叫武生买几坛带去了，说那东西的好歹外人摸不着。"（《儿女英雄传》第三十八回）

句（224）是"他老"充当主语的用例，下例是"他老"充当宾语和定语的用例，从句法表现来看，"他老人家"和"他老"也很一致。

（225）小人奉了老爷之命，赶紧到圈里，备了一匹快马，揣上请帖，一气儿跑到东村田七老爷门口儿，刚要叫门，恰巧田七爷由里面出来，扛着一杆火枪，还有弓弩等类，大概是上山打猎去，我把帖交给了他老，又把老爷所吩咐我的话，照样学说了一遍。（《田七郎》）

（226）老太太年纪虽高了，耳聪目明，孩子们的针黹，时常接过来替缉几针，绷点金线，常说的是："只不过怕累了我的眼睛罢咧，你们的那扎绣活计，我还颇做的来呢。"每逢见那宗老颠倒的，摇头点恼的人就呲着牙儿笑话。只看他老的老精神罢，直到这会比少年们的心还好胜。（《庸言知旨》）

（227）这个顾姨娘，虽与妾母是亲姊妹，爱财如命，把我的东西，全折卖了。这一天看见这只珠花，一定要叫我摘下来，说拿到什么揉儿铺，也不是按多少钱，可以合多少银子，做为他老的棺材本儿，下剩的又说什么给我镯子吧，买衣裳吧，是我不肯，从此为这一只珠花，可就受上凌虐了。（《神女》）

与"你老"类似，"他老"在语义上也经历了"指称长者＞指称尊者"的重要变化，在"您"的发展历程中，这是非常关键的环节，请看相关用例：

（228）刘姥姥只得蹭上来问："太爷们纳福。"众人打量了他一会，便问"那里来的？"刘姥姥陪笑道："我找太太的陪房周大爷的，烦那位太爷替我请<u>他老</u>出来。"（庚辰本《脂砚斋重评石头记》第六回）

（229）工夫不大，由外面进来几名下人上来请安。霍女冲着大众说："你们认识么？"内中有一个老婆子说："怎么不认识？<u>他老</u>不是黄姑爷吗？"（《霍女》）

（230）中人说："就是你老人家肯了，就是你老的盛情了，这样说你老内外有十二两银子的情在<u>他老</u>身上了。这样厚道的人实在很少。你老这样好心，很少有。"我听了又费了二两银。(《汉字文法》）

（231）张成说："既然<u>他老</u>这份美意，咱们就依实罢。"刘紫英说："还是张兄弟说话痛快。"（《新侦探》）

（232）差人一见银子，说："做什么又让<u>他老</u>费心？要是欠安，我们先回去就是啦。"（《霍女》）

在句（228）中，刘姥姥已经是七十五高龄，比贾母还年长几岁，由于身份卑微，尊称门口的仆人为"太爷"，称呼周瑞家的为"他老"，这些人在岁数上远远小于刘姥姥。句（229）也是年长位卑的老婆子下人称呼主人家的年轻姑爷为"他老"。句（230）中，"他老"和"你老"同现，均为指称尊者用法。句（231）中张成是刘紫英把兄后来结拜的兄弟，因此刘紫英称其为"张兄弟"，句中"他老"并不强调对方年纪年长很多。

对比"怹"在当代文献的句法语义表现，"他老"在发展出指称尊者用法后，在句法和语义上跟"怹"已经极为接近。"他老＞他纳＞怹纳"的发展主要是语音上的变化。

3.5.2.2　第二阶段：他老 $[t^hA^{55}lau^0]$ ＞ 他纳 $[t^hA^{55}nA^0]$

在语音上，"他老 $[t^hA^{55}lau^0]$ ＞ 他纳 $[t^hA^{55}nA^0]$"这一演变过程与"你老 $[ni^{35}lau^0]$ ＞ $[ni^{35}nA^0]$"类似。"他老"中的"老 $[lau^0]$"作为轻声音节发生

弱化，韵母 [au] 动程减弱后变为单元音，并逐渐向央元音方向靠拢，最终变为 [ʌ]。声母 [l] 也在顺同化作用下变为同一发音部位却发音省力的 [n]。整个音变过程大致如下：

$$[t^h ʌ^{55} lau^0] \rightarrow [t^h ʌ^{55} nə^0] \rightarrow [t^h ʌ^{55} nʌ^0]$$

"他纳"在句法上主要充当主语、宾语和定语，用例择列如下：

（一）主语用例：

（233）樵夫说众位不知道，这位是大夫，他要用脚踢我几下儿我未必就死。他纳要是一上手，我一定就活不成了。(《汉语口语初级读本》)

（234）哦，他纳这是打那儿回来呀？(《华话萃编》)

（235）他纳执意的不肯瞧。(《支那语捷径》)

（二）定语用例：

（236）"我有一位朋友在这西城开着一个洋行，价钱也都不贵。""那很好了，他纳那儿是什么字号？""他是天合利洋行，掌柜的姓李，您到那儿一提我，他格外的总有关照的。"(《官话华语教范》)

（237）于前儿我冷眼一瞧，他纳脸上精神大不像从前了。(《支那语捷径》)

（三）宾语用例：

（238）皂雕回来见这光景，着了惊说："是那个东西敢做这么大胆的毒事呢？"又怒又叹，无法可为。下次就在比先前更高一层的地方搭窝，安然无虑。不知道多咱，金龟子又去，照样儿把蛋给弄破了，皂雕就没有法子了，这次飞到老天爷的旁边说："这儿正是好隐藏的所在。"就拣了老天爷的护膝搁放第三回下的蛋，求告他纳保护。(《伊苏普喻言》)

（239）我固然没新鲜的，这不是现放着一位，新打东洋回来的，请他纳把那儿的事情，说一说，咱们也广一广见识。(《北京风土编》)

（240）家严的身体素日本来很健壮，即便有一点儿小灾小病的也不大理会。前几天忽然自己觉着脑袋疼，我们还以为是着了凉了，因为近来的时令不大好，就劝他纳请大夫瞧瞧，吃点儿药发散发散。(《支那语捷径》)

（241）我看那光景不大好，我没和他纳商量就硬把医院的大夫请来了。(《支那语捷径》)

（242）"老兄如此用情，那就恭敬不如从命了。""岂敢岂敢，可是您同寓的这位老兄贵姓啊？""姓福岛。""我想连他纳也请过去坐坐儿，但是没早知会，太不恭敬了。"(《华话萃编》)

3.5.2.3 第三阶段：他纳 [tʰA⁵⁵nA⁰] > 您纳 [tʰAn⁵⁵nA⁰]

"他纳"[tʰA⁵⁵nA⁰] 中的"[nA⁰] 由于轻化，与前一音节 [tʰA⁵⁵] 产生融合，使之逐渐带上了鼻韵尾"-n"，变成了 [tʰAn⁵⁵nA⁰]。

《语言自迩集》第一版和第二版之间的变化也反映了他纳 [tʰA⁵⁵nA⁰] > 您纳 [tʰAn⁵⁵nA⁰]

（243）问：哎呀，令尊病的日子久么？

答：阿，病了十来年呢。

问：他纳这些年的病，谁照应家里呢？

答：虽不能出门，还可以管家里的事。(《语言自迩集(第一版)》)

（244）问：哎呀，令尊病的日子久么？

答：可不是么？病了十来年呢。

问：他纳这些年的病，谁照应家里呢？

答：我父亲虽不能出门，还可以管家里的事。(《语言自迩集(第二版)》)

"他纳"并未做调整,但书中的注释则显示它们的读音有了变化,请看:

第一版注释:t'a na, like ni na, a respectful form.(他纳 t'a na:如"你纳 ni na",尊称。)

第二版注释:t'a-na, like ni-na, a respectful form, pronounced t'an-na.(他纳 t'a-na:如"你纳 ni-na",尊称;发音作 t'an-na)

汉字记音往往滞后于语音的变化,《语言自迩集(第二版)》中 [t^{h}An^{55} nA^0] 虽已出现,但仍沿用了"他纳"的文字形式,因此我们有理由相信一些年代较晚的"他纳"用例实际读音也是 [t^{h}An^{55}nA^0]。如前文所述,表复数的"您"字古已有之,《康熙字典》等著述也已收入,其字形被第二人称敬称代词"nin"借用也是合乎情理的事情。而"愸"的情况则不同,该字在古籍中鲜见用例,之所以能作为第三人称敬 [t^{h}An^{55}] 的字形,应是仿照第二人称敬称字形"您"的字形结构,在"他"下加"心"而成。

在抄本《中国话》(不晚于 1894)中已经有"愸纳"用例,请看:

(245)"那位大夫的脉理很好,就是药剂子太 [大/小]"。"老兄,那大夫都是对症发药,不在药的多少,只要见功效为妙。""请<u>愸纳</u>头荡来开的药位 [太/过] 重。""<u>您</u>倒别害怕。要是大夫没有准把手,他是决不敢出马的。"

(246)"目下<u>愸纳</u>跟前几位令郎?""要论起来,是一位也没有。"

(247)"<u>愸纳</u>有姨奶奶没有?""有两位哪,也是没生养过。"

3.5.2.4 第四阶段:愸纳 [t^{h}An^{55} nA^0] > 愸 [t^{h}An^{55}]

与"您纳"类似,"愸纳 [t^{h}An^{55} nA^0]"在一些特殊语境中容易被重新分析为"愸 [t^{h}An^{55}]"和语气词"纳 [nA^0]","愸 [t^{h}An^{55}]"进而独立承担第三人称表敬功能。在《中国话》中,"愸纳"(3例)和"愸"(5例)两种用法并存,"愸"在用法上已经很成熟:

(248)"那么<u>愸</u>说跟前一位小子。"

"咳,那又不是亲生自养的,那是抱的。"

(249)"难道偬的这位令正夫人没生[养/育]过么？"

"我们这位[婶母/婶儿]起过门之后，也没生养过。"

(250)本来是人不能得其十全，要论偬的福寿，都可以，然而就是缺嗣。

(251)这抱的这孩子，也是偬不得已而为之。

(252)"偬打算在本家儿里头过继，是都没有。""那么这么说起来，您的本族里的人丁不旺呵。"

"偬纳[tʰAn⁵⁵nA⁰]"很快被"偬"所取代，在《燕京妇语》中，"偬纳"[tʰAn⁵⁵nA⁰]未见一例，而"偬"则多达50例，典型用例择列如下：

(253)甲：这两天下班儿，爷爷偬早起来了？

乙：偬可起来的早哇，上街溜达克都快回来了。

甲：啊，偬真起来的早！

乙：我大大也早起来了罢？

甲：偬起来了，都喝完了茶了。

乙：上岁数儿的人倒都起来的早，不像咱们年青的人爱睡。

甲：真是的。您瞧我兄弟，卖硬米粥的都过来了，他还没起来哪！

乙：偬是没甚么事，好睡早觉儿。

甲：您那儿还没弄早饭呢？

乙：待会儿哪，刚作上锅。

甲：您瞧，那不是我爷爷回来了么！

乙：喳，是偬回来了。您这院里坐着。

甲：哦，有工夫儿克。

(254)妇：您阿妈回来了么？

女：没回来哪。

妇：今儿个怎么这早晚儿还没回来呀？

女：今儿偬上衙门有差使，回来的晚一点儿。

妇：您这早晚儿回来，还在家里吃饭么？
女：没准儿。往往儿就在外头吃，也有在家里吃的时候儿。
妇：那么这晚饭还得给您预备着罢？
女：得给您预备着，不定那一会儿回来就吃。

（255）甲：是啊，我们那儿也是那么着。
丙：您姥爷穿鞋省着的哪，您一双鞋且穿哪，那儿就穿坏了。
　　您兄弟他们穿的费着的哪，差不多儿一个月就得一双鞋。
甲：唉，可真是难为您纳呀。
乙：姑娘吃烟呢！
甲：我姥姥您吃罢。我姥爷您这一程子倒硬朗啊？
乙：您前几天有一点儿咳嗽，这两天儿好了。
甲：您估摸是那个酒喝的不对符。
乙：可不是那么着么。
甲：要是那么着，您少喝点儿就好。
丙：您还提哪，谁敢说话呀。

（256）甲：我不喝了，舅母。我舅舅得多咱晚儿回来呀？
乙：您回来还早着的哪，昨儿回来都掌灯以后了。
甲：我要走了。
乙：别忙哪，等着吃完了饭再走罢！
甲：不及，等您要走的时候儿我们还给您送行来哪。

在清末民国时期的京剧剧本中，也能找到一些"您"的用例。

（257）三杆：（白）嘿，金大哥真不错，大家有个要不着的时候，到您那儿，别管杂合菜吧、稀粥烂饭吧，准叫你吃饱了出来。
二杆：（白）不但金大哥不错，就是您那个姑娘玉奴，你别看她生在要饭的家里，头是头脚是脚，大哥不在家，刷锅洗碗家务事都是她。这个姑娘待人还厚道呢，嘴也甜，多会儿见着总是叔叔长大爷短的，有规矩极了！真比那好吃懒做的大宅门的姑娘强的多了，真是家贫出孝子呀！

三杆：（白）咳！你还提出孝子哪，金大哥哪儿有儿子呀？您就是这么一个姑娘。将来要是一出门子，又有谁照顾您呀！

二杆：（白）说的就是哪！

三杆：（白）你看今儿个天阴的这么沉，这么大的雪，金松大哥又给大宅门照应喜事去了，将来您要是走不动爬不动，那还不是咱们哥儿几个的事吗？

二杆：（白）对了，不放心！一块儿去看看您吧。（《金玉奴》）

（258）孔凤英：（白）早晨我妈出去了，门锁上啦，钥匙您带走啦，您改天再来吧！（《十八扯》）

（259）刘　瑾：（白）把这张状子拿去给他瞧瞧，告诉他说，做了一任好父母官，儿女百姓无恩可报，弄了这么张字纸就给您刷下来啦！（《法门寺》）

（260）七月十六是秦老伯母寿诞之日，这么一说，我得给您拜寿去。（《响马传》）

（261）无奈一样，是您所挣来的金银俱是来路不明，哎呀呀，这无义之财，我倒不如及早把它花完了，也给您老人家免罪消灾呀！（《生死恨》）

弥松颐（1999）在老舍先生《秦氏三兄弟》（舒济和舒乙称之为"《茶馆》前本"）手稿中找到了"您"的用例，以证明"您"字之可靠性，转引如下：

（262）秦伯仁：算了！算了！你干你的去吧！（把书拿回来）你看，这里摔坏了一块！（珍惜）那天，我请老爷子看看，<u>怹</u>一下子给摔在了地上，<u>怹</u>说宁可吃砒霜，也不看这个！

……

秦仲义：大嫂，去给哥哥拿上一条被子，可千万别教老太太看见！

顾师孟：万一<u>怹</u>看见呢？

秦仲义：就说哥哥快得差事了！去衙门住两天去！

"怹"的发展要明显滞后于"您"，这不仅体现在相关用法的数量和出现时间上，也体现在汉字形式的统一进程上。在蔡友梅创作于20世纪一二十年代的作品中，第二人称尊称均写作"您"，而第三人称尊称则写作"他"，注明"音贪"，《小额》中用例全部做此处理，请看：

（263）少奶奶说："回来啦，一脑门子的气。秃儿叫<u>他</u>（音贪，北京称尊长之声），也没理。您给哄哄孩子，我给打点饭去。"

（264）票子联说："告诉大大说，这是个苦孩子，九岁上他奶奶就死啦，眼时我带着他看着这个小买卖儿。昨儿个让他出城买土去啦，这才知道钱粮短了二钱多。话您可听明白啦。可不是说大哥克扣啦。<u>他</u>（音贪）的官事忙，也许有个平错了甚么的，按说可算不要紧。"

（265）大哥<u>他</u>（音贪）没在家，跟您说说吧。

（266）后来老爷子生了气啦，要管教他。他拿手这们一搪，碰了<u>他</u>（音贪）一下儿，后来他倒吓的了不得（真是官司口）。老爷子要在家的话，赏我们个脸呢，我们哥儿几个带着小连进去，让小连给<u>他</u>（音贪）磕个头，我们哥儿几个也给<u>他</u>（音贪）磕个头。要是不赏我们脸的话，把他老人家请出来，就在您门口儿，让小连给<u>他</u>（音贪）磕个头。

（267）额大奶奶赶紧问李顺说："六老太爷呢？"李顺说："在书房里哪。"额大奶奶说："请他（音贪）上屋里坐吧。"

（268）如今小文子儿到他家里一请，正赶上王先生自己出来，笑嘻嘻的对着小文子儿说："老爷事情完了倒好，我可短请安。怎么他（音贪）不舒服啦？我也不让大爷家里坐啦。大爷先头里请，我随后就到。"

（269）王先生一听，楞了会儿，说："唉，谁说不是犯讲究呢（不是不要紧吗）? 昨天我就瞧出来啦。我是怕他（音贪）着急，所以说这个疙瘩不要紧。您想又是热病，又是搭背，总是先治热病要紧哪。"

（270）小文子儿又一央求门上的，说是"今天不能去，求他（音贪）明天不拘早晚，去一趟才好呢。"

（271）老张说："你瞧老仙爷有多们灵。他（音贪）会知道啦（别捧场啦，费话。老仙爷不知道，你干妹妹还不知道吗）。"

（272）老张对着额大奶奶说："太太，您快给老仙爷磕头，求他（音贪）赏方子赏药吧。"

（273）老张说："老仙爷说不碍的。他（音贪）管给治好啦。"王香头说："我弥陀佛，他（音贪）管给治就得。"

（274）药刚上完，老张说："汤药也给他（音贪）煎得啦。"

（275）当时王香头下了座，老张对着王香头说："刚才老仙爷说，我们老爷这个症候是点儿冤孽。他（音贪）管上阴间求情去，让你在家里设坛祷告去，还得烧四十八炉檀香，上九道供。你回头就走吧，赶紧回家好预备呀。"

（276）额大奶奶对着小额说道："刚才大叔说啦，他（音贪）认识一位刘先生。要是吃徐吉春的药不见效，他（音贪）给请刘先生。"

（277）金针刘这们一拦不要紧，闹的额大奶奶脸也红啦，这当儿里头屋的小额答了岔儿啦，说："快请他（音贪）给我瞧瞧啵。"

到 1920 年前后，蔡友梅在报纸上的连载作品仍旧沿用以往做法，未改作"恁"，同时期的京味儿小说大家徐剑胆也是如此，可见"恁"字在当时尚未被广泛接受，请看：

（278）三百钱让他（音贪）留着下次办事买秦椒得了，三百钱我们不要。(《小世界》)

（279）那个男子说："我们知道先生的规矩，我们给他（音贪）双马钱行了。"(《曹二更》)

（280）曹立泉哭着说道："老爷子在家倒好哇？他老人家不辞而别，我实在对不起他（音贪）。你来的时候儿，他老人家提我了没有？"(《曹二更》)

（281）张妈跟郭氏，再三的让他拿那四吊钱，收生婆那里肯要，当时就要走。郭氏气喘声微的说道："张妈你给他（音贪）点个灯笼呀。"(《郭孝妇》)

（282）勾一贵说："你不说今天是老太太生日吗？我特意给老太太买了点油糕。来吧！你把老太太请出来，我给他（念贪）拜拜寿。"(《何喜珠》)

吕叔湘（1985）在北京《实事白话报》连载小说《白话聊斋》(1932—1934)也发现了类似的现象，转引如下：

（283）怪不得我上府上去，见老太太不大喜欢哪：我一问老爷，他（原注：念摊）说不知道。

（284）作为罚他（原注：音贪）个不告而娶。

齐如山先生在《北京土话》(完稿于 1945 年)中这样写道："恁，音摊，或特恩切，他也。两人说话，对第三者，除下人外绝对不肯直呼'他'字，皆呼曰'恁'。若第三者为长辈，更无论矣。按字书无'恁'字，词曲中则作'恁'字。岔曲鼓儿词中有此字,姑从之。"① 可见在20世纪40年代,第三人称敬称代词在北京话中虽已十分常用,但在字形上仍未统一,齐如山先生只得借用曲艺剧本中的写法。

3.5.3 北京话边缘地带中的"您"

陈刚(1985)和弥松颐(1999)都注意到,"您"在北京郊区有复数用法,表示"他们"。刘宾(2013)观察到北京话核心地带,汉语唯一的他称敬词"您"已退出使用,而在一些方言过渡地带中仍较为活跃。她以北部山区的昌平区崔村镇为调查点,基于社会语言学的研究范式,考察"您"的句法表现以及与社会变量的关联。在调查中,有受访者认为"您"是"他们"合音,从该处"您"的句法语义表现来看,此说可信,相关用法和例句转引如下:

"您"表复数,作主语、定语和宾语。例如:

(285)您要去爬山。(作主语,代称两人或多人)

(286)这自行车是您家的。(作定语,所领属对象为集合概念)

(287)快把您送回家。(作宾语,代指两人或多人)

"您"表单数,既可作敬称,也可作非敬称。句法上可以作主语和定语,但不能充当宾语或兼语,请看:

(288)您要去遛弯儿。(作主语,可作敬称和非敬称形式使用)

(289)我去奶奶您家吃饭。(作定语,敬称)

(290)我去同学您家玩儿了。(作定语,非敬称)

(291)*让您今天别回家了。("您"指代对象如为单数,则该句不成立;只有指代对象为两人或多人时,该句才成立)

刘宾(2013)为语义演变路径"复数>单数>单数表敬"提供了极佳

---

① 胡双宝先生提醒笔者:齐如山说的"特恩切",当是准"您"的音而来。

的个案。如谢俊英(1993)所言,在金元时期表复数的"你们"发展为单数"您"的过程中,"您"经历了类似的复数、单数用法混用的中间阶段,后来单数用法逐渐占据上风,"从元曲的 22% 上升到明杂剧的 83%,到明清传奇又增至 98%"。崔村镇中的"您"目前只是处在链条"复数 > 单数 > 单数表敬"的第一阶段,应该只是一种新兴的语法现象。一方面单数、复数用法两种混用,数量难分上下;另一方面,作为敬称用法并不典型,甚至有些可疑,90 名受访者中只有 35 人认为"您"有尊敬义。结合金元时期"您"的发展来看,崔村镇的"您"能否最终发展成为典型的单数表敬代词还是个未知数。就用法而言,它和本节重点考察的北京话核心地带的"您"截然不同,主要的差异请见下表:

表 3.8 北京话中两类"您"的差异

用法	崔村镇	北京话核心地带
兼有单数、复数用法	是	否
敬称用法,仅指称年长者	是	否
单数用法,不能充当宾语	是	否
复数用法,常以"您们"表达	是	否

"他老""他纳""您纳"的相关用例也未观察到上表中的四种用法。因此,我们判断:当前北京话中有两种"您":(1)北京话核心地带的"您"以《北京口述历史》中的用例为代表,其发展路径在历时文献较为清晰,可概括为"他老人家 > 他老 > 他纳 > 您";(2)北京话边缘地带的"您",以昌平崔村镇为代表,尚处于"复数 > 单数 > 单数表敬"链条之中,出现时间较晚。这两种用法在句法语义上都有着明显的差异,可见北京话核心地带的"您"并非复数合音的产物。与"您"的情形类似,在北京的某些郊区村镇,复数"你们"也可承担表敬功能,这种用法出现时间较晚,并非北京话核心地带中"您"的来源。

3.6 结语

3.6.1 主要观点

《华语要诀》(宗内鸿,1938)对"您"和"怹"的来源有精彩论述,与本章观点颇为契合,翻译如下:

> 在北京,指代对方的亲戚等第三人称时,会使用"t'an",可以直接写作"他"字,或者写作"怹"字,这个字的产生过程与"您"字一样。"您"的形成过程是这样的,最初是由"你老 ni lao"这一敬语演变成了"您纳 nin na",之后"纳 na"字消失,变成了"您"。"怹"(t'an)字也是如此,从"他老"演变为"怹纳 tan na",之后纳字消失,只保留了"怹 tan"字。怹是对第三人称——他的敬称,用在对尊敬的人的称呼上。另外,不管是"您"还是"怹",都是北京方言的发音,其他地区一般称为"你"和"他"。而且"您纳""怹纳""你老""他老"这些敬语现在仍然在使用。"你老""他老"在其他地区也有使用。另外"您纳"等词用于句末的情况较多,"纳"会被认为起到助词的作用,但"您纳""怹纳"是一个词,表示对"你""他"的尊称,也会在句子中间使用。例如"我今天望看您纳来了",意思是"我今天来看望您来了"。

本章借助本土和域外北京话文献,对"您"和"怹"的发展历程做了更为精细地描写。"怹"同样有着独立的发展路径,因此,不能说它是"您"类推的产物,至多是汉字形式受到了类推影响。"怹"和"您"演变的过程和机制大同小异,基于这一事实,可以更好地理解吕先生的观点——"倘使没有他老(人家)通行于前,可能产生不出一个怹。同时,倘使没有你老变您在先,他老也不会变怹",吕先生所强调的是背后的共同规律。

在第 3.2.3 节中,汪化云先生对"你老"合音说提出三点质疑,我们可以做如下回答:

（一）使用"你老"的方言很多，为什么只有北京话发展出"您"的用法？

北京话中"你老"经历了关键变化"指称长者＞指称尊者"，如果其他方言也发生了类似演变的话，也可能向敬称用法发展。

（二）"您"应该是"你们"的合音，这导致北京话中没有"您们"的说法。

伍铁平（1982）、李宇明（1984）、邢福义（1996）等学者则从不同角度论证"您们"的合理性并得到了一定认同。我们发现早在蔡友梅作品《小额》和《董新心》中就已有"您们"的可靠用例，例如：

（292）料其他们飞不了多高儿进不了多远儿，<u>您们</u>放心吧！（《小额》）

（293）况且<u>您们</u>三位，号称民党志士，平日何等激烈，何等气概！（《董新心》）

同时期的域外北京话教科书中，"您们"用法也有不少。此外，在老舍和王朔的现当代北京话作品中也能见到不少用例。

（294）宝庆开了口，诚心诚意地说："琴珠，小刘，我来求<u>您们</u>帮忙来了。"（《鼓书艺人》）

（295）我只有<u>您们</u>这几位朋友，每天要是不见上一面呀，简直就没着没落儿。（《鼓书艺人》）

（296）只怕<u>您们</u>的书在我们台湾也得被列为禁书。（《顽主》）

（297）我那点糟汩事儿哪敢麻烦<u>您们</u>？（《你不是一个俗人》）

（298）噢，我倒不是说您二位公安同志，<u>您们</u>跟凡人不一样。（《枉然不供》）

上述三位北京作家均以地道的北京话作为创作语言，作品的口语化程度很高，大致可以反映20世纪北京话的面貌，在他们的作品中均出现了"您们"，这使我们有理由相信"您们"应是北京话的一部分。据《语文杂记》(吕叔湘，1984)，受调查的老北京人也说"您们"确实存在，只是不太常用。

（三）北京话中的第三人称敬称用法"怹"可以表示"他们"，这也许可以作为"您"来源于"你们"的证据。

北京话中的表复数的"怹"跟表敬称的"怹"不具有同一性，各自有着独立且迥异的发展路径。

3.6.2 汉语敬称代词的来源及类型学价值

Helmbrecht (2003) 对敬称代词的类型学研究较有代表性，他共考察了 100 种语言，只有 25 种存在第二人称敬称代词，其来源有七种：1) 第一人称复数；2) 第二人称复数；3) 第三人称单数和复数；4) 指示代词；5) 反身代词；6) 亲属名词；7) 身份名词。汉语第二人称敬称代词有着较高的类型学价值，类型比较丰富，至少有三种来源：1) 第一人称复数，代表是雷州方言(参看汪化云，2008)；2) 第二人称复数，代表是赣榆方言(参看蒋希文，1957)；3) 第二人称代词 + 长者的称呼语 (指称长者的名词)，代表是北京话中的"您"。

第三种类型在 Helmbrecht (2003) 的研究中未被涉及，汉语丰富的历时文献和方言材料为深入研究该类型的敬称代词的发展机制和路径提供了便利，本章将"您"的发展过程划分为四个阶段：

	第一阶段	第二阶段	第三阶段	第四阶段
北京话：	你老人家 > 你老	你老 > 你纳	你纳 > 您纳	您纳 > 您
天津话：	你老人家 > 你老	你老 > 你了	你了 > 您了	×
湘　语：	你老人家 > 你郎家	×	×	×

如上所示，汉语很多方言都处在这一链条之中，只是语法化程度存在差异。而值得一提的是，随着"老人家"的磨损脱落，人们已经不再认为"您"是和"你老人家"同值的，因而，在现代北京话中，人们又在"您"

的后面加"老人家"来表示尊称，形成了多层次的叠加。吕叔湘（1985）对此有精辟论述："从你老人家缩成你老，又从你老缩成您，省而又省，面目全非，一般人嘴里说到您，心里不再意识到这是跟你老人家同值的。这个事实一方面有利于您的应用范围的扩展（特别是在年辈相同而又比较生疏的人之间），可另一方面又把它的原来的意义冲淡，给你老人家一个机会，在比较狭小的范围之内，应需要而被使用。"句（261）中的"您老人家"也是一样的情况。

3.6.3 本土语料与域外语料互证的研究思路

大规模早期北京话语料的挖掘和定量分析是本章的着力之处。在本土文献方面，我们考察了清宫档案、正音教本、京味儿小说、京话报刊和满汉对照材料，它们的优势是真实鲜活，数量丰富，缺点是记音欠精确；域外语料方面主要利用了欧美、朝鲜、日本等国人士编写的北京话教材，由于不少作者受过语言学训练，因此记音较为准确，不足之处是年代较晚，反映不出清中前期的语言面貌，口语化程度也要差一些。

本章在研究方法上主要对本土语料与域外语料进行比照和验证，去粗存精，在西人著述中记音材料的帮助下，对本土文献中的汉字记音材料有了更进一步的认识，在理清"您"发展脉络的同时，"你能""你呢""你你"等疑难问题也能得到较为合理的解释，希望本章的这一思路能为今后的北京话研究和近代汉语研究提供新的视角。

第四章　长时副词"且"的来源及发展

4.1　引言

在当代北京话中,"且"有三种特殊用法,第一种是介词用法,相当于"从",请看用例:

(1) 这小孩子呢,更甭说了,也不知道哪天就走了,哪天。那最近又去了一趟葫芦岛,头两天回来的。到处去体验生活。<u>且</u>十一岁就开始,就出去了。拍那"烽火少年",东北。那个,多冷的气候啊,有人看着呢,有人专人照顾他。<u>且</u>十一岁,今年二十二。去了好多地儿。(当代北京口语语料库)

(2) 现在生活也都好。就像我们这早上这牛街好多老太太吧,您看吧,都是提搂着篮子,老太太精精神儿神儿干干净儿,<u>且</u>牛街北口儿您看吧,陆陆续续地都奔自由市场。(当代北京口语语料库)

弥松颐(1999)说这种用法主要是郊县的人说,城里头的人不怎么说。这种用法在蔡友梅等清末民初的京味儿小说作家笔下很常见:

(3) 饮酒中间,宾主闲谈,无非是富贵功名,声色货利,德爷听着<u>且</u>心里要恶心。(《大车杨》)

(4) 周廉先拜了祠堂,随后到张氏屋中,给张氏磕头,张氏倒是<u>且</u>心里高兴,夸奖了周廉几句,又问了凤仙好。(《过新年》)

(5) 这点儿德行,我真不好说,他们这真叫作猪八戒吃炒肝儿——

自餐骨肉，使这宗减心钱，吃什么也<u>且</u>脊梁骨下去，不得喧腩也得转食。(《大兴王》)

蔡友梅自小在东城炮局胡同长大，是典型的"城里人"，可见"且"的介词用法由清末发展至今，使用范围在逐渐萎缩。

第二种用法是程度副词用法（下文统称"且_{程度}"），这种用法也日益边缘化，请看用例：

（6）哟，我们单位可也挺困难的。它给<u>且</u>不容易呢，给就太平庄儿的给了。(当代北京口语语料库)

（7）那儿<u>且</u>比这儿大呢。(《北京方言词典》)

（8）<u>且</u>早呢。(《如何整理与归纳口语句型》)

这种用法在清末民初已有用例，请看：

（9）后又冷笑两声道："你别倚着你是议员，有多少朋友，替你出主意，我眉春，要是下个贴子，约几个人，<u>且</u>比你认识人多！"说罢，悠悠的站起身来，在地下来回走溜儿。(《七妻之议员》)

（10）他的意思是说，像这样武艺，还要卖钱，就是我看，我都不给。天桥的把势，<u>且</u>比这个强，还没有给钱呢，这两手儿谁给钱谁都是大头。(《滑稽侠客》)

与上述两种用法的颓势相比，"且"的第三种特殊用法——长时副词用法（下文统称"且_{长时}"），发展态势则恰恰相反，请看用例：

（11）南营房近百个院落基本是一个模样，要是你忘了门牌号走错了门，<u>且</u>得找呢，找大半天也未必能找到自己的家门；就是找到了，站在院里你也会奇怪，这是我们家吗？(《状元媒》)

（12）有时候儿排半天队，人特别多，完了以后，一等等半个小时，就没有，没有车。到了那边儿，倒车的时候儿呢，人也特别拥挤，

且等呢！一等，什么倒，倒那个三百三十四路，我们跟那儿等车就等了那个什么，二十多分钟。（当代北京口语语料库）

（13）你说一个孩子买一件儿毛衣，或者买一件儿那个登山服什么的，或者买件儿罩衣什么的，你且穿不坏呢。（当代北京口语语料库）

（14）已经退休十几年的赵师傅说过去早上起来一开水龙头，从水管子里流出来的水，哎呦，都是黄绿汤子，还有味儿，想见着透亮的，且着呢！（《乙酉大洗礼》）

句（11）—（14）中的长时副词"且"是本章的研究对象。在北京话日益受到普通话同化的大背景下，"且$_{长时}$"这个地域色彩极为强烈的口语词却迸发出勃勃生机，不仅成为当代北京话中最具辨识度的口语标记词之一，在日常交际中也受到了非母语者的青睐。一些在北京工作生活的非京籍作家在作品中已经熟稔地使用该词，请看：

（15）黄大山不接："挺大的汉子，吃这干啥，留给冬冬吧！动了手术且得补养呢！"（《黄大山与白菊花》）

（16）他问明了陆的新屋在河那边山冲里的煤喜后山，过了河还有七八里地，且得走一阵。（《一个人的圣经》）

（17）接着他又说，你晚上过来吧，我请你吃饭。我说，我请我请。那你什么时候请啊！我略微沉吟一下：等我发工资吧。他泄了气：且着呢！（《颠倒众生的糊涂》）

（18）那就彻底完了，我看证监会且得查呢！（《窃听风云》）

句（18）值得关注，《窃听风云》是一部香港题材的影视作品，该用例显示出"且$_{长时}$"进入共同语的潜力。笔者揣测，"且$_{长时}$"使用者范围的扩大，并非完全出于人们对京腔京韵的追捧，很大程度上是语言要素自身的特点决定的。较之普通话的同类表达，"且$_{长时}$"也许在表义上更为精密、丰富？更利于描述某种特殊情境？为了更好解答上述疑问，本章将在共时层面考察"且_{长时}"的表义特点和类型。此外,"且_{长时}"的来源也是我们特别感兴趣的议题,在汉语史上和普通话中,"且"可表"暂且",是典型的短时副词用法,请看:

(19)你<u>且</u>在这路旁边树林中,将就歇歇,养养精神再走罢。(《官话类编》)

(20)他一会儿就回来,你<u>且</u>等一下。(《现代汉语词典》(第7版))

一个语法形式同时可以表达两种截然相反的意义,这是极为罕见的。"且"的长时副词用法由何而来?是由短时副词用法转换而来还是另有来源?我们倾向于是"且_{程度}"发展出了"且_{长时}"用法,第4.3节将做详细介绍。

4.2　对"且_{长时}"的共时分析

4.2.1　"且_{长时}"的语义特征

4.2.1.1　特征一:长时性

"且_{长时}"的特点极为鲜明,《现代汉语词典》(第7版)和一些北京话词典中都收入了该词条,释义和例句整理如下:

表4.1　相关词典释义和例句

出处	释义或说明	例句
《现代汉语词典》(第7版)	〈方〉副词,表示经久(常跟"呢"同用)。	买支钢笔<u>且</u>使呢。 他要一说话,<u>且</u>完不了呢。
《中国语常用虚词辞典》	表示很长时间(時間の長いことを示す)。	他一来就<u>且</u>不走哪!
《北京话语汇》	指距离尚远,时间尚早。	<u>且</u>远着呢。 这顿饭,<u>且</u>吃不完呢。
《北京方言词典》	adv.,经过很长时间。	他<u>且</u>坐着不走呢。 做件衣裳<u>且</u>能穿些日子呢。

(续表)

出处	释义或说明	例句
《北京话词语》	表示时间长。	早先,他要是想请位先生给写上一段,不但要现钱先付,还得且等,成年累月地等。 你呀,想活到人家那境界,且哪。
《北京土语词典》	副词,用以表示要过一段较长的时间。如:"这顿饭,他～吃呢!"(是说短时间吃不完)	这顿饭,他且吃呢。 且得等着哪! 这种布结实,做件衣服且穿不坏呢!
《新编北京方言词典》	[副] 表示经久。	别凑合着了,买个好的且使呢。 今天做饭晚了,且吃不了饭呢! A:你们的工程什么时候儿完工? B:且呢!还得一年多。
《爱知县中日辞典》	[京] 相当长的时间;好久;就那样一直。 ずいぶん長い間.久しく.そのままずっと.	买一双帆布鞋且穿呢。 他一来就且不走呢。

除了《北京话语汇》外,其他词典的释义都可以概括为"长时"义,这是"且_{长时}"的核心意义,但"很长时间""时间长""经久""经过一段时间""要过一段较长的时间""好久"等表述略显笼统。相比之下,《北京话语词汇释》的注释要全面和准确一些:"常用于动词前,表示该动作无休止或要延续相当长的时间。"在语料中,除了动作延续外,"且_{长时}"还可以表示状态的持续,请看例句:

(21)推过去,转过来,然后是推过来转过去。然后是起霸,就像这个,蹬出去,转过来,这是头一步,第二步,蹬出去,转过来……像这个,就这么练。他不告诉你啊,且明白不了呢。(《北京口述历史》)

在上句中，述补结构否定式"明白不了"所描述的都是当事人的某种状态。这样，"且_{长时}"的长时义特征可以进一步概括为：动作或状态将持续较久。

齐如山在《北京土话》(1991)已经注意到"无休止"这一点，他说："且者，永也，不完也。亦有上边'老'字之义。如人说话老不完，则人恒曰'他且说哪'；如有事老不去，则恒曰'且不去哪'"。但是这里用高频副词"老"来解释长时副词"且"并不准确，两种用法只是在特定条件下才有相通之处。以"王东老说自己冤枉"为例，"老"强调的是"王东说自己冤枉"这个事件在不同时间节点上高频重复发生，而在"王东又来喊冤啦，且说哪"中，"且"强调的是当下发生的"王东喊冤"这个事件要延续很久，不知何时结束，说话人带有明显的不耐烦或不悦的口气。

张亚军(2002)根据时间副词所表达的时段和时间延续关系，将时间副词划分为以下三类：

表 4.2　时间副词分类

类别	定义	成员
短时副词	表示时间间隔短	一度、暂、暂且、刚、刚刚、才、就、马上、立刻、立即、当即、随即、便、顿时
长时副词	表示动作行为或事件延续时间较长，通常带有习惯性或恒常性	一直、永远、一向、从、从来、历来、素来、往往、常、常常、至今
延续时间副词	表示动作行为或事件所处状态的延续	还、仍、仍然、仍旧、再

"一直"作为长时副词的代表，可以替换一些用例中的"且_{长时}"，可见两种用法在"长时"这一核心意义上确实有相通之处，请看：

（22）而且呢，我觉得我这人，可能是不是这个家庭负担太重了，这脑子记忆力不行，不像人家似的，听完课回来都能记着点儿，我这人不行，嗯，记不住。回来就且看书呢，就临考试之前，我都比人看得厉害，但是也不行，也记不住。（当代北京口语语料库）

邓川林（2009）认为"一直"的时间语义与句子的"时间范围"（由"起点""过程""终点"构成）有关，"一直"只表示时间的"过程"，不包括"起点"或"终点"。我们认为"且长时"还是有"终点"的，因此常和时量成分共现，"且+（助动词）+动词+时量成分+呢"是典型用法，如：

（23）比方说买杏儿吧，刚一下来杏儿五分钱，青，虽然说是青杏儿吧，但是呢，也觉着挺好吃的，买一兜子，好几个小孩儿，嗯，且吃一阵子呢。（当代北京口语语料库）

"一阵子"是"吃青杏儿"这一动作所持续的时段，虽然很难精细测量，只是一种"主观大量"（即持续的时间在说话人看来是很长的），但在时间轴上有着起点和终点，当孩子们吃完这一阵子，"吃杏儿"这个动作也就中止了。这句用"一直"进行替换就不能成立，不能说"好几个小孩儿，嗯，一直吃一阵子呢"。

如果说时量成分明示了时间终点，那么下列没有时量成分的用例同样对时间终点有所要求：

（24）我那几年每年都拉痢疾，拉一回痢疾就且拉呢，几天几宿的就这么拉，药也没现在这么发达，就吃中药。（《北京口述历史》）

（25）我大妈那时候，人家娶媳妇聘姑娘，轿子得过一火盆。男的得向轿子射三支箭，射完再打盖子。（参加婚礼的女人）一不能吃东西，二回来腿疼，都是这安请的，都讲坐下请，就是蹲下去半天才起来，且蹲呢，且起不来呢，慢功。（《北京口述历史》）

句(24)的意思是"拉好长时间才止住",跟"拉一回痢疾就一直拉呢"还是有着明显不同。句(25)中前文"蹲下去半天才起来"显示,"且蹲呢"指"要蹲好久才起来","且起不来呢"的意思是"'起不来'这种状态持续了很久才中止"。而"一直蹲"和"一直起不来"则不突出动作或状态的时间终点。

4.2.1.2 特征二:主观性

与"一直"等长时副词相比,"且"还带有明显的主观性。一方面,动作或状态持续的时间远超预期,是一种"主观大量",因此"且"带有明显的意外、出乎意料的意味,可归入"偏离预期(mirativity)"范畴。另一方面,动作或状态的持续往往并非是说话人或当事人所希望发生的,带有明显的"非企望"色彩,请看:

(26)陶虎臣呢?头一年,因为四乡闹土匪,连城里都出了几起抢案,县政府和当地驻军联名出了一张布告:"冬防期间,严禁燃放鞭炮。"炮仗店平时生意有限,全指着年下。这一冬防,可把陶虎臣防苦了。<u>且</u>熬着,等明年吧。(《岁寒三友》)

(27)我有俩姨儿,我二姨儿跟我三姨儿。原来的时候姐妹之间那都是——我那姨儿要是来一趟,不进屋子,就在街上比如说碰上了,还<u>且</u>请安呢:"哟,姐姐您好。""哟,来了妹妹。"没完。后来还是我妈说:"得了,咱们就别这么着了,你瞧街上哪儿还有这个,就咱俩,左蹲儿一个右蹲儿一个。"就不价了。(《北京口述历史》)

在句(26)中,当事人"陶虎臣"要熬好长时间生意才能迎来转机,这绝对是出乎其意料,更绝非其所愿。在句(27)中,旗人对请安的讲究超出一般人的预期,因此当事人都觉得费时费事,没完没了。

"偏离预期"和"非企望"这两个特征互相作用,会加强主观性的表达,不希望发生的事情不仅发生了,而且持续的时间远超预期,当事人的情绪就可想而知了。

4.2.1.3 特征三：非现实性

"且_{长时}"经常出现在非现实句中，经常跟情态、将来、惯常、否定、假设等表达有关，如：

（28）甭管是开什么买卖，起个好字号，会让您终生受益。眼下，北京人对字号越来越当回事儿了，买卖开张之前，起个什么字号<u>且</u>得琢磨呢。(《有鼻子有眼儿》)

（29）你要是让他干件事，他<u>且</u>跟你花说柳说呢，从没痛快时候。(《北京话语词汇释》)

（30）他是个沉屁股，一来<u>且</u>说呢！(《新编北京方言词典》)

（31）要是累大发了，<u>且</u>缓不过来劲儿呢！(《新编北京方言词典》)

可能会有读者质疑，"且"常跟时量成分和"呢"搭配，如何断定上述三类语义特征是词义而非构式或构件的意义呢？下面例句能够说明一些问题：

（32）团结湖公园什么时候建成？<u>且</u>呢！(《如何整理与归纳口语句型》)

（33）他不像那个年轻人什么的，他那个一说这病怎么着，马上就处理完了。他这不行，他跟你磨磨叨叨的，就跟拉家常似的，磨磨叨叨是没完没了的，他<u>且</u>跟你说，见了大夫好像就这话就说不完了。(当代北京口语语料库)

句（32）中的"且呢"不仅没有时量成分，连 VP 都省略了，但长时义丝毫没有减弱，可见长时义已经是词义的主要组成内容。句（33）没有出现"呢""哪"等语气词，但所传达的主观性并未减弱，因此，我们认为主观性也是"且"词义的一部分。从历时角度来看，上述语义特征确实曾是构式义的一部分，后来逐渐被"且"所吸收。本章在第 4.3 节历时分析部分将对"且"的历时发展做进一步考察，探明上述特点的来源和形成机制。

4.2.2 "且长时"的共时分布

在当代北京话中,"且长时"主要分布在四种构式中。这四种构式在形式上比较容易区分,通过共时特征的比对,也大致能判断出历时演变的脉络。

(一) S_1 式:且+得/能+VP+(时量成分)+(呢/哪)

(34)"怎么饭上的这么慢?"吴胖子掉脸喊起来,"饭馆饿死人啦!""来了来了。"老板娘闻声过来,"稍等稍等,马上就来,疙瘩太多,且得炒会儿。"(《一点正经没有》)

(35)还有不少跟随着观赏的人,指指点点、品头论足,哪个字的哪个撇写得好,哪个字的哪个钩写得一般,有点头的也有摇头的,因为一个字,且得说上一会儿呢,这个时候,刚才写的是什么就放一边了。(《北海,早上好!》)

(36)花眼纫针且得巴嗤会子呢。(《北京方言词典》)

(37)且得得会儿呢。(《北京方言词典》)

在该构式中,V 以可持续的动作动词为主,V 后经常带"着",不能带"了"和"过"。时量成分以"一阵儿、几天、一会儿"较为常见,它们本身是短时义。这些时量成分可以省略,并不妨碍长时义的表达,请看:

(38)总会遭遇堵车,是生活在北京必须有的心理准备。以至于有个流传颇广的笑话,说是有劫匪抢了银行,把抢得的巨款装上车逃跑,警察闻讯赶到,却并不着急追捕,为何?答曰:"不急,正是晚高峰,匪徒们且得在三环路上堵着呢。"(《北京大妞,幸福就是闲着》)

(39)以琢玉来说吧,北京的玉工都讲究因材施艺,一块玉石,能雕什么,他且得琢磨呢。(《开眼》)

(40)二十来里地,这牛车且得尥悠呢!(《新编北京方言词典》)

（二）S₂式：且+VP+（时量成分）+（呢/哪）

这种用法绝大多数用例可以补出"得"，应是 S₁ 式省略助动词"得"后的产物，请看：

（41）他们俩凑到一块儿且说呢。(《北京话语词汇释》)

（42）这孩子闹觉，困了以后且哭呢。(《新编北京方言词典》)

（43）我这人也不好穿，也不像人家似的，有件儿衣服且穿呢，我也不好动。反正不像人家似的那么赶时髦儿，就有一件儿衣服能穿十年八年的。(当代北京口语语料库)

（44）坐十路汽车倒五路就不好倒。且等着呢！(当代北京口语语料库)

（45）像我们俩呢，就说我们家，如果要没房的话呢，如果要是按一辈儿一辈儿传，传下去呢，也，啊，且那什么呢。它都按照一代一代的那样的。(当代北京口语语料库)

（46）我们家走到车站20分钟，只听火车一拉笛儿，因为一拉笛儿的话就要进站了，我爸爸就张嘴要钱："我就要走了。"老爷子不敢耽误时间呀，耽误时间赶不上回去的火车了，赶紧给钱，要多少钱给多少钱。拿着走，20分钟回北京。白天不能提，提要钱的话就不给你，且磨蹭呢。(《北京口述历史》)

（47）"那是个漏洞。"高洋不胜遗憾地说，"如果我当时决计不允你拿走，只怕你还且糊涂呢，起码要再费些周折才能理顺。"(《玩的就是心跳》)

（48）（晚，葡萄架下，杨医生，老胡，还有一大妈）杨医生：还不知道么吧，还不知道么吧？凡是愿意迁到通县去的，每间房，国家给两万块钱，您这四五间房吧也就落个……十了多万吧！且花着呢……(《我爱我家》)

（49）你让他去干点儿什么，他且跟你对哝呢。(《新编北京方言词典》)

(50) 而且我父亲有洁癖，好家伙那个，我母亲就侍候他，所有的茶碗茶碟儿，<u>且</u>涮<u>且</u>洗哪。他抽大烟的那一套烟灯擦得锃亮，漂亮极了，那是工艺品。(《北京口述历史》)

(51) 我父亲那景泰蓝的小烟盒，弄一点烟哪，折腾半天才抽上这一口，一边烧一边聊天儿，<u>且</u>玩呢。(《北京口述历史》)

(52) 北京不是有"九门八点一口钟"么，北京就崇文门是钟，别的门都是点，到关城门的时候儿，就<u>且</u>凿那个呢，两边儿你听吧，就喊"等会儿等会儿"，你看吧，来回跑噢，又喊又跑的，赶城门快出去，到点儿准关。(《北京口述历史》)

(53) 不好做，见不着钱，钱紧着呢。像我们这个家庭，要是小孩跟老人要一分钱的时候，<u>且</u>磨半天呢。<u>且</u>得磨呢，没钱。都那样，旧社会的事，不愿意提了。那时候都这样，您找谁也是这样。(《北京口述历史》)

与 S_1 式类似，S_2 式可以出现时量成分，即便不出现，也不影响长时义表达。在句(53)中，S_2 式（且磨半天呢）和 S_1 式（且得磨呢）同现，表义并无明显区别，S_2 式补上"得"后就是典型的 S_1 式（且得磨半天呢），脱胎于 S_1 式的轨迹十分明显：

较之 S_1 式，S_2 式也有新的发展，一是出现了不能还原为 S_1 式的用例：

(54) 您瞧百货吧，来说吧，往东，有菜市口儿百货商场，往西有白广路，是啊，往南有白，白纸坊，也比较不远，是啊。您说过去老太太上趟菜市口儿，那就跟出门子一样，那非得<u>且</u>捣饬呢！现在就不用了，现在拿起腿就走，哪儿啊，上菜市口儿买点儿东西，是啊。(当代北京口语语料库)

(55) 你别看就这么点儿活，我们得<u>且</u>干呢。(《北京话语词汇释》)

二是出现了省略"呢/哪"的用例：

（56）你说，过去那会儿，我七一年参加工作的时候儿，十六块钱，学徒费，嗐，我觉着十六块钱，还且花一阵子。你瞧现在，这钱也是，嗐，你没法儿办。(当代北京口语语料库)

（57）将来不带着你去出出门儿啊，将来你赶明儿你到人家什么都不知道。那真是，好，那个且，磕头礼拜的，那都得问好的。那一见面儿，属你说话儿的，在屋里坐着一伙人，这叫大奶奶，这叫姥姥，这就得挨堆儿都得问您好。(当代北京口语语料库)

（58）给完以后且，且让你登，登记完了以后，他给你挑，挑，反正把那些条件儿都给你码到了，工龄，什么都给算到了，以后，才给你呢。(当代北京口语语料库)

（59）也不是开坏了，这癌症不能开刀，任何癌症不能开刀。你且记着，你有朋友的话也跟他讲。(《北京口述历史》)

（三）S_3 式：且 + 否定式的 VP +（呢/哪）

S_1 式和 S_2 式在长时义表达上强调动作的持续，而 S_3 式所表达的则是某种状态的持续，在语法化研究领域，从动作扩展到状态是常见的现象，S_3 式可能是 S_2 式扩展的产物。

S_3 式可细分为两类，第一类可概括为：且 + 不 + VP +（呢/哪），请看用例：

（60）他们都是，可能都是五天就，就，那时候儿死人分搁几天，大约最少就是五天了，讲究的人能搁两个月，四十九天，那什么的那那那那么搁着，把人装在棺材里，就那么放着，且不出殡呢，且不埋呢，就是。我们呢也没条件，那时候儿，五天就是就把他都埋了，哎，就那样儿，也就没有别的事儿了。(当代北京口语语料库)

（61）哎要是那个出门儿吧，那，那什么，你这要出去倒水去吧，一，一开门儿，那手都粘上了。嗯，那下，下的下雪什么的，那那老

且不化呢，不像这往儿，这往儿天气，冬景天儿不那么太冷。（当代北京口语语料库）

（62）女同学照的也多。男同学，待会儿到男同学照时候儿，你一个月收一趟钱啊，那钱且不给你啦，说什么也不。起码儿有的时候儿，弄，弄到办公室去，老师给解决这事儿都。（当代北京口语语料库）

（63）一瞧四外有三十多条腿啦，十几个人，这就该抬头啦！这画儿呀且不放下哪。怎么？一放下人家就知道他不画啦，就走啦！手里老拿着这画了一半儿的盒子盖儿。（《小神仙》）

（64）他是脱得快，穿得慢，怎么脱得快呀？他是进门就脱，脱了就洗。不但洗，而且是全活儿，剃头啊，搓澡啊，修脚啊，全来。等穿的时候可就慢了，人家那三位把衣服早穿好了，他呀，且不着急哪，一只袜子能穿半拉钟头，好容易穿上啦，又脱下来了，怎么？他愣说穿错脚啦！哎，袜子分左右脚吗？澡堂子里多热呀，这三位站那儿直出白毛汗哪。（《白吃猴儿》）

由上述用例可知，VP 的构成多样，可以是动词（如"出殡""埋""化"）、动趋式（如"放下"）、动宾式（如"给你"），也可以是形容词（如"着急"）。这些成分受否定副词"不"修饰之后都表示某种状态，如句（61）中的"且"强调的是"雪不化的状态得持续很久才结束"。句（64）中的"且"虽然很像一个程度副词，结合上下文不难发现，它所强调的是"不着急"的状态要持续很久才会结束。

第二类可概括为：且+V 不 C+（O）+（呢/哪），请看用例：

（65）这呢，就我自己呢，且轮不到呢，我今年刚十七岁，最起码也得二十五呢，干好几年呢，也得。（当代北京口语语料库）

（66）所以我就说这牛奶要想掺水呀，我，我知道了，牛奶要想掺水那，那是可以足掺，就是这个很不容易看出来。那白色且也退不掉

呢，拿勺一舀起来，基本上还不透明的，还是牛奶，还是牛奶。（当代北京口语语料库）

（67）嗯，我爱人这人啊，一女同志她小心眼儿，你知道吧？一点事儿，她磨不开，<u>且</u>转不开呢，你怎么劝也不行。（当代北京口语语料库）

（68）麦子说他花这些钱是浪费，王满堂说，他设计的西山老年公寓得了奖了，奖金四万块。四万块，<u>且</u>花不完呢，买点痱子粉是小意思。（《全家福》）

例句中的"轮不到""退不掉""转不开""花不完"都是带可能补语的述补结构的否定式，"且+V不C+（O）+（呢/哪）"同样表示某种状态持续很久，句（68）表示"钱花不完"这个状态要持续很久才会中止。

一些用例中可以出现宾语，如：

（69）伙计摔得又棒又好。这样，我是帮场的，你是挣钱的，他不能把我给摔了，他才能要回些钱来呢。我不能够老摔啊，他手底下有五六个人，顶多我就摔上三场，<u>且</u>到不了摔跤的头儿，宝三那儿呢。（《北京口述历史》）

（70）继而又对仆人刘妈不满，说刘妈一个老妈子穿什么绣花缎鞋，下人没个下人样，莫不是想造反？陈胜吴广还没当皇上呢。<u>且</u>轮不到她！（《三岔口》）

（71）你别来不来就发脾气，<u>且</u>轮不着你呢！（《新编北京方言词典》）

较之 S_2 式，S_3 式鲜有用例可以补出助动词"得"，也很少有时量成分出现，"呢/哪"也可不出现（对比句70和句71）。式中"且"在表达长时义基本不需要构式的支持，语法化程度更高。

（四）S_4 式：且+（着）+呢

较之前三种构式，S_4 式在形式上更为简练，虽然VP不再出现，"且_{长时}"的长时义丝毫未被减弱。先看"且着呢"的相关用例：

（72）查查老舍的原作，也全都是琐琐碎碎的家长里短。不怪人家老舍，人家的小说没写完。一部长篇小说才写了 8 万多字，且着呢！（《"哎呀，我忘了一件大事！"——品曲剧〈正红旗下〉》）

（73）田翠兰：福斗！福斗……（哭了）福斗哎！
王秀芸：妈！您哭什么呀？离死还且着呢！（《窝头会馆》）

（74）小毓先生看二爷的脸几乎扭曲成了包子，自是明白因由，便走到他跟前说："你若累了，就上里间屋睡一会儿吧。我们这儿还且着呢。"（《二爷厉害》）

（75）我坐在安贞肯德基里等马小鸡，虽然给她限定的时间是五分钟，但以我对她的了解，且着呢。（《北京大妞儿的贫嘴爱情》）

弥松颐（1999）指出"且着呢"还有"且之的呢"的音变形式，用例转引如下：

（76）一百三十年历史的老学校汇文中学恢复了校名，老"士子"们奔走相告；就连友校慕贞女中的老"士女"们也企羡不已。我问在旅行社任职的王瑶："你们什么时候恢复？"王女士说："我们？且之的呢，也许根本就没门儿。"

弥先生说："'且之的呢'，谓时间久远，即'且等着呢''早着呢'的意思。'之'为'着'的直音书写。"由于 VP 省略，有时很难明确经久持续的是何种动作或状态，这时"且着呢"容易被理解为"（某件事）还早着呢"。以句（76）为例，说话人也许表达的是"恢复校名这件事我们且等着呢"，听话人则容易识解为"恢复校名这件事还早着呢"。

S_4 式中的"着"也可不出现，请看用例：

（77）孙小圣说："少废话。快给你姥爷敬酒。"吴墨不紧不慢地掏酒壶，津津有味地欣赏着孙小圣腰上那条恰似他小指头粗细长短的蚂蟥。孙小圣说："你快点儿啊。"吴墨说："不急，还没钻进去一半呢，且呢。"（《胡同右拐是西藏》）

(78)你们的工程什么时候儿完工？<u>且</u>呢！还得一年多。(《新编北京方言词典》)

S₄式形式最简，其中的"且长时"的语法化程度也最高，出现时间应该最晚。

通过观察和对比四种构式在共时层面的异同，我们试着对"且长时"的语法化链条做出假设：

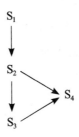

可以分为三个阶段：

第一阶段：在汉语史上的某个时期，S₁式的完整形式："且＋得／能＋VP＋时量成分＋(呢／哪)"出现，此时长时义是构式义，尚不是"且"的词义。"且"此时仍是程度副词，这种修饰助动词的用法在当代北京话中仍有残留，可以说"且会耍幺蛾子呢"。

第二阶段：伴随着使用频度的增高，"且"吸收了构式义，由程度副词发展成为专职的长时副词。在句法和语义上都有了进一步发展，句法上不再依赖助动词"得"和时量成分，语义上由动作扩展至状态。S₂式和S₃式属于该阶段。

第三阶段：即S₄式，句法上进一步精炼，"且"不用跟谓词性成分搭配就能表达长时义。

以上是历时层面的假设，回到共时层面，在"且长时"逐渐成熟并被高频使用的同时，"且程度"尤其是修饰助动词用法却日渐式微，不仅鲜被词典收入，众多受访者也觉得很陌生。这时，使用者会将S₁完整形式：

"且+得/能+VP+时量成分+(呢/哪)"中的"且"也理解为长时副词用法,即使时量成分不出现,也能表达长时义,S_1式变体:"且+得/能+VP+(呢/哪)"也就应运而生。

基于以上考虑,我们在共时层面把S_1中的"且"也处理为长时副词,在历时层面,当S_1作为语法化链条的源头时,其中的"且"是程度副词。明确这一点,对探明"且$_{长时}$"以及其语义特征的来源非常关键。

4.3 对"且$_{长时}$"的历时考察

上一节的共时分析显示"且$_{长时}$"的出现与"且$_{程度}$"关系甚密。"且$_{程度}$"用法成为溯源的关键,文献显示,该用法是由程度副词"且是"发展而来。

4.3.1 "且是"在历史文献中的分布

香坂顺一(1997)认为"且是"表示程度之甚,尤其在明代以前的白话里多用,不过所举用例均出自明代文献,如:

(79)两个脸对脸,胸对胸,交股叠肩,<u>且是</u>偎抱的紧。(《警世通言》卷二三)

(80)里面<u>且是</u>宽阔,容得千百口老小。(《西游记》第一回)

进一步梳理历史文献后我们发现"且是"表示程度之甚在宋元时期已经广见,直至清末还有留存。如:

(81)(净)买三十钱麻油,把蛇蚪儿煎了,吃大麦饭。[末]<u>且是</u>恶心!(《张协状元》第十九出)

(82)打着对合扇拐全不斜偏,踢着对鸳鸯扣<u>且是</u>轻便。(《妓女蹴鞠》)

(83)前街后巷叫化些波,那孩儿灵便口喽啰,<u>且是</u>会打悲阿。(《郑孔目风雪酷寒亭》第三折)

(84)那阿巧才得十一二岁,<u>且是</u>乖觉。(《儿女英雄传》第三十二回)

不过，无论哪个历史时期"且是"多后接双音节词语，如"宽阔、恶心、乖觉"等形容词，或"偎抱"等动词，表示程度之甚，可替换为"很是"。显然，"且是"基本用于现实句，强调人或物的某性状程度，它既无长时义，也极少跟"呢"同现。

香坂顺一（1997）认为北京话里表示长时间的"且"与旧白话里的"且是"相通，前者用时间的量表示程度，后者表示性状的程度。这不仅说明二者有联系，而且联系的关键是"程度"，但其间的具体演变如何尚未深究。

4.3.2 "且程度"在清末民初北京话文献中的用法分布

《儿女英雄传》之后的北京话文献基本看不到"且是"，取而代之的是单音节词"且程度"。① 较之"且是"，"且程度"所接成分更为复杂，列举如下。

用法1. 修饰形容词：

（85）旷野荒郊无数好田苗，把式就问到了未到，小佳人回答说："新坟不远，顺着我的手来瞧。前边<u>且</u>近不用跑，就数他家祖坟高。"（《妓女上坟》）

（86）滨香一听人家孩子不但模样儿爱人，小嘴儿尤<u>且</u>甜口。（《白莲教》）

---

① 笔者推测随着日常生活中使用频率的增高，"且是"后字"是"语音轻读，语义模糊，只起凑足两字音节的作用。由于语音、语义上的变化，"是"在交际中发挥的作用弱化，功能边缘化，以至于可忽略不见。故"且是"褪变为今日之"且程度"。"且程度"单独表示程度之后，声调完整，保持语音上的重读，这正好也符合当代北京话"且"的实际。受汉语韵律的制约，"且"之后相接成分也单音节化，即我们所看到的民国以来直至当代北京话，"且"总是后接单音节词的现象。

另外，我们发现与"且是"结构类似的"很是"，区别于单音节副词"很"的一个重要方面是书面语色彩较浓。由此，"且是"演变为"且"的另一因素是其语体色彩的改变。民国时期追求语言简化是一种新气象，"且是"之类格式在当时显得文言色彩较浓，因此在北京百姓口语中便由形式更为简洁的单音节词"且"来替代。可见，"且是"演变为"且程度"是语言内部因素和语言外部环境共同作用的结果。

"且"在句(85)中表示"近"的程度,在句(86)中与程度副词"尤"构成同义复合词,表示"甜"的程度。这种用法是"且是"的延续,再看一些新用法。

用法2. 修饰否定式VP：

(87)聿文突的坐起来道："就同魏仁三这个混帐东西,实在气死我也!"语毕,一个劲的哼哼。谢桂笙道："同他<u>且</u>犯不上呢!大家办的,都是公事,又没争房子争地,又谁没把谁的孩子,扔在井里,得啦!消消气!躺下抽口烟吧!"(《新黄粱梦》)

(88)李憨石只当素仙跟他有什么体己话呢,没想到说出这么一句来,不由的气上加气,说："你倒不用使这种软监的法子,不要紧,我跑不了,就是你的那俩钱儿,<u>且</u>不至于坑你哪。"(《李傻子》)

其中VP成分多为否定式,"且"表示程度加强,而非状态的延续,跟S_2式和S_3式中的"且$_{长时}$"明显不同,如句(87)是对行为必要性的否定予以加强,句(88)是加强"不至于"的程度。

用法3. 修饰"比"字结构：

(89)其实反正是千多字,照本变白话,<u>且</u>比本着原文胡撕掳省心哪。(《乐仲》)

上述例句可分别理解为"……比本着原文胡撕掳省心多了……"。"且"的这种用法跟程度副词"可"接近,强调比较双方在某些性状上的差距。

在用法2和用法3中,"且$_{程度}$"开始和"呢""哪"共现组成"且……呢"框式结构,形式上向"且$_{长时}$VP呢"靠近,这进一步体现了"且$_{程度}$"和"且$_{长时}$"间的内在联系。需要注意的是,"且……呢"结构并未赋予这些例句长时义,语料显示,该阶段只有S_1式"且+得+VP+时量成分+呢/哪"的早期用例跟长时义有关,请看：

用法 4. 修饰情态动词：

（90）先生你是不晓得,我要是不说,你且得纳会子闷呢。(《邢子仪》)
（91）我们的道具又老又沉,换一次景且得等半天呢。"(《鼓书艺人》)

在句（90）中,"且"的作用是对情态动词"得"的必要性加以强调,但所处小句表达的是长时义,即"你纳闷得纳很长时间"。我们认为,"且长时"用法正是在句（90）（91）这样的 S_1 式中,由"且程度"发展而来的。

4.3.3 "且程度"向"且长时"发展的过程与机制

4.3.3.1 第一阶段：S_1 式的构成及构式义的产生

如前文所述,较之"且程度","且长时"的语义特征可概括为：长时义、非现实性和主观性。直到句（90）这样的早期 S_1 式出现,"且"才与上述三个特征有了瓜葛。以句（90）为例,情态动词"得"是典型的非现实情态范畴,其道义情态用法表示"某种情况的存在或出现是一种现实需要"（鲁晓琨,2004）,从力量（force）与障碍（barriers）的角度分析（参见 Talmy,1988；侯瑞芬,2009）,由于现实世界中外部障碍的存在,主体不得不调动力量去克服障碍,劳心费力。因此,即使是一些正面、积极的行为（如"努力挣钱""拼命学习"）,用上"得"后,也经常会带上一些非企望色彩。"得"的认识情态用法是通过隐喻机制由道义情态发展而来,非企望倾向也非常明显。综上所述,"且长时"的非现实性和非企望特征源自 S_1 式中助动词"得"。

在早期 S_1 式中,时量结构提供了时间范畴,与高程度副词"且"的增量功能相结合,构成整个句式的长时义内容。在同时期语料中,我们发现了一些同类现象：

（92）临到吉期的前些日子,就得下请帖请亲友、搭喜棚、定彩轿、雇执事、雇吹鼓手、预备酒席、收拾喜房什么的,很得忙乱几天哪。(《华语萃编》)

（93）这宗承办领催，俗名叫作"掌档子百什户"，在前清时代，每月很能抠几个灭心钱。(《连环套》)

（94）原来这个管学官，是徐荫轩中堂的门生，中堂最好谈理学，他是迎合老师的意旨，所以也好谈理学，什么程朱啦王陆啦，李二曲啦，吕新吾啦，很能说两套，中堂所让他给拿上啦。(《土匪学生》)

"很"是典型的程度副词，在一段时期内可以修饰助动词"得"和"能"。句（92）也出现了时量成分，"很得忙乱几天哪"表达长时义"得忙乱很长一段时间"，跟句（90）极为类似。句（93）（94）中"几个""两套"是数量成分，两句分别表达"每月能抠很多钱""能说的话题很多"。可见，在 S_1 式中，程度副词的确可以起到增量作用，不仅可以使"短时"变为"长时"，还可以使"小量"变为"大量"。而"呢/哪"表达了说话人惊讶、夸张的语义，进一步强化"主观大量"和"偏离预期"的意味。在早期的 S_1 式中，"且"虽然对句式表达长时义、主观性、非现实性有贡献（根据语义匹配原则），但必须依赖于时间范畴、非现实情态范畴和语气词构成的句法环境，尚未能独立表达长时义、主观性和非现实性。

4.3.3.2 第二阶段：S_2 式、S_3 式中"且_{长时}"的成熟

前文指出，"且_{长时}"的兴起及传播和它的表义特点密切相关，该词在表达长时义的同时又带有强烈的主观性，更像是一个长时副词和语气副词的混合体，无论是北京话还是普通话，都没有类似的表达，自然会受到使用者的欢迎。与此类似，初期 S_1 式整体所表达的语义也是非常独特的，伴随着高频使用，在语境吸收机制（absorption of contextual meaning）（参看 Bybee etc., 1994）作用下，这些语义特征逐渐固化为"且"词义的一部分，"且_{长时}"也成为北京话中最具特色的口语标记词之一。

"且_{长时}"的独立性越强，它对源头构式"且 + 得/能 +V+ 时量 + 呢/哪"中其他成分的依赖也就越小。

（95）您姥爷穿鞋省着的哪，您一双鞋且穿哪，那儿就穿坏了。您兄弟他们穿的费着的哪，差不多儿一个月就得一双鞋。(《燕京妇语》)

（96）那是那么着。您算那一年，我同着您哥哥去逛了一趟，那个山道可就且走会子哪，怎么是不腿酸呢！那么他们逛了罗汉堂了么？(《燕京妇语》)

以上两句是 S_2 式的雏形用例，完全可以补出"得"，脱胎于早期 S_1 式的痕迹非常清晰。而在下句中，"得"已经无法补回，时量成分和语气词也未出现，"且"的三个语义特征丝毫未受影响，我们认为这时的"且$_{长时}$"已经非常成熟了。

（97）早先，他要是想请位先生给写上一段，不但要现钱先付，还得且等，成年累月地等。(《鼓书艺人》)

"且$_{长时}$"长时义表达进一步丰富，由动作延续扩展至状态持续，在20世纪40年代，S_3 式的两种用法已见一些用例，随后在一些曲艺作品中大量出现，请看：

（98）且不去哪！(《北京土话》)

（99）他一来就且不走哪！(《中国语常用虚词辞典》)

（100）当这条小生命在生死之间徘徊的时候，瑞宣打老三那儿得到了许多好消息，作为撰稿的材料，且用不完呢。(《四世同堂》)

（101）哎呀，真别扭，我就怕头一把庄，头一把庄别扭着哪，且不开和哪！(《打牌论》)

（102）切好的可是切好的，可最好的那种脆瓢儿哪且不切哪，往当间儿那么一摆，拿那个做幌子、号召。(《吃西瓜》)

（103）出来把门关上，到别的屋串门儿去啦！这儿呆会儿，那儿呆会儿，可自己屋哇且不回来哪。顶到后半夜才回来，进门儿一瞧，来，这盘饺子没啦，这位太太还乐哪！(《娃娃哥哥》)

（104）甲：四棚经轮换着念，为的是超度亡灵。

乙：让死人的灵魂早日升天。

甲：早日升天？<u>且</u>升不了天哪。(《师傅经》)

4.3.3.3 第三阶段：S_4 式出现

（105）连一等小班的架子都撑不住了。因为一等小班里是吹拉弹唱、琴棋书画。一等妓院里头，还有大学毕业生呢，主要是陪客人吃酒、打牌，喝茶聊天，热闹热闹就得。甭管出条子干吗的，都有规矩。特别是那些红姑娘，想沾边可<u>且</u>着呢……（《八大胡同》）

（106）邱飞说："我前面还排了多少人啊，什么时候能轮到我，别等你都名花有主了，我再松土也来不及了。"周舟说："<u>且</u>着呢，你要着急，就给你加个塞儿。"（《草样年华》）

这种用法出现就比较晚了。弥松颐（1999）说："不知怎的，'且'这个字近年忽然单独组词使用起来，上面所说'且之的呢'，就是一例。我想，这大概与生活节奏加快、语言也越用越简有关吧。"

4.4　结语

"且$_{长时}$"的发展充分显示了词义和构式义之间的互动。在早期 S_1 式（如句90）中，"且$_{程度}$"与其他构件的语义共同作用，使得早期 S_1 式在语义表达上特点极为鲜明。"且"吸收句式义发展成为长时副词的过程中，在句法上对早期 S_1 式中其他构件的依赖也越来越低，在 S_4 式中甚至连 VP 都不再出现。

本章借鉴方梅（2002）的研究思路，通过对"且$_{长时}$"四种构式的共时比对，对其历时演变进行了合理的假设，最后通过历时语料加以验证。吕叔湘、朱德熙、邢福义等老一辈学者在研究中非常注重方言、汉语史和普通话中相关语言事实的联系和比照验证,本章研究显示,对历史语料匮乏的方言而言,"以今推古"也是一种思路。

第五章　一些认识情态标记的来源及发展[①]

5.1　引言

　　认识情态（epistemic modality）是情态（modality）的下位范畴，"显示的是说话者对小句所述事件发生概率的估计"（Nuyts，2005），语法形式主要有情态动词、心理动词、情态副词和形容词，有些语言也用后缀和格形式来表现。

　　本章关注北京话中一些认识情态（epistemic modality）标记的来源及发展，希望在发现更多语义来源的同时，可以加深对认识情态范畴的认识，考察的对象包括"光景""不见得""准""大概""多半"和"八成"。请看例句：

（1）真珠姬也很害羞，不肯说出自己的根底来。谁知那个财主偏房很多，大家看见真珠姬得宠，都很嫉妒他，可就都说他来历不明，<u>光景</u>是在家里和别人勾搭了，叫主人轰出来的。(《今古奇观》)

（2）好像没有爱新觉罗那么大，马佳氏虽然是大姓吧，但人<u>不见得</u>很多，因为在清朝主要是功臣，不是近亲。(《北京口述历史》)

（3）那会儿在北京演还不说，到各地去演出，只要《群英会》《借东风》，头里<u>准</u>是马崇年的《小放牛》。(《北京口述历史》)

---

① 本章在笔者博士学位论文部分章节的基础上修改加工而成。

（4）将花鸟鱼虫的玩法琢磨到这个境界的，<u>大概</u>也只有北京人，尤其是北京的旗人吧，毕竟他们的祖上靠"铁杆庄稼"生活，有闲而且有钱。(《北京口述历史》)

（5）炮局分东西两个，东边是关日本人跟翻译呀，逃兵呀，那边是归日本司令部管。西边是归我们管。抓我们的<u>多半</u>是特务科那帮人。(《北京口述历史》)

（6）可是，要是唱的人没有这一门嘴皮子上的功夫，那就<u>八成儿</u>非砸不可。(《鼓书艺人》)

在上述用法中，"光景"已经退出使用，其余五种在北京话和普通话中很常用。与本书其他研究对象不同的是，这些用法并非早期北京话所独有，因此我们在进行历时考察时，没有对语料做严格控制。

5.2 "光景"和"不见得"

5.2.1 "光景"

5.2.1.1 研究对象和思路

（一）研究对象

在汉语中，视觉动词"看"既可以表示人们用眼睛来感知外部世界的行为（见句7），也可以表示人们的主观认识和看法（见句8）：

（7）你<u>看</u>，天上有飞机。(自拟例句)

（8）我<u>看</u>他今天是不会来了。(自拟例句)

这种现象并非汉语独有，语言类型学研究显示，从视觉动词发展出认识情态用法是一种常见的语义演变路径。Heine etc.（1991）发现 Ewe 语中视觉动词"kp"向反预期标记用法发展时需经过认识用法过渡，Papuan 语里的视觉动词"gab"发展出连词用法，也经历了类似的过程。英语里最常见的视觉动词"look"和"see"都可以表示说话人的看法和认识，例如：

（9）I see what you mean.（我知道你的意思。）

Lakoff & Johnson（1980）用隐喻来解释这种语义演变现象，他们把人的视野视作一个容器，外物进入视野和主体的视线接触就会被感知，因此视觉动词的概念结构就是"seeing is touching"。同时由于人们主要依靠视觉来获得知识，因此，概念结构就可以进一步投射为"seeing is understanding"。Sweetser（1990）也用身心隐喻（mind-as-body metaphor）来解释视觉动词的多义现象。她认为视觉是人类获取信息的最主要来源，视觉域和知域存在平行性可能跟视觉行为的可控性有关。Sweetser的观点给我们很大启发，本节将结合汉语实际，从视觉动词的传信功能切入，希望能对上述现象加以解释。

汉语界对这类现象已有较深入的研究。曾立英（2005）认为汉语的视觉动词"看"只有跟人称代词"我"和"你"结合才能发展出"认为"义（见句8），新用法在否定、时体和重叠等句法表现上明显不同于视觉动词用法，语义上属于认识情态范畴，"是以主观性为特征的，关系到'对命题的信仰、知识、真实性'等问题以及'说话的人对其所说的话的坚信程度'"。

综上所述，汉语的"看"跟英语的"see"很类似，均不能摆脱人称代词独立使用，仍然具备动词的部分特征，语法化程度不高，而本节所要研究的是两种语法化程度较高的认识情态标记："光景"和"不见得"，请看：

（10）你不是看朋友去了吗？谁知道你这么快就回来。我要明明白白的告诉你，你光景是不会相信么；奥男人们，脏心眼多着呢！（《爱的小鬼》）

（11）脑袋大不见得脑容量大，医生说这是缺钙造成的方颅症。（《看上去很美》）

两者都是从视觉传信范畴发展为认识情态标记，这是共性之处，同时它们在语义以及语法化的路径、动因和机制上又具有各自鲜明的特点。

句(10)中的"光景"表示"八成"之类的盖然义,确信度高,它是经短语"看光景"省略而成。句(11)中的"不见得"表示"未必""不一定",确信度低,是短语词汇化的产物。我们认为这两个用法的语法化可以用"眼见为实"和"言有易,言无难"这两条生活常理来解释,生活常理的背后体现的则是传信范畴和认识情态的内在联系。

(二)传信范畴和认识情态范畴

传信范畴和认识情态范畴是情态研究和类型学研究的热点问题,下面先简单介绍一下相关概念以及研究现状。

传信范畴分广义和狭义两种。广义传信范畴由Chafe(1986)提出,包括:1)知识;2)知识来源;3)知识的获得方式;4)知识的可靠度;5)知识是否偏离预期这五个要素。这样一来,甚至连认识范畴也要被划归传信,但在世界语言中,认识情态的存在比传信范畴更具普遍性,因此多数学者并不认同这一定义,而是只以信息来源作为判断传信范畴的标准。Aikhenvald & Dixon(2003)将传信范畴定义为"信息来源的语法表现"(grammatical reference to information source),分为"目击型"(eyewitness)和"非目击型"(non-eyewitness)两种。Palmer(2001)的传信系统包括报导和感知两种,后者又细化为视觉、非视觉和听觉三种。Nyuts(2005)认为有三种来源:1)听说或报道,如"I hear he's won the class competition this year"中的"I hear";2)体验式,即通过感知器官直接感知,如"I've noticed that he's quiet down lately"中的"notice";3)以其他直接感知的信息为基础间接推导而来,例如"Apparently he's in his office—at least, his coat is hanging here and I hear voices inside"中的副词"apparently"。这几种分类都承认报道和感知的传信地位,只是对推理的地位有不同意见。

有些语言传信范畴的语法化程度高,可以用动词后缀的曲折变化说明信息来源。Aikhenvald & Dixon(2003)关注的主要是这类现象,汉语缺乏曲折变化,传信范畴常表现为"看起来""听上去"之类的实词形式,语法化程度较低。

认识情态与传信范畴的关系非常复杂，有些学者认为传信从属于认识情态（参看 Palmer，1986），有些学者干脆把传信排除出情态范畴（参看 Bybee etc.，1994），多数研究者认为两者是具有内在联系的独立范畴，可能存在交集，但学者们在交集的归属上意见很不统一。Palmer（2001）认为认识情态有三种：

1）推测 speculative John may be in his office. 表达不确定性

2）推论 deductive John must be in his office. 在所获证据基础上进行的推论

3）假设 assumptive John will be in his office. 基于常识的推论

后两者用法在 Jan Nyuts 的体系中被划归到传信范畴中。

Nyuts（2005）认为传信和认识范畴间具有内在逻辑联系："认识判断在概念上以证据为基础，而传信范畴正和后者有关。与之一致的是：传信范畴经常提示或暗示事件状态可能性（或然性）的程度。"Plungian（2001）也发现一些语言中信息来源的可靠度跟说话人对命题的确信度之间确实存在关联。这就不难理解为什么 Palmer（2001）会将认识情态和传信范畴同时归入命题情态（prepositional modality）。推理兼具认识情态和传信的某些特点，因此其归属存有很大争议，但可以肯定的是它要比报道和感觉更接近认识情态。

我们发现汉语中有些传信标记已经语法化为认识情态标记，这充分说明了两种范畴之间的内在联系，本节希望通过对这种语法化过程的构拟来深化对两种范畴的认识。

5.2.1.2 "光景"的语法化

（一）"光景"的常见义项

"光景"在历史上主要有下面几种用法：

1. 阳光。

（12）惭光景之诚信兮，身幽隐而备之。（《楚辞·九章·惜往日》）

由"阳光"引申出"光亮"以及"恩泽"的用法。例如：

（13）剑在室中，光景犹照于外。(《西京杂记》卷一）

（14）孔子贤乎英杰而圣德备，弟子被光景而德彰。(《韩诗外传》卷三）

2. 光阴；时光；日子。

（15）光景不待人，须臾发成丝。(《相逢行》)

（16）我年已衰迈，岂还有取乐好色之意？但老而无子，后边光景难堪。(《二刻拍案惊奇》卷一〇）

3. 风光；景象。

（17）是时山水秋，光景何鲜新。(《酬裴十六功曹巡府西驿途中见寄》)

4. 情况；景况。

（18）女子心下着忙，叫老妈打听家里母亲光景。(《初刻拍案惊奇》卷一二）

（19）我从前挨着，只望病好，而今看这光景，病是不得好了。(《儒林外史》第三十二回）

5. 模样。

（20）莫妈也见双荷年长，光景妖娆，也有些不要他在身边了。(《二刻拍案惊奇》卷一〇）

（21）他在腰里掏出两个京钱来，买了一个烧饼，在那里撕着吃，细细咀嚼，象很有味的光景。(《二十年目睹之怪现状》第六回）

6. 希望；苗头。

（22）大卿见说请到里面吃茶，料有几分光景，好不欢喜。(《醒世恒言》卷一五）

7. 上下，左右。

（23）这人姓华名忠，年纪五十岁光景。(《儿女英雄传》第一回)

8. 大概，很可能。

（24）坊官听到此处，又是一个枝节，回首告诉书记详细记录，又问王四道："孙少爷这些钱，向在什么地方放着？"王四道："光景是箱子里。"(《井里尸》)

  第八种用法即为本节的研究对象（下文记作"光景$_3$"），以句（24）中的"光景$_3$"为例，它可以替换成"大概"或"八成"，已经是一个成熟的认识情态副词，我们认为它是从表"情况""景况"义的第四种用法（记作"光景$_1$"）发展而来的。
  （二）"光景"的语法化路径
  "光景$_3$"的形成一共经历了三个阶段：
  第一阶段：名词用法"光景$_1$"在明代已经大量出现，清代有大量用例，请看：

（25）贾秀才走到后窗缝里一张，见对楼一个年少妇人坐着做针指，看光景是一个大户人家。(《初刻拍案惊奇》卷一五)

（26）那个跑堂儿的见这光景是个官派，便不敢进屋子，只提了壶开水在门外候着。(《儿女英雄传》第三十八回)

（27）一语未了，只见袭人进来，看见这般光景，知是梳洗过了，只得回来自己梳洗。(庚辰本《脂砚斋重评石头记》第二十一回)

（28）走到也是园滨文述农门首，抬头一看，只见断壁颓垣，荒凉满目，看那光景是被火烧的。(《二十年目睹之怪现状》第一百零八回)

  如例句所示，"光景$_1$"可以充当视觉动词"看""见"的宾语，能受定语"这（个）"和"那（个）"修饰，可以替换成"情形""样子"，必是名词无疑。在语义上，它和视觉动词构成短语，表达视觉传信功能，即说明后续内容是在视觉观察所得证据的基础上推断出来的，跟"看样子"和"看情况"的功能比较接近。

以句（28）为例，"断壁颓垣，荒凉满目"是"光景"指称的内容，主语根据自己亲眼所见的第一手视觉证据，做出房子"被火烧"过的推理。得到的证据越是可靠，得出的结论也就会更自信。一些语言中信息来源的可靠度跟说话人对命题的确信度之间存在关联（参看 Plungian，2001）。我们可以在"证据可靠度"和"对命题的确信度"这两对参数建立一个标记模型（参看沈家煊，1999b）：

	确信度高	确信度低
可靠度高	无标记配对$_1$	有标记配对
可靠度低	有标记配对	无标记配对$_2$

"光景$_3$"的产生是"无标记配对$_1$"进一步语法化的产物，该模型也可以解释为什么"听觉类"等其他传信手段没能发展出高确信度用法。

第二阶段："光景$_2$"用例在清后期开始出现。

（29）这光景是有了贼了，你们只把他惊走了也罢，何必定要拿住他。（《儿女英雄传》第三十一回）

（30）于是素兰即同子玉走出门来，不多几步，即到了秋水堂门口，见有五六辆车歇着。素兰道："这光景是里头有客，只怕不便进去，不如回去，先着人进去看看何如？"（《品花宝鉴》）

上述用例最大的特点是视觉动词没有出现，这导致了语义和句法上的双重变化：

1. 在语义上，由于视觉动词才是传信功能的主要载体，它的缺失淡化了传信义，使认识情态义得以凸显。

2. 在句法上，此时"光景$_2$"在句法具备了重新分析为副词的可能。"重新分析发生在语言横组合层面,指的是表层相同的结构,其内部构造因语用或其他原因被重新误解和误用划分边界,从而从底层上改变了音位、词法、句法的结合方式。"(王寅、严辰松,2005)动词省略后,"光景"出现在主谓之间,具备了重新分析为副词的句法条件。

第三阶段:副词"光景₃"产生。

"光景₃"既不能补出动词"看",也不能受定语"这"和"那"的修饰,请看:

(31)两腮无肉是个雷公嘴,瞧长相,<u>光景</u>挺值个充发还算轻。(《刘公案》)

句中"瞧长相"已经承担了视觉传信的任务,因此"光景"就只能理解为副词用法,我们认为这时认识情态副词"光景₃"已经比较成熟了,这种用法在清末开始大量出现,在老舍和茅盾的作品中还偶有用例,现在已经退出使用,请看:

(32)他此来<u>光景</u>是约你一同前去到宁王驾前为官,可是这件事么?(《七剑十三侠》第一百七十五回)

(33)将军既如此说,<u>光景</u>是有要事。(《七剑十三侠》第一百三十六回)

(34)你不是看朋友去了吗?谁知道你这么快就回来。我要明明白白的告诉你,你<u>光景</u>是不会相信么;臭男人们,脏心眼多着呢!"(《爱的小鬼》)

5.2.1.3　小结

"光景₁"向"光景₃"的发展过程经历以下一些重要的变化:

1. 由实变虚,符合语法化的单向性原则。

语法化总是一个从实到虚,从虚到更虚的单向发展的过程,所谓"单向性"是"指语法化的演变以'词汇成分＞语法成分'或'较少语法化＞

较多语法化'这种特定方向进行"(吴福祥,2004)。Hopper & Traugott(1993)认为语法化常常伴随着词类范畴的降类特征(decategorization),顺序如下:主要范畴(名词、动词)>(形容词、副词)>次要范畴。"光景"从名词发展为副词,符合这一顺序要求。

2. 客观性逐渐减少,主观性逐渐增强。

"'主观性'(subjectivity)是指语言的这样一种特性,即在话语中多多少少总是含有说话人'自我'的表现成分。也就是说,说话人在说出一段话的同时表明自己对这段话的立场、态度和感情,从而在话语中留下自我的印记。"(沈家煊,2001)"如果这种主观性在语言中用明确的结构形式加以编码或者一个语言形式经过演变而获得主观性的表达功能,则谓之主观化(subjectivization)。"(吴福祥,2004) Traugott(1995)指出语法化中的主观化表现在下面几个方面:

a. 由命题功能变为言谈功能;由客观意义变为主观意义;

b. 由非认识情态变为认识情态;

c. 由非句子主语变为句子主语;

d. 由句子主语变为言者主语;

e. 由自由形式变为黏着形式。

"光景"的发展也是一个主观化的过程,表现在以下几个方面:

1. 句子主语变为言者主语。

"光景$_1$"受视觉动词的支配,"光景$_3$"则不然,它表达的是说话人的主观认识,主语是"言者主语"。

2. 辖域扩大至整个命题。

"认识情态表示说话者对命题的判断,这也等于说,是谓语命题外的成分。"(柯理思,2002)"光景$_1$"的所指是具体的,而"光景$_3$"所表达的内容则是抽象的、主观的,辖域扩大至整个命题。

综上所述,"光景$_3$"的发展符合语法化和主观化的普遍规律,充分体现了传信范畴和认识范畴的内在联系,俗话说"眼见为实",这是最好的概括。

5.2.2 "不/未见得"的语法化

5.2.2.1 研究对象和思路

在现代汉语中,"见"是使用频率仅次于"看"的视觉动词,从"见解""远见""见识"等词可以看出它跟认识情态也有一定联系。虽然"见"没有"我看……"这样的认识情态动词用法,但是却有语法化程度更高的形式"不见得"和"未见得",请看用例:

(35)说说,说说,我可<u>不见得</u>说改就改。(《我是你爸爸》)

(36)重申一遍,我不是流氓。一个人,就算他挺无聊,也<u>不见得</u>就非是个流氓。(《浮出海面》)

(37)尤其是你又知道什么是对,没叫她引入歧途,你替她着什么急?全班四十多个同学<u>未见得</u>都让她蒙在鼓里,惟独你跳了出来捅破了这层窗户纸。(《我是你爸爸》)

(38)不过呢,话又说回来,没准什么时候会用着小刘,窝囊废<u>未见得</u>肯长干下去。(《鼓书艺人》)

(39)那些姑娘看样子挺高兴,有的微笑,有的大笑,男人拿大把票子塞给她们。有些人就是这么个爱法,<u>未见得</u>没有意思。(《鼓书艺人》)

如上所示,"不见得"和"未见得"最常出现在主谓之间,偶尔也有充当谓语和独用的情况,请看:

(40)傅　老:那当然了,会都不开了,还演说什么呀?
　　　志　国:那也<u>不见得</u>,明天领导找我谈话,估计得让我表个态,我写了一篇稿子,先让你们听听。(《我爱我家》)

(41)和　平:哎哟,做梦都想去呐,这不恰巧中一七日游么,我随便一弄就中了……
　　　尤主编:这个证件都拿齐了么?

和　平：带齐了……
尤主编：<u>不见得</u>吧？（《我爱我家》）

以上例句中"不见得"都可以替换为"未必"和"不一定"，语气上都表示说话人认为命题内容"可能为假"。句（35）的意思是"我可能不会说改就改"，句（36）表示说话人倾向于认为"他可能不是流氓"。

但是"不/未见得"与"未必"在来源上有很大不同，我们认为前者是从短语"见得"的否定形式发展而来，发展至今，"见得"的肯定形式已经退出使用，只剩下否定形式和疑问形式，否定形式进一步语法化后，视觉传信义已经不那么明显，但是其疑问形式还是带有明显的传信色彩，请看：

（42）"我没见着你们主人，<u>怎见得</u>没希望？"王德一点不谦虚的说。（《老张的哲学》）

（43）即使出了毛病，也是我吃亏，把我的身分降低，与父母丈夫都无关。自然，我不甘心丢失了身分，但是事情还没作，<u>怎见得</u>结果必定是坏的呢？（《阳光》）

我们认为"不见得"的研究价值有以下几点：

1. 一方面它跟"看"和"see"都是从视觉范畴发展为认识情态范畴，这体现出语义演变的共性；另一方面它是由视觉动词的否定结构发展而来，这是否为汉语独有的现象？不管答案如何，都有着很重要的启示意义。

2. 作为可信度最高的传信类型，视觉动词的肯定式倾向于发展出高确信度用法，这可以用"眼见为实"来解释，然而"不见得"字面的意思是表示"没看见"即"没有证据"，这时按理来说应该发展出命题一定为假的用法，为何却发展出"可能为假"的意义？

为解决上述问题，我们对"见"的早期用法和"不见得"的语法化进行了考察，发现后者的背后是生活常理"言有易，言无难"在起作用，这就决定了这类现象不应是汉语独有,具有一定的类型学意义。

5.2.2.2 "见"的源义和早期认识情态用法

甲骨中就已经有"见"的字形,上为"目",下为"人"。在现代汉语中,"看"强调动作,"看见"强调动作结果,在早期,这种对立体现在"视"和"见"身上,《礼记·大学》中有"视而不见,听而不闻"的句子,这很好说明了"视"跟"见"的区别。

早期用例中,"见"的对象主要为人或物之类的实体,请看:

(44)未见君子。(《诗·周南·汝坟》)

(45)望瑶台之偃蹇兮,见有娀之佚女。(《楚辞·离骚》)

后来对象范围扩大,有实有虚,可以是"本性""时间""善恶"等:

(46)善知识,我于忍和尚处,一闻言下便开悟,顿见真如本性。是以将此教法流行,令学道者顿悟菩提,各自观心,自见本性。(《六祖坛经》)

(47)我正入定时,不见有有无之心。(《六祖坛经》)

(48)冥冥地狱苦,难见出头时。(《沉沦三恶道》)

(49)见善不肯为,见恶喜无睡。(《王二与世人》)

"见"还发展出主观认识用法,如:

(一)动词用法

(50)智术之士,必远见而明察,不明察不能烛私;能法之士,必强毅而劲直,不劲直不能矫奸。(《韩非子·孤愤》)

(51)"……故盾之不讨贼为弑君也,与止之不尝药为弑父无以异,盾不宜诛,以此参之。"问者曰:"夫谓之弑,而有不诛,其论难知,非蒙之所能见也。"(《春秋繁露》卷一)

(52)春秋危之,宋缪公是也;非其位不受之先君,而自即之,春秋危之,吴王僚是也;虽然,苟能行善得众,春秋弗危,卫侯晋以立

书葬是也；俱不宜立，而宋缪受之先君而危，卫宣弗受先君而不危，以此见得众心之为大安也。(《春秋繁露》卷三)

（53）天下智谋之士，所见略同耳。(《三国志·蜀书·庞统传裴注》)

（54）宣王亦闻晏妇有先见之言，心常嘉之；且为沛王故，特原不杀。(《三国志·魏书·何晏传裴注》)

（二）名词用法

表示"看法""认识"等，例如"愚见""浅见""管见"和"见解"等等，请看：

（55）浅见之家，偶知一事，便言已足，而不识真者，虽得善方，犹更求无已，以消工弃日，而所施用，意无一定，此皆两有所失者也。(《抱朴子》卷六)

（56）孤之精诚，足以达君；君之察孤，足以不疑。但恐傍人浅见，以蠡测海，为蛇画足，将言前后百选，辄不用之，而使此君沉滞冶官。(《三国志·魏书·王脩传裴注》)

（57）峻对曰："此皆先贤所疑，非臣寡见所能究论。"(《三国志·魏书·高贵乡公髦》)

（58）臣获奉天慈，躬聆吉语，辄陈浅见，千浼宸严，不任之至。(《全唐文》)

（59）然臣之区区窃有管见，犬马微志，不敢隐默。(《全唐文》)

（60）敢陈愚见。(《晋书·王浑传》)

（61）盖此公见解，只到此段地位，亦莫知其然而然耳。(《颜氏家训·治家》)

（62）我也深知你见解。(《变文新书》)

应该说，上述用例中的动词用法都不算典型，这种情况在宋代得到改观，文献中出现大量"见得"及其否定形式的用例，这为进一步发展创造了条件。

5.2.2.3 "不/未见得"的语法化过程

宋代文献中的"见不/未见得"根据所视对象类型可分为三种：

（一）见得/不见得 + 实体名词

（63）昨来郭药师守燕山要马，朝廷下川陕马司应副。试问药师，其马堪与不堪，与元抛数足不足，即<u>见得</u>城内有马不多。（《三朝北盟汇编》卷二九）

（64）又问："韩家在甚处，有多少军马？"绘等答："在扬州，来时却往镇江去，<u>不见得</u>有多少军马。"（《三朝北盟汇编》卷一六二）

句（63）中主语看到的是实体"马"，"见"表示视觉动作，属于行域范畴，起到典型的视觉传信功能。其特点是"所见即所得"，眼睛所感知的信号经过大脑自动处理匹配，为认知主体的判断行为提供证据。

（二）见得/不见得 + 抽象名词

《河南程氏遗书》和《朱子语类》中，"见"的对象多数是"思想"之类的抽象物，请看：

（65）某曰："敢道此千七百人无一人达者。果有一人<u>见得</u>圣人'朝闻道夕死可矣'与曾子易箦之理，临死须寻一尺布帛裹头而死，必不肯削发胡服而终。是诚无一人达者。"（《河南程氏遗书》卷一）

（66）又曰："荀与杨择焉而不精，语焉而不详。"若不是他<u>见得</u>，岂千余年后便能断得如此分明也？（《河南程氏遗书》卷一）

（67）先生曰："范景仁论性曰：'岂有生为此，死又却为彼'，尽似<u>见得</u>，后却云'自有鬼神'，又却迷也。"（《河南程氏遗书》卷一）

（68）此便是见得底意思，便是见得敬之气象功效怎地。若<u>不见得</u>，即黑淬淬地守一个敬，也不济事。（《朱子语类》卷四二）

这时"见"的语义就不再表示"视觉接触",而表示理解、明白、知道一类的认识义,属于知域范畴。这时的传信功能有所变化,首先视觉感知的对象是书本上圣贤的文字,在此基础上认知主体要调动背景知识经过能动的思考才能有所领悟。因此较之第一阶段,视觉传信功能不是那么具体,同时大大增加了大脑能动思考的内容,更像是视觉传信和认识推理混合的过程,表现出向纯认识情态发展的趋势。

(三)不/未见得+动词短语/小句

(69)问:"程子云是周公作。"曰:"也<u>未见得</u>是。"(《朱子语类》卷八〇)

(70)"上九则极阳不中,所以如此。"先生云:"也<u>未见得</u>是如此。大抵时运既当未济,虽有阳刚之才亦无所用。"(《朱子语类》卷七三)

(71)或问:"九夷,前辈或以箕子为证,谓朝鲜之类,是否?"曰:"此亦<u>未见得</u>。古者中国亦有夷、狄,如鲁有淮夷,周有伊雒之戎是也。"(《朱子语类》卷三六)

(72)或问:"乾卦是圣人之事,坤卦是学者之事,如何?"曰:"也<u>未见得</u>。初九、九二是圣人之德,至九三、九四又却说学者修业、进德事,如何都把做圣人之事得?"(《朱子语类》卷六八)

(73)蔡云:"恐是孔家子孙。"曰:"也<u>不见得</u>。"(《朱子语类》卷一二五)

上述用例中的"不/未见得"居于主谓之间,具备了重新分析为副词的句法环境,替换为"不一定"和"未必"也未尝不可,但是我们认为它们仍处在一个过渡性的两解阶段,也还可以表示"没看出来",是一种传信和认识混合用法。以句(74)为例,还是明显能看出是以书本上的字句图画为依据进行推理:

（74）安卿问："先天图有自然之象数,伏羲当初亦知其然否？"曰："也<u>不见得</u>如何。但圆图是有些子造作模样,如方图只是据见在底画。"（《朱子语类》卷六五）

在语言演变过程中,新老用法共存是一种正常现象,我们在明代用例中还能找到类似用例：

（75）买臣大笑,对其妻道："似此人<u>未见得</u>强似我朱买臣也。"其妻再三叩谢,自悔有眼无珠,愿降为婢妾,伏事终身。（《今古奇观》卷三二）

句（75）既可以理解为"没看出来比我强",也可以理解为"未必比我强",我们认为只有当"不见得"不再强调证据是视觉的,仅表示纯认识情态时,才能说彻底虚化成为一个认识情态副词,请看用例：

（76）"程子称其'深潜缜密',可见他资质好,又能涵养。某若只如吕年,亦<u>不见得</u>到此田地矣。'五福'说寿为先者,此也。"（《朱子语类》卷一〇一）

（77）若是说话的同年生,并肩长,拦腰抱住,把臂拖回,也<u>不见得</u>受这般灾晦,却教刘官人死得不如《五代史》李存孝,《汉书》中彭越。（《京本通俗小说·错斩崔宁》）

除了没有明显的视觉证据义外,这些用例还有两个特别之处：

1. 都处于假设的语境之中,跟认识情态范畴一样都属于非现实范畴。
2. 形式上,已经没有了对应的肯定形式。

这种用法在元明清文献中都不乏用例,一直沿用至今：

（78）"然若详细究问,必能得着内中真像。"秋水含笑道："<u>不见得</u>罢？"淡然亦急道："普二常在文家,焉能不知？"（《春阿氏》）

（79）他没经过考验哪，也就忆苦思甜吃过糠啊，民兵训练他扛过枪，文攻武卫他负过伤，游戏比赛——他渡过江啊，您能扛得住，他可<u>不见得</u>扛得住啊。(《我爱我家》)

5.2.2.4　认识情态标记"不／未见得"产生的句法语义条件
（一）句法条件

（80）"上九则极阳不中，所以如此。"曰："也<u>未见得</u>是如此。大抵时运既当未济，虽有阳刚之才亦无所用。"(《朱子语类》卷七三）

在宋代，由于可以接谓词性结构作宾语，"不见得"开始居于主语和谓词性成分之间，这时原来的主谓宾结构容易被重新分析为主状谓结构，这是副词"不／未见得"产生的句法环境，请看：

主语＋谓语动词（不／未见得）＋宾语（谓词短语）

重新分析后：主语＋状语副词（不／未见得）＋谓语（谓语短语）

（二）语义动因

视觉传信跟高确信度之间存在天然的联系，"我亲眼看见敌人"隐含着"肯定有敌人"的意思，照此思路"我没看见敌人"也应该推出"一定没有敌人"的意思。但是"不见得"语法化的事实证明"没看见"发展出的是"命题可能为假"的意义，这该如何解释呢？我们认为这充分显示了自然语言中的否定不同于逻辑上的否定，它常常会受到语用和认知因素的影响，上述问题就可以用"言有易，言无难"来解释。赵元任先生的这句名言，已经被很多研究者奉为圭臬，对本问题也有着很强的解释力。

"眼见为实"确实不假，但是"眼不见"则未必一定为假。

（81）<u>见</u>龙在田。(《易·乾》)

（82）黄帝即位，施惠承天。一道修德，惟仁是行。宇内和平，未<u>见</u>凤凰。惟思其象。凤瘵晨兴，乃召天老而问之，曰："凤象何如？"天

老对曰："夫凤象，鸿前麟后，蛇颈而鱼尾，龙文而龟身，燕颔而鸡喙。"(《韩诗外传》卷八）

句（81）中的龙出现后如被某人看到，他就可以断言世间一定有龙的存在，而在句（82）中，黄帝虽然没见到凤凰，但是却不敢说凤凰一定不存在，也许某一天在某个地方就发现了。

上述用例说明：肯定事物存在与否，所需的证据是极不相称的，肯定事物或命题存在所需的信息量要远远小于否定所需的信息量，前者是一个存在命题，后者是一个全称性的解读。人们只要花费些许的精力就能证明事物存在，但是要否定事物的存在所花费的精力往往常人不能负担，这时候人们会进行相应的调整：一方面只在自己能力范围之内进行观察，另一方面会适当降低否定断言的确信度，在没观察到足够证据的情况下，不说"一定没有"，而是说"可能没有"，这样就解释了"不见得"为什么会发展出"可能不"用法。

我们相信"言有易，言无难"这样的生活常理是人类所共同遵循的，韩国语的视觉动词受否定词修饰时整体意义也是表示"命题可能为假"，可见这类现象应具有类型学意义。

5.2.3 小结

一些纷繁复杂的语义演变背后往往是人类普遍认知原则和生活常识在起作用。本节尝试着用"眼见为实"和"言有易，言无难"这两个生活常理对认识情态副词"光景"和"不见得"的发展进行解释，在生活常理的背后隐藏的是传信范畴和认识情态的一些内在联系：

1. 证据越可靠，确信度越高。
2. 否定事物存在所需的信息量要远远大于肯定所需的信息量，在没有足够证据的情况下，降低确信度不失为一种选择。

5.3 "准"和"大概"

5.3.1 研究对象

（83）这位少爷不到四十岁<u>准</u>得府道，不到五十岁<u>准</u>得两司，不到六十岁<u>准</u>得督抚，不到七十岁准得大拜。(《忠孝全》)

（84）就拿这口棺材说吧，搁在别处<u>准</u>值一百银子。(《忠孝全》)

（85）<u>大概</u>他们觉得有些冷清，就端着酒杯挤进厨房。(《浮出海面》)

（86）杜梅挽着我在农贸市场从头逛到尾，我看着阳光下熙攘的人群想：这<u>大概</u>就是幸福吧。(《过把瘾就死》)

（87）这个娘们儿<u>大概</u>一辈子没吃过亏。(《动物凶猛》)

以上例句包含了本节所要考察的认识情态副词"准"和"大概"。"准"的本义是"水平的标准"，"概"的本义是量米粟时刮平斗斛用的木板，古人使用这一工具来保证斗斛里的米符合标准，不会过满。这两个词的源义都与标准和比较行为有关。在河南豫东方言中，"标准"甚至直接发展出认识情态用法：①

（88）你总有个<u>标准</u>吧。

（89）他<u>标准</u>没来过。

（90）他家的媳妇<u>标准</u>是跟人跑了。

（91）他家的牛<u>标准标</u>是丢了。

句（88）是名词用法，句（89）（90）是认识情态副词用法，句（91）中用"标准"+"标"的形式表示特别肯定。

为什么和"标准"有关的词汇经常发展出认识情态用法？这是因为认识性行为实际上就是一个拿主观推断与客观标准相比照的过程。客观

---

① 例句由学友李计伟和姚晓东提供。

世界中的真实情况是检验主观认识是否正确的唯一标准,当说话人认为自己的认识与客观标准较一致时,会使用"准""一定"等认识情态副词以表明确信度。我们认为认识情态范畴在认知层面上有一个"标准参照"图式,其结构如下:

结构成分:标准　被比较物

基本逻辑:将两部分进行比较,看一致程度

隐喻举例:射靶

本节将通过考察"准"和"大概"的语法化来进一步探明"标准图式"与认识情态的内在联系。

5.3.2　"准"类认识情态副词的语法化

5.3.2.1　从"准"的本义看其背后的意象图式

"准"原来写作"準",从水,隼(sǔn)声。"準,平也。"(《说文解字》)段注曰:"谓水之平也。天下莫平于水,水平谓之准。"古人认为天底下最平的就是水,因此水平面可以作为平的标准。"水,准也,准平物也。"(《释名》)可见"准"强调的不光是"平"这一状态,更重要的是提供了一种"平"的标准。请看:

(92)推而放诸东海而<u>准</u>,推而放诸西海而<u>准</u>,推而放诸南海而<u>准</u>,推而放诸北海而<u>准</u>。(《礼记·祭义》)

根据认知语言学的恒定性假说(the Invariance Hypothesis),在从来源域向目标域的隐喻映射过程中,意象图式的基本结构是不发生改变的。(参看张敏,1998)如果把上述图式作为一个常量的话,那么标准的具体类型就是变量,"水平""道德""具体或抽象的目标"都可以作为标准,这是"准"的义项逐渐丰富的原因之一;另一方面,图式自身虽然不变,但是说话人可选择不同的取景(windowing)角度。"取景实际上是事件语义学中对语言编码过程的一种重构,它是描写事件观察者与事件之间关系的一种视角。事件观察者（也就是事件报告者）在报告事件的时候可以突出一些事件的细节，也可以省略一些事件的细节，突出的部分就是在报告者注意力分布中占据重要地位的部分，省略的部分即是在事件报告者的注意力分布中比较淡化的部分"（崔希亮，2004）。简单说来，面对同样的标准图式，不同人会有不同的侧重点，有人关注比较的标准，有人关注被比较物和标准的相互关系，有人关注比较的行为，因此"准"发展出名词、形容词、动词等不同用法。

下面，我们把图式作为一个常量，把具体标准和关注重点当作变量，来观察"准"各义项的发展脉络。

5.3.2.2 "准"的用法发展

根据凸显成分的不同，"准"先后发展出名词、动词、形容词和副词等不同的用法。

（一）名词用法

这类词凸显的是意象图式中的标准部分。根据标准的不同，可以分为以下几种：

1. 测量水平的工具

以前是以"水"作为标准，后来发展出专门测量水平的工具后，就用"准"来命名。

（93）<u>准</u>者，所以揆平取正也。（《汉书·律历志》）

（94）故曰中欲不出谓之扃，外欲不入谓之闭。既扃而又闭，天之用密。有<u>准</u>不以平，有绳不以正，天之大静。（《吕氏春秋·审分览》）

（95）三曰：欲知平直，则必<u>准</u>绳；欲知方圆，则必规矩；人主欲自知，则必直士。（《吕氏春秋·不苟论》）

句（94）中的"绳"是分别曲直的工具，规和矩是测量方圆的工具，与之对举的"准"是测量水平与否的工具，类似的工具还有"准平"和"准钩"：

（96）将一曲而欲道九折，守一隅而欲知万方，犹无准平而欲知高下，无规矩而欲知方圆也。(《盐铁论·论邹》)

（97）怀绳与准钩，多备规轴，减溜大成，是唯时德之节。(《管子·宙合》)

2. 箭靶

射箭是最能体现"标准参照"图式的活动，箭靶是标准，射出的箭为被比较对象，常见的用法有"准的"和"准执"。

（98）别有博射，弱弓长箭，施于准的，揖让升降，以行礼焉。(《颜氏家训·杂艺》)

（99）准的陈，则流镝赴焉。(《抱朴子·广譬》)

（100）孔子是望得那准的正了，又发得正，又射得到，故能中、能至。(《朱子语类》卷五八)

3. 标准

（101）礼者，节之准也。(《荀子·致士》)

表示箭靶的"准"类词很多也进一步泛化为这种义项，例如：

（102）遽自尊立，为天下准的，使后人得承吾敝，非计之善者也。(《后汉书·宗室四王三侯列传》)

（103）学富文史，言成准的。(《李舍人山亭诗序清心甫自叙年谱前》)

（104）当世所遴选文字，同人奉为准的。(《跛黄》)

类似的"准"类词还有"准式""准格""准限""标准"和"准则"。

（105）比方伦匹，未必当允，而褒贬与夺，或失准格。(《抱朴子·自叙》)

（106）知所以处心持己之道，则所以接人待物，自有准则。(《朱子语类》卷一三)

（二）动词用法

该用法凸显的是图式中的比较行为。根据标准物和被比较物的特点，可分为以下几种：

1. 测量，度量

（107）轼始至颍，遣吏以水平<u>准</u>之，淮之涨水高于新沟几一丈。(《宋史·苏轼传》)

（108）改煎金锡则不耗，不耗然后权之，权之然后<u>准</u>之，准之然后量之。(《周礼·冬官考工记》)

（109）可案图书，观地形，令水工<u>准</u>高下，开大河上领，出之胡中，东注之海。(《全汉文》卷二八)

2. 瞄准

（110）修胫者使之跖钁，强脊者使之负土，眇者使之<u>准</u>，伛者使之涂，各有所宜。(《淮南子·齐俗训》)

3. 揣测，揣度

（111）仁君处位而不安，大夫隐道而不言，群臣<u>准</u>上意而怀当。(《淮南子·览冥训》)

在句（111）中，帝王的想法成为标准，大臣希望自己的意见能与君王的意见一致，因此这里"准"就有了推测的意思。

（三）形容词和副词用法

当凸显的是被比较物与标准的关系（即是否一致，一致程度如何）时，则发展出表"准确"义的形容词用法和副词用法。形容词用法南宋时期已经有一些用例：

（112）我家鸡儿叫得<u>准</u>。(《京本通俗小说·快嘴李翠莲记》)

（113）可耐姑娘没道理，说的话儿全不准。(《京本通俗小说·快嘴李翠莲记》)

句（112）是以早晨时间为标准，强调鸡叫的时间符合时间标准，句（113）以客观实际为标准，姑娘的话跟客观实际不相符，是谓"不准"。

副词用法出现得略晚：

（114）那家日子定在二十四日行礼，出月初二日准娶。(《金瓶梅》第七回)

（115）那婆子千恩万谢下楼去了，当晚回覆了西门庆话，约定后日准来。(《金瓶梅》第三回)

（116）又私自寄一封家书与他哥哥武大，说他只在八月内准还。(《金瓶梅》第八回)

（117）单等二十四日行礼，出月初四日准娶。(《金瓶梅》第十七回)

（118）此一事准是石秀做出来的,我前日一时间错怪了他。(《水浒传》第四十五回)

句（114）（115）中的"准"表示准时，即时间与约定时间相符。句（118）中的"准"是本节关注的认识情态副词用法，表示说话人认为自己的看法跟客观实际较一致。这种用法属于认识域，出现得最晚，下节我们将重点探讨其产生过程。

5.3.2.3 认识情态副词"准"的产生

（一）发展路径："准时" > "盖然"

我们认为认识情态副词用法是从表"准时"的副词用法发展而来的，情态用法出现前，"准时"用法已经大量出现，请看：

（119）"今清明节近，追修祖宗，望小乙官到寺烧香，勿误！"许宣道："小子准来。"(《警世通言》卷二八)

（120）相会之期，准在来春。珍重，珍重。(《喻世明言》卷一)

（121）我已替二公说了，<u>准</u>在明日还找五百两银子。(《金瓶梅》第四十二回）

（122）明日<u>准</u>来相陪就是。(《二刻拍案惊奇》卷八）

（123）既蒙娘子见允，今月二十四日，有些微礼过门来，六月初二<u>准</u>娶。(《金瓶梅》第七回）

（124）明日<u>准</u>来上刹讨素面。(《水浒传》第四十五回）

由于"准时"用法已经是副词，我们只需解释这种发展的语义动因是什么。

（二）语义动因：从保证、承诺的施为用法发展出盖然用法

句（119）—（124）有两个共同的特点：

1. 句中都有一个明确的时间作为标准。

2. 都是说话人"以言行事"，向听话人做出了如期实施某行为的承诺，是一种"施为"用法。在日常生活中，通常只在对某事有把握时，我们才会向别人做出承诺，根据这一常理，如果说话人做出了某种保证，就能够利用溯因推理推导出说话人对某事的发生有较大把握，这就是"盖然"义的来源。整个推理过程如下：

溯因推理：

常理：如果 p，那么 q　　说话人对某事有把握，所以才承诺

事实：q　　　　　　　　说话人承诺了某事

推论：可能 p　　　　　　说话人对某事有把握

状语位置上表"准时"义的"准"吸收了这种"盖然"义后，最终发展成为认识情态副词。

Sweetser（1990）提出人类的概念系统由现实世界域（客观世界中的实体和时间）、言语行为域（说话人以言行事）和认识域（说话人的主观认识）构成，其中现实世界域是基础，可以通过隐喻投射到言语行为域和认识域。"准"的三种用法恰好分别属于这三个域：

（112）我家鸡儿叫得准。(《快嘴李翠莲记》)（现实世界域）

（125）端的忙些个,明日准来。(《水浒传》第二十一回)（言语世界域）

（126）不好,他准是笑我呢。(《儿女英雄传》第四回)（认识世界域）

句（112）是对客观世界中一个事件的描述,句（125）中说话人施行的是一个承诺性的言语行为,这种用法是"标准参照"图式从现实世界域向言语世界域投射的结果,而句（126）中认识用法的产生不能机械地认为是"标准图式"投射到认识域的结果,虽然共同的意象图式为这种语义变化提供了语义基础,但是起到关键作用的是溯因推理。

Bybee etc.（1994）认为隐喻只在一些简单的、词汇性的语义演变中起作用,如果单看起点和终点,某些语义演变很像是隐喻投射的结果,但是实际上多数都是推理在起作用。"准"的发展支持上述观点,但是我们认为隐喻和推理并非水火不容,很多时候是两种机制在共同起作用。在"准"各用法的发展过程中,能明显看出"标准参照"图式所起的作用,它提供了语言演变所需的语义基础,而语用推理则起到了催化剂的作用。

下面是认识情态副词"准"的一些成熟用例：

（127）这准是使猛了劲,岔了气了。(《儿女英雄传》第六回)

（128）这准是三儿干的,咱们给他带到厨房里去。(《儿女英雄传》第六回)

（129）老弟,你好造化,看这样子,将来准是个八抬八座罢咧！(《儿女英雄传》第十五回)

（130）巧姐道："准是小东篱那边。"(《红楼梦影》)

（131）像这个你就不用往下问啦,他还要问,倒底是姑娘是小子,人家只好说,是小子他姐姐,下胎儿准是小子啦,大爷一听直了眼睛啦。(《铁王三》)

（132）我要表示不信,又为了壮胆,就胡乱解释说："个别胆大的女生也是有的,她准是翻墙进来的。"(《如意》)

此后,"一准""准定"和"铁准"等双音节形式也开始出现:

（133）明儿<u>一准</u>给您送来。(《燕京妇语》)

（134）他闹不明白,<u>一准</u>不是什么好词。(《四世同堂》)

（135）明日<u>准定</u>和那贼人来,你休要误了。(《水浒传》第四十五回)

（136）定了案,<u>铁准</u>是永远监禁,不用打算出来啦。(《小额》)

5.3.3 "大概"的发展

5.3.3.1 从"概"的本义看其意象图式

"概"的本义是量米粟时刮平斗斛用的木板,古人用这一工具来保证斗斛里的米符合度量标准,例如:

（137）孔子曰:"善为吏者树德,不能为吏者树怨。<u>概</u>者,平量者也;吏者,平法者也。治国者,不可失平也。"(《韩非子·外储说左下》)

（138）生子不备,必有凶灾。日夜分,则同度量,钧衡石,角斗甬,正权<u>概</u>。(《礼记·月令》)

5.3.3.2 "概"的用法发展

与"准"类似,根据图式中凸显成分的不同,"概"先后发展出名词、动词和副词等不同的用法,列举如下:

(一)名词用法

1. 工具

（139）<u>概</u>者,平量者也;吏者,平法者也。(《韩非子·外储说左下》)

（140）日夜分,则同度量,钧衡石,角斗甬,正权<u>概</u>。(《吕氏春秋·月令》)

2. 标准

（141）同糅玉石兮，一<u>概</u>而相量。(《楚辞·九章》)

3. 大体的情况

（142）那僧道："历来几个风流人物，不过传其<u>大概</u>以及诗词篇章而已，至家庭闺阁中一饮一食，总未述记。"(庚辰本《脂砚斋重评石头记》第一回)

（二）动词用法：刮平，不使过量

（143）夫水，遍与诸生而无为也，似德。……盈不求<u>概</u>，似正。(《荀子·宥坐》)

（144）釜鼓满、则人<u>概</u>之；人满，则天<u>概</u>之，故先王不满也。(《管子·枢言》)

（三）副词用法

1. 全部

（145）谁知他<u>一概</u>不取，伸手只把些脂粉钗环抓来。(庚辰本《脂砚斋重评石头记》第二回)

（146）小的们只在临敬门外伺候，里头的信息<u>一概</u>不能得知。(庚辰本《脂砚斋重评石头记》第十六回)

2. 大体上

（147）即时传来升媳妇，兼要家口花名册来查看，又限于明日一早传齐家人媳妇进来听差等语。<u>大概</u>点了一点数目单册，问了来升媳妇几句话，便坐车回家。(庚辰本《脂砚斋重评石头记》第十四回)

（148）贾母道："这一个名字倒好，不知因什么起的，先大概说说原故，若好再说。"（庚辰本《脂砚斋重评石头记》第五十四回）

3. 可能

（149）大概院内有强盗。（《刘公案》）

（150）看众人一口同音的议论，大概有模吧。（《庸言知旨》）

（151）大概批评得很厉害，我开完饭回来看见阿眉哭了，哭得很伤心。（《空中小姐》）

（152）他们那么说也没什么恶意，大概是喜欢你。（《一半是火焰，一半是海水》）

上述用法的产生都跟"标准图式"有关，认识情态副词"大概"也不例外，下面我们将在杨荣祥（2005）的基础上，进一步讨论"大概"的语法化过程。

5.3.3.3 认识情态副词"大概"的语法化

（一）相关研究

杨荣祥（2005）在《朱子语类》中找到了"大概"的三种用法，转引如下：

1. 名词性成分，表示"大致梗概、大致的内容或情况"。

（153）《通鉴》历代具备，看得大概，且未免求速耳。（《朱子语类》卷一一，196）

（154）教小儿，只说个义理大概，只眼前事。（《朱子语类》卷七，126）

2. 形容词性成分，表示"不十分精确或不十分详尽"。

（155）此一节只是说大概效验如此。（《朱子语类》卷一四，272）

（156）其余文字，且大概讽诵涵咏，未须大段着力考索也。（《朱子语类》卷一〇四，2618）

3. 副词性成分,表示"有很大的可能性"。

(157)心,<u>大概</u>似个官人;天命,便是君之命。(《朱子语类》卷五,88)

(158)道训路,<u>大概</u>说人所共由之路。(《朱子语类》卷六,99)

"'大概',作为名词性词组,是'大致梗概'的意思,凝固为形容词后,是'不十分精确或不十分详尽'的意思,形容词'大概'所表示的意义就具有了虚化为表不定语气的副词的语义基础。"(杨荣祥,2005)

除了名词用法(下文统称为"大概₁")和认识情态副词用法(下文统称为"大概₃"),《朱子语类》中还有一类副词用法(下文统称为"大概₂"),请看:

(159)先生以为,此亦因旧说,而以字义音训推之,恐或然尔。此类只合<u>大概</u>看,不须苦推究也。(《朱子语类》卷三五)

(160)惟是举其善者,而教其不能者,所以皆劝。便是文字难看,如这样处,当初只是<u>大概</u>看了便休,而今思之,方知集注说得未尽。(《朱子语类》卷二四)

"大概₂"表示"大体上",这种用法在庚辰本《脂砚斋重评石头记》和《儿女英雄传》中还有用例,例如:

(161)先请了安,<u>大概</u>说了两句话,便走到鸳鸯房中和鸳鸯商议,只听鸳鸯的主意行事,何以讨贾母的喜欢。(庚辰本《脂砚斋重评石头记》第四十三回)

(162)因<u>大概</u>问了问何人跟随,一路行色光景,随即问道:"你难道没下场吗?"(《儿女英雄传》第十二回)

我们认为"大概₂"非常关键,它由"大概₁"发展而来,又进一步发展出"大概₃"。

(二)"大概₃"语法化的路径、动因和机制

认识情态副词"大概₃"的产生经过了两个阶段：

1. 第一阶段：名词性成分"大概₁" > 副词"大概₂"

(163) 人主之地，南面为尊。方俗殊风，斯其<u>大概</u>。(《大唐西域记》)

(164) 东则川野沃润，畴陇膏腴；南方草木荣茂；西方土地硗确。斯<u>大概</u>也，可略言焉。(《大唐西域记》)

(165) 先儒言："口鼻之嘘吸为魂，耳目之聪明为魄。"也只说得<u>大概</u>。(《朱子语类》卷二)

(166) 汤、散、丸，各有所宜。古方用汤最多，用丸、散者殊少。煮散古方无用者，唯近世人为之。本体欲达五脏四肢得莫如汤，欲留膈胃中者莫如散，久而后散者莫如丸。又无毒者宜汤，小毒者宜散，大毒者须用丸。又欲速者用汤，稍缓者用散，甚缓者用丸。此其<u>大概</u>也。(《梦溪笔谈》)

(167) 其他古器，率有曲意，而形制文画，<u>大概</u>多同。盖有所传授，各守师法，后人莫敢辄改。今之众学，人人皆出己意，奇邪浅陋，弃古自用，不止器械而已。(《梦溪笔谈》)

(168) 或述《孟子集注》意义以问。曰："<u>大概</u>如此，只是要熟，须是日日认过。"(《朱子语类》卷一九)

(169) 问："'三年无改于父之道'，只就孝子心上看。孝子之心，三年之间只思念其父，有不忍改之心。"曰："<u>大概</u>是如此。但其父若有圣贤之道，虽百世不可改。此又就事上看。"直卿云："游氏所谓'在所当改而可以未改处'，亦好看。"(《朱子语类》卷二二)

句(163)—(166)中的"大概₁"是个名词性成分，表示"大致的情况"，当其出现在主语位置上时，有可能被重新分析为副词"大概₂"，以句(167)中的"大概多同"为例，既可以理解为主谓结构，表示"大体的情况都差

不多",也可以理解为状中结构,表示"大体上都差不多"。句(168)(169)中的"大概(是)如此"也可以两解。跟副词"其实"一样,名词性成分"大概$_1$"也是在主语位置上被重新分析为副词。

在《朱子语类》中,"大概$_2$"的使用频率非常高,这也为其发展出"大概$_3$"用法创造了条件,请看用例:

(170)圣人说这三句,也且<u>大概</u>恁地说,到下面方说平天下至格物八者,便是明德新民底工夫。(《朱子语类》卷一四)

(171)问:"'是可忍也',范氏谓季氏'罪不容诛',莫是有不容忍之意否?"曰:"只<u>大概</u>如此说,不是有此意。"(《朱子语类》卷二五)

(172)问:"孔子言性与天道,不可得而闻,而孟子教人乃开口便说性善,是如何?"曰:"孟子亦只是<u>大概</u>说性善。至于性之所以善处,也少得说。须是如说'一阴一阳之谓道,继之者善也,成之者性也'处,方是说性与天道尔。"(《朱子语类》卷二八)

2. 第二阶段:副词"大概$_2$">副词"大概$_3$"

(173)天地山川之属,分明是一气流通,而兼以理言之。人之先祖,则<u>大概</u>以理为主,而亦兼以气魄言之。若上古圣贤,则只是专以理言之否?(《朱子语类》卷一)

(174)圣人教人,<u>大概</u>只是说孝弟忠信日用常行底话。(《朱子语类》卷八)

(175)盖孔子<u>大概</u>使人优游餍饫,涵泳讽味;孟子大概是要人探索力讨,反己自求。(《朱子语类》卷一九)

以上三句有两个共同特点:
其一,都是说话人在表达自己的观点和认识。

其二，说话人认为这些观点"大体上"符合客观实际。生活中有这样一种常理：证据越丰富越精确，做出正确判断的可能性越高。既然"大概$_2$"表明说话人掌握的信息基本属实，只是"不十分精确或不十分详尽"（杨荣祥，2005），就有可能诱导听话人产生这样的推理：说话人做出正确判断的可能性较大。可见"大概"和"准"的认识义都是语用推理的结果，只是在推理类型上有所区别，前者依靠的是常理推理，后者仰仗的是溯因推理。

在《朱子语类》中已有不少"大概$_3$"用例：

（176）"聪明睿知，足有临也"，某初晓那"临"字不得。后思之，<u>大概</u>是有过人处，方服得人。且如临十人，须是强得那十人方得；至于百人、千人、万人皆然。若临天下，便须强得天下方得。（《朱子语类》卷六四）

（177）然这卦<u>大概</u>是说那圣人得位底。若使圣人在下，亦自有个元亨利贞。如"首出庶物"，不必在上方如此。（《朱子语类》卷六四）

（178）文王箕子<u>大概</u>皆是"晦其明"。（《朱子语类》卷七二）

（179）与人不求备，检身若不及，<u>大概</u>是汤急己缓人，所以引为"日新"之实。（《朱子语类》卷七二）

（180）九三"可用汲"以上三句是象，下两句是占。<u>大概</u>是说理，决不是说汲井。（《朱子语类》卷七三）

（181）震六二不甚可晓。<u>大概</u>是丧了货贝，又被人赶上高处去，只当固守便好。（《朱子语类》卷七三）

（182）然亦疑孔壁中或只是畏秦焚坑之祸，故藏之壁间。<u>大概</u>皆不可考矣。（《朱子语类》卷七八）

5.3.4 小结

本节认为认识情态在认知层面上有一个"标准参照"图式，因此

"准""大概"等跟"标准"义有关的词汇具备了向认识情态发展的概念基础。但是"准"和"大概"认识情态副词用法的最终产生是语用推理和意象图式共同作用的结果,不是隐喻投射的产物。"准"是通过溯因推理从施为性用法推导出认识义,而"大概"则是基于"证据越丰富越精确,做出正确判断的可能性越高"这一常理从"近乎精确"用法发展出认识情态用法,是一种常理推理。溯因推理跟常理推理都需基于生活常理,不同之处在于前者是从结论推出前提,而后者则是从前提推出结论。

5.4 "多半"和"八成"

5.4.1 研究对象

认识情态涉及说话人对命题为真的可能性的评估,本身也是一种主观量,可以用程度副词配合形容词"大""小"来描写量值,例如:

(183)在这种情况下,相对于沙尘暴来说,北京频繁出现扬沙天气的可能性较大。(新华社2004年新闻稿)

(184)医生将在下周决定克里斯特尔斯能否恢复训练。如果到时候还不能训练,那她参加澳网的可能性就很小了。(新华社2004年新闻稿)

(185)沙源地区地表没有解冻,近期华北地区出现沙尘暴天气的可能性极小。(新华社2004年新闻稿)

(186)在双方立场趋向强硬的情况下,对话和谈判的可能性正变得越来越小。(新华社2004年新闻稿)

也可以用百分比的形式对可能性进行量化,例如:

(187)这种可能性几乎等于零。(《大雪无痕》)

(188)碰一碰运气吧,哪怕是百分之一的可能性。(《明姑娘》)

(189) 据日本气象厅预测，今后三天内发生里氏6级以上余震的<u>可能性</u>为<u>10%</u>，发生里氏5.5级以上的余震的<u>可能性</u>为<u>20%</u>，发生里氏5级余震的<u>可能性</u>为<u>30%</u>。（新华社2004年新闻稿）

(190) 岑金说，这种病毒有<u>80%</u>的<u>可能性</u>是从俄罗斯开始传播的，其幕后隐藏着一批十分专业的电脑"黑客"。（新华社2004年新闻稿）

(191) 日美观测数据基本吻合，综合分析得到了新粒子存在的<u>可能性</u>达到<u>99.99%</u>的结果。（新华社2004年新闻稿）

本节所要考察的正是两类从高比例用法发展出来的认识情态副词，以"多半"和"八成"为代表。多半的本义是"超过一半"，即大于百分之五十；八成的本义是"百分之八十"（该用法统一用下标"1"表示），请看用例：

(192) 13在中文里代表着"傻"，但是奥运会里中锋<u>多半</u>都是穿这个号码。我不知道该怎么解释这个。（《我的世界我的梦》）

(193) 医生王笃行说，过年前平均一天要做10次手术，到诊所整形的顾客<u>多半</u>是要求整眼睛的，比如抽眼袋、割双眼皮、去眼角纹。（新华社2004年新闻稿）

(194) 受访者表示，其个人电邮信箱内逾四分之一信息均为垃圾邮件；而逾<u>八成</u>的受访者表示受到该类邮件的骚扰。（新华社2004年新闻稿）

(195) 广州北京路开业，在首期的经营者中，像郭蕙芳一样的香港居民占了<u>八成</u>经营的产品多来自香港，整个商品城"港味"浓郁。（新华社2004年新闻稿）

(196) 年假后来减肥的人潮以20岁至40岁的上班族为最多，其中女性占<u>八成</u>，男性占二成。但男性体重增加较女性高，平均增加了2.9公斤。（新华社2004年新闻稿）

"多半"和"八成"的认识情态用法（统一用下标"2"表示）表示"很有可能"，请看：

（197）一个青年男子就主动上前"搭腔"，按照经验，王先生觉得此人<u>多半</u>是小旅馆老板或者拉生意的出租车司机。（新华社2004年新闻稿）

（198）我自己的身体我还不知道，我现在这个感觉呀，<u>多半</u>就是得了癌！（《我爱我家》）

（199）姑娘慢慢地睁开眼睛一瞅，哦，好大的个儿，她想：这一枪，<u>八成</u>是他打的。这一抱，就是向她认了错，于是她的怨恨也就云消雾散。（《五十年代的恋爱故事》）

（200）他发现，由于农村缺少铁匠，向农民贩卖五金工具<u>八成</u>是件赚铁的生意。（《小人物发家史》）

（201）谁知那男人马上又横眉怒目一副决一死战的表情。我很恼火，这男人<u>八成</u>是个疯子，别人冲你友好地笑，你干吗像挖了祖坟。（《话说出恭》）

实际上"多半$_2$"和"八成$_2$"出现时间都比较晚，在汉语史上还出现过"多分$_2$""多一半$_2$""一多半$_2$""八分$_2$""七八$_2$"等认识情态副词形式，例如：

（202）闻得仙家日月长，今吾在井只得一晌，世上却有十日。这道士<u>多分</u>是仙人，他的话，必定有准。（《二刻拍案惊奇》卷二四）

（203）沈小霞道："得个亲人做伴，我非不欲；但此去<u>多分</u>不幸，累你同死他乡，何益？"（《喻世明言》卷四〇）

（204）我索性告诉你细细致致吧！你<u>多一半</u>许没安着好心眼。（《小五义》第七十三回）

（205）"智叔父，可把所在看好？"智化说："已经看妥。"徐良说："<u>多一半</u>是树窟窿内，或五道庙，是与不是？"智化说："贤侄男，<u>多一半</u>你也去了。"（《续小五义》第五十二回）

（206）众人就有不信的，一个个齐声说道："此事未必能够将神仙拘下来，<u>一多半</u>他是谣言惑众。"（《永庆升平后传》第五十三回）

（207）孝移不觉又是满脸流泪，叫端福道："我的儿呀，你今年十三岁了，你爹爹这病，多是<u>八分</u>不能好的。"（《歧路灯》第十二回）

（208）这咱晚，<u>七八</u>有二更，放了俺每去罢了。（《金瓶梅》第五十八回）

（209）果见有一只伶伶仃仃的病虎睡在那儿，<u>七八</u>要死。（《后西游记》第二十七回）

5.4.2 "多半"类认识情态副词的发展

香坂顺一（1997）认为"'多'为相对的意义，因而可以在某一界限之内认定某一事态的倾向"，从而产生了推量语气。以下是他所列举的"多"类认识情态副词：

多是：

（210）<u>多是</u>这厮走入村中树林里去了。（《水浒传》第四十二回）

（211）这早晚<u>多是</u>在那里下手，那厮敢是死了。（《水浒传》第三十一回）

多应：

（212）你若不闷死，<u>多应</u>是害死。（《西厢记》第三本一折）

（213）此番不见来推辞，想<u>多应</u>是受了。（《二刻拍案惊奇》卷一四）

多定：

（214）<u>多定</u>陷在那里了。（《水浒传》第八十六回）

（215）这早晚<u>多定</u>正在那里。（《水浒传》第二十四回）

多分：

（216）<u>多分</u>是取债不来，担阁在彼。（《二刻拍案惊奇》卷四）

"'多是'的这种用法敦煌变文中也可见，其产生很早。《元曲》里作'多则（是）''多喀（是）'……《水浒》里用'多定'，明代用'多分'，十分突出。"（香坂顺一，1997）

上述用例中的"多"究竟是表示绝对数量大还是强调比例高呢？从语料看，应该是后者：

（217）窗扉<u>多</u>是绿琉璃。（《西京杂记》）

（218）自后益州诸费有名位者，<u>多</u>是诗之后也。（《三国志·蜀书·费诗传裴注》卷四一）

（219）又宾从<u>多</u>是桀黠勇士，遇待之皆如子弟。（《世说新语·任诞》）

上面3句中的"多"可以替换成"多半""多数"，表示在比例上超过50%，跟"多分""多半"一样，"多（是）"也是从高比例的客观量用法发展出认识情态用法，表达主观量。

由上可见，认识情态副词"多半$_2$"的产生并不是一个孤立的现象，本节将重点考察"多分""多半""多一半"和"一多半"的发展过程。

5.4.2.1 "多分"的发展

（一）多分$_1$

（220）今时学人<u>多分</u>出家，不肯入家，好处即认恶处即不认。（《古尊宿语录》）

（221）若于斯明得，始知正法常住。禅僧家<u>多分</u>只道："那举处便是。"（《古尊宿语录》）

（222）如今<u>多分</u>只用个如今底道，总离如今不得。只被怎么地钉下桩，参学不得旨趣。（《古尊宿语录》）

（223）是室云何而求我？况乎妙事，了无可观，既无可观，亦无可说。

欲求少分可以观者，如石女儿，世终无有；欲求<u>多分</u>可以说者，如虚空花，究竟非实。(《观妙堂记》)

在上述用例中，"多分₁"主要指向"学人""禅僧家"等名词，表示"多半""多数"，意义较实。这种用法在宋代文献中已经出现，明代文献中也有用例：

（224）王三变了面皮道："六老，说那里话？我为褚家这主债上，馋唾<u>多分</u>说干了。你却不知他家上门上户，只来寻我中人。"（《初刻拍案惊奇》卷一三）

（二）多分₂

"多分₂"表示说话人认为命题很可能为真，出现在状语位置上，已经语法化为认识情态副词，明代已有大量用例：

（225）裴五衙笑道："二位老长官好不睹事！想他还掉不下水中滋味，<u>多分</u>又去变鲤鱼玩耍去了。只到东潭上抓他便了。"（《醒世恒言》卷二六）

（226）不料途中患病，这奴才就撇我而逃，<u>多分</u>也做个他乡之鬼了！（《醒世恒言》卷二七）

（227）看起来，<u>多分</u>是宿世姻缘，故令魂梦先通。明日即恳爹爹求亲，以图偕老百年。（《醒世恒言》卷二八）

（228）这老人家被那股阴湿的臭气相触，<u>多分</u>不保了！（《醒世恒言》卷三八）

（229）但我揣度事势，这诏书也<u>多分</u>要停止的。（《醒世恒言》卷三八）

（230）裴长官不信因果，<u>多分</u>这鱼放生不成了。（《醒世恒言》卷二六）

（231）且喜这家果然富厚，已立了文书，这事<u>多分</u>可成。（《初刻拍案惊奇》卷三五）

除了出现在主谓之间,"多分"也开始出现在句首位置,可见其发展已经非常成熟。

"多分$_2$"在清代仍有用例,现在已经退出使用:

(232)我这病多分不起,生寄死归,不足介意。(《儿女英雄传》第十九回)

(233)小的看起来,张老公公这件事,多分也是那起人了。(《七剑十三侠》第七十二回)

(234)天下奇事原多,果如秀儿所言,多分这个孩子,还是大有根基的人。(《八仙得道》第三回)

(235)那牛贼已经被我和令郎弄得七颠八倒,多分中山王不久就要处他死刑。(《八仙得道》第二十四回)

(236)不管他本人知道与否,总之既有这等佳兆,可见是个非常之人,将来多分有些造化,也未可知。(《八仙得道》第七十回)

5.4.2.2 "多半"的发展

(一)多半$_1$

"多半$_1$"唐代已有用例,一直沿用至今:

(237)更有仙花与灵草,恐君多半不知名。(《送孙百篇游天台》)

(238)尝怜古图画,多半写樵渔。(《小隐自题》)

(239)他都晓得依那事分寸而施以应之,人自然畏服。今人往往过严者,多半是自家不晓,又虑人欺己,又怕人慢己,遂将大拍头去拍他,要他畏服。(《朱子语类》卷一〇八)

(240)那军多半向火内烧,三停在水上漂。(《单刀会》)

(241)他见城东南角,砖土之色新旧不等,鹿角多半毁坏,意将从此处攻进;却虚去西北上积草,诈为声势,欲哄我撒兵。(《三国演义》第十八回)

(242) 园中那些人<u>多半</u>是女孩儿,正在混沌世界,天真烂漫之时,坐卧不避,嘻笑无心。(庚辰本《脂砚斋重评石头记》第二十三回)

(243) 谁知目今盛暑之时,又当早饭已过,各处主仆人等<u>多半</u>都因日长神倦之时,宝玉背着手,到一处,一处鸦雀无闻。(庚辰本《脂砚斋重评石头记》第三十回)

(244) 因此心下忖度着,近日宝玉弄来的外传野史,<u>多半</u>才子佳人都因小巧玩物上撮合,或有鸳鸯,或有凤凰,或玉环金。(庚辰本《脂砚斋重评石头记》第三十二回)

(245) 往往见那些世族大家,<u>多半</u>礼重于情。(《儿女英雄传》第三十三回)

(246) 在席的人<u>多半</u>因有翻台,催着快摆。(《官场现形记》第八回)

(247) 1993年以来,全国已举办了20多次技术成果拍卖会,<u>多半</u>陷入"锤声冷落人马稀,常使英雄泪满襟"的窘境。(《1994年报刊精选》)

(二)多半$_2$

"多半$_2$"在明代已有用例,但数量上明显少于"多分$_2$",现在已经完全取代了"多分$_2$":

(248) 见舅爷合夫人说的话,心里道:"苦哉!苦哉!撞见这个冤家,好事<u>多半</u>不成了!"(《醒世姻缘传》第十八回)

(249) 姨娘是慈善人,固然这么想。据我看来,他并不是赌气投井。<u>多半</u>他下去住着,或是在井跟前憨顽,失了脚掉下去的。(庚辰本《脂砚斋重评石头记》第三十二回)

(250) 那琪官的事,<u>多半</u>是薛大爷素日吃醋,没法儿出气,不知在外头唆挑了谁来,在老爷跟前下的火。(庚辰本《脂砚斋重评石头记》第三十三回)

（251）若据门生想来，<u>多半</u>是开封府与老师作对。(《三侠五义》第四十三回)

（252）二来我这几日肚腹不调，<u>多半</u>是痢疾，一路上大哥、三哥尽知。(《三侠五义》第五十五回)

（253）不消说了，这必是山大王钟雄儿郎。<u>多半</u>是被那人拐带出来，故此他连夜逃走。(《三侠五义》第一百十七回)

（254）仙人有语，不在家中说，偏要到这危险地方去，<u>多半</u>是试察我的诚心与否。(《八仙得道》第七十五回)

（255）日本，有这样一则"商业笑话"：在东京街头，拣块石子随意掷去，<u>多半</u>会砸在一位工业设计师的头上。(《1994年报刊精选》)

5.4.2.3 "多一半"和"一多半"的发展

"多半"的同义词"多一半"和"一多半"也由比例用法发展出认识情态副词用法。

（一）多一半

1. 多一半₁

（256）到三河县抽分了几个马，瘦倒的倒了，又不见了三个，只将的八九十个马来。到通州卖了<u>多一半</u>，到城里都卖了。(《朴通事》)

（257）我师父又非是等闲之辈，是你吃的！你要吃他，也须是分<u>多一半</u>与老孙是。(《西游记》第二十八回)

（258）那些人有七八百相送随行，<u>多一半</u>有骡马的，飞星回庄做饭；还有三百人步行，立于山下遥望他行。(《西游记》第六十七回)

（259）现在这里的人，从老太太起，连上屋里的人，有<u>多一半</u>都是爱吃螃蟹的。(庚辰本《脂砚斋重评石头记》第三十七回)

（260）佳蕙这时要死不能死，要脱不能脱，只急得通身是汗，觉得心内一阵清凉，病倒好了<u>多一半</u>。(《七侠五义》第九十回)

（261）而且案件中<u>多一半</u>是襄阳王的。(《七侠五义》第一百零二回)

2. 多一半$_2$

"多一半$_2$"出现时间要明显晚于"多一半$_1$",这两种用法在早期北京话文献中都较为常见:

(262)"这就是太岁坊罢?"秋葵点头:"多一半是罢。"(《续小五义》第一百八十一回)

(263)咱们门口躺着一个武生相公,旁边扔一口刀,多一半是遇见仇人,他那肩头上,还直冒鲜血。(《续小五义》第八十五回)

(264)尼姑说:"别慌!你先在此等等。我去先看看去,多一半是神仙先到了吧。"(《小五义》第八十八回)

(265)咱们这个事情,多一半是闹个阴错阳差,那个高相公多一半是教你给结果了吧?(《小五义》第八十九回)

(266)和尚说:"你去应酬亲戚要紧,多一半还不是外人,许是你小姨子来了。"(《济公全传》第三十三回)

"多一半"的两种用法在老舍小说中还能找到用例:

(267)他呢,给那个黑小子挣够了钱,黑小子撒手不再管他了,连行头还让黑小子拿去多一半。(《鼓书艺人》)

(268)至好也不过和我一样,多一半还许不如我呢!(《我这一辈子》)

(269)那不是白巡长?多一半是调查户口。(《四世同堂》)

(二)一多半

1. 一多半$_1$

(270)将十二个女孩子叫来面问,倒有一多半不愿意回家的。(庚辰本《脂砚斋重评石头记》第五十八回)

(271)一拿采花贼,贼打官人,官人打贼,把家俱壶碗给毁掉了一多半,茶座也没给钱,全都吓跑啦,明天我们就开不了张了。(《三侠剑》)

（272）剩了<u>一多半</u>药，叫大先生把药拿去，给丫环婆子拿去与那贤德的妇人上药。(《三侠剑》)

（273）我名字叫金文辉，这个村庄有一百三十多户，我们金姓倒有<u>一多半</u>，都是务农耕种。(《彭公案》第一百九十六回)

（274）他知道那些存货的<u>一多半</u>已经没有卖出去的希望，那么若是定价高了，货卖不出去，而日本人按他的定价抽税，怎样办呢？(《四世同堂》)

（275）一见瑞宣，白巡长的杀人念头忽然消散了<u>一多半</u>。(《四世同堂》)

2. 一多半$_2$

（276）张广太是有心事，昨天在街上遇见他，夜晚衙门里又去在房上，必也是他说话。心中说："<u>一多半</u>是我那年跟着大人上任之时，在沧州杀了的水寇为首之贼，他的余党说过，多则一年，少则半载，必有人来找我报仇。我想冤家宜解不宜结，我今天以恩待他。"(《永庆升平传》第三十四回)

（277）他有一儿一女，他儿叫醉尉迟刘天雄，女儿叫无双女赛杨妃刘玉瓶，<u>一多半</u>你这东西是他女儿拿去。(《彭公案》第一百五十三回)

5.4.2.4 "多半"类认识情态副词语法化的路径和机制

"多分""多半""多一半"和"一多半"只有"超过50%"和认识情态副词两种用法，后者的产生年代晚于前者，因此只存在一种语法化路径的可能："超过50%"＞"盖然义"。

在演变机制方面，我们认为隐喻起到了主导作用。所谓比例实际上就是拿部分跟整体进行参照，可以认为其底层存在一个部分—整体图式，当该图式投射到客观世界域时，可以对事物的客观数量加以限定，表现在句法层面，"多半$_1$"经常出现在这样的格式中：

（NP）＋多半₁＋VP

（278）货车<u>多半</u>是没有盖儿的小矮车。(《牛天赐传》)

（279）一条壕沟里有三千多口死尸，<u>多半</u>是妇女小孩！(《无名高地有了名》)

"多半₁"在语义上指向 NP "货车"和"死尸"，对它们的客观数量进行量化。当该图式投射到主观认识域时，则可以对命题为真的可能性加以量化，此时"多半₂"经常出现在下面的结构中：

（NP）＋多半₂＋VP

（280）他怎么会有这玩意儿呢？<u>多半</u>是当年学生把抄来的东西随处乱撂，他捡的。(《如意》)

（281）学校<u>多半</u>是因为可怜而不是因为及格发了她一张毕业文凭。(《让梦穿越你的心》)

"多半₂"在语义上指向整个命题，这时已经发展成为一个主观量标记。Bybee etc.(1994) 和 Traugott & Dasher (2002) 认为推理才是语义演变的最主要机制。由于推理是渐变性的，因此它所带动的语法化经常会经历一个两解阶段，而隐喻投射是突变性质的，无需经过一个两解阶段。前者认为能跨越不同认识域的意象图式并不多见，因此在一些较抽象的语义演变中隐喻很难能派上用场。

"多"类词的语义和意象图式较为简单，发展过程中也未经过双解阶段，因此我们认为其认识用法的产生是部分—整体图式从客观世界域投射到认识域的结果。

5.4.3 "八成"类认识情态副词的发展

鉴于"八成₂"的产生比较晚，本节将先考察"七八分""八分₂"等早期的同类现象。其中短语"七八分"受音节数限制未发展出认识情态副词用法，但其发展路径较为清晰，对探明"八成"类认识情态副词的语法化路径很有帮助。

5.4.3.1 七八分

数量短语"七八分"在《朱子语类》中已有不少用例：

（282）须有一人识得破者，已是讲得<u>七八分</u>，却到某面前商量，便易为力。（《朱子语类》卷一二一）

（283）事有至理，理有至当十分处。今已看得<u>七八分</u>，待穷来穷去，熟后自解到那分数足处。（《朱子语类》卷一一九）

"多半₁"和"多分₁"侧重对实体数量加以量化，而"七八分"则经常对"新""熟""醉""醒""得意""惧怕"等状态加以量化，请看：

（284）谁知到了四月二十前后，麦有<u>七八分</u>将熟的光景，可可的甲子日下起雨来，整日的无夜无明，倾盆如注。（《醒世姻缘传》第九十回）

（285）计氏恃宠作娇，晁大舍倒有<u>七八分</u>惧怕。（《醒世姻缘传》第一回）

（286）他此时又带了<u>七八分</u>醉，又走乏了，便一屁股坐在床上，只说歇歇，不承望身不由己，前仰后合的，朦胧着两眼，一歪身就睡熟在床上。（庚辰本《脂砚斋重评石头记》第四十一回）

（287）宜春在艄尾窥视，虽不敢便信是丈夫，暗暗地惊怪，道："有<u>七八分</u>厮像。"（《警世通言》卷二二）

（288）两个媳妇起身，要东有东，要西有西，不费一毫手脚，便有<u>七八分</u>得意了。（《初刻拍案惊奇》卷一六）

在上述用例中，"七八分"某种意义上起到了程度副词的作用，在《水浒传》中我们甚至找到了"七八分"出现在状语位置上的用例：

（289）此时酒已<u>七八分</u>醒了。（《水浒传》第三回）

这种用法在当时文献中是一个新用法，我们认为是"七八分"在语义上的变化带来了这种分布上的变化，这是一种类推主导的语法创新：由于在语义上起到了程度副词作用，"七八分"可能会受到类推的作用，出现在程度副词的句法位置上。

"七八分"还能对"猜料""怀疑"等认识性行为进行量化：

（290）秋谷说话的样儿，却又脸上一红，低下头去。秋谷见了，已经猜料了<u>七八分</u>，问他有什么话说。(《九尾龟》第一百零五回)

（291）你说这泼差人其心不善，我也觉得有<u>七八分</u>了。(《今古奇观》卷一三)

（292）张二官当时见他殷勤，已自生疑<u>七八分</u>了，今日撞个满怀，凑成十分。(《警世通言》卷三八)

在句（290）中，"猜料了七八分"的意思就是"秋谷"觉得某事有百分之七八十的可能性为真，这里的"七八分"是对可能性进行量化。语料显示，表达这种新意义的"七八分"也开始出现在状语位置上：

（293）今日<u>七八分</u>，是要瞎的样子。(《歧路灯》第四十三回)

（294）只叫他记下谭绍闻名字，也就<u>七八分</u>没事。(《歧路灯》第五十二回)

（295）不过我来里想，故歇该个病勿比仔别样，倻再要匆肯吃药，二少爷，勿是我说俚，<u>七八分</u>要成功哉哕！(《海上花列传》第二十回)

"七八分"的价值在于能够说明"八成₁""多半₁"等表示高比例的数量成分为什么能够出现在状语位置上：隐喻投射带来了语义上的变化，使得这些高比例成分的表义功能与某些副词趋同，在类推机制作用下，这些成分开始出现在状语位置上，满足一定条件后就有可能彻底语法化为副词。句（293）—（295）中的"七八分"距离发展成为认识情态副词只有一步之遥，而双音词"八分"和"八成"则完成了这一语法化过程。

5.4.3.2 八分

（296）褚一官道："岂但八分，十成都可保。"（《儿女英雄传》第十六回）

如上例所示，"分"和"成"是同义词，均表示"十分之一"，"八分"的整体发展要早于"八成"，《祖堂集》和《朱子语类》里已有不少用例：

（297）虽然如此，只道得八分。（《祖堂集》）
（298）若得八分，犹有二分未尽，也不是。（《朱子语类》卷一五）
（299）当圣人志虑未衰，天意难定，八分犹有两分运转，故他做得周公事，遂梦见之，非以思虑也。（《朱子语类》卷三四）
（300）世俗大抵十分有八分是胡说，二分亦有此理。（《朱子语类》卷六三）

"八分$_1$"与"七八分"的用法接近，可以对"焦躁""高兴"等状态进行量化：

（301）武松有八分焦躁，只不做声。（《水浒传》第二十四回）
（302）那人立在侧边偷眼睃着，见他包裹沉重，有些油水，心内自有八分欢喜。（《水浒传》第二十四回）
（303）见了李逵睁着双眼，先有八分怕他，问道："哥哥有甚话说？"（《水浒传》第五十二回）
（304）贾琏笑道："虽不十分准，也有八分准了。"（庚辰本《脂砚斋重评石头记》第十六回）
（305）我要做了狄相公，打不杀他，也打他个八分死！"（《醒世姻缘传》第七十三回）

"八分$_1$"也可以对可能性大小进行量化，例如：

（306）宝钗见此光景，察言观色，早知觉了八分，于是将衣服交割明白。(庚辰本《脂砚斋重评石头记》第三十二回)

（307）秦明见了，心中自有八分疑忌。(《水浒传》第三十三回)

跟"七八分"类似，在类推作用下，"八分₁"也开始出现在状语位置上：

（308）我也八分猜道是你，原来今日才得撞见。(《水浒传》第二十三回)

（309）俺娘八分里又看上他那条乌犀带。(《江州司马青衫泪》)

以上四例"八分₁"已经具备了向认识情态副词发展的句法语义条件。由于是对主观性成分进行量化，无法精确度量，听说双方无法对"八"取得相同定位，也许说话人确实在强调有百分之八十的可能性，但是听话人只能大概猜测到是"可能性很大"。当"八"虚指后，盖然义认识情态副词"八分₂"就产生了：

（310）孝移不觉又是满脸流泪，叫端福道："我的儿呀，你今年十三岁了，你爹爹这病，多是八分不能好的。"(《歧路灯》第十二回)

（311）只叫赵大儿用心抱着新生小相公，这事就八分可行。(《歧路灯》第七十六回)

5.4.3.3 八成

"八成"的发展要明显晚于"八分"，两者语法化的路径和机制较为接近。

（一）八成₁

（312）经半年，方始下一转语曰："无人接得渠。"霜曰："道即太煞道，只道得八成。"(《五灯会元》卷六)

（313）大哥给些好银子。这银只有八成银。怎么使的。(《老乞大》)

（314）当时兄弟曾经和总办说明白，所有局中出息，兄弟要用二成；

余下八成，归总办、会办、提调，与及各司事等人间分。(《二十年目睹之怪现状》第九十四回)

(315) 此山西人一进饭馆子，八成满的座，俱都站起来啦，连黄三太等也都站起身形。(《三侠剑》第五回)

(316) 老仙长往起一带点穴镖，这个劲头就打得足了，起码得有八成劲啊，照着燕雷的后腰上，"啪！"把燕雷也给打出一溜跟头去。(《雍正剑侠图》第五十一回)

(317) 老爷一伸手，用了五成刑，贼人并不言语。老爷一伸手，用八成刑，贼人睡着了，用十成刑，滑了杠。(《济公全传》第八十一回)

(318) 这档子婚姻就有八成儿妥当。(《苦女儿》)

(319) 德爷给了他四吊钱，还给他一个破裕袄。这回事情上他倒是足张罗一气，没等坐席他先钻到厨房喝了一个八成醉。(《苦女儿》)

(320) 这支枪可真是好枪：是德国造的长苗儿大净面儿，还是胶把、线抓、通天档、满带烧蓝，足有八成新。(《烈火金刚》)

(321) 这位先生是饭锅问题，恐怕学生散啦，算作了几个起讲儿，还作了两个半篇，故意作的八成通顺，留了二成改笔，让石秀誊清了，又给圈圈点点，改了几句，又给石秀讲了一遍。(《大兴王》)

(322) 这一下就把他灌了八成死，才把他提溜上来。解他的带子，把他四马倒攒蹄捆上。(《小五义》第一百零八回)

从上述用例可见，"八成₁"量化的对象非常广泛，可以是"座位""钱"和"力道"，也可以是"妥当""醉""新""通顺"等状态。在类推机制作用下，"八成₁"也可以直接出现在状语位置上：

（323）这个岔儿也就揭过去啦，天有两点多钟，钱粮放的也八成完啦。（《小额》）

（324）尤勇喝的已然八成醉了，说："哥哥你敞开儿来，你只要别叫好儿就得了。"（《小蝎子》）

"八成$_1$"也能对可能性进行量化，例如：

（325）一个传十个，十个传一百，已然是满城风雨，这两天阖镇上人人所谈的，就是这档子事情，所以王七猴儿一路苦聊，人家倒也信他八成。（《谢大娘》）

（326）咱们拉车人的姑娘媳妇要是忽然不见了，总有七八成也是上那儿去了。（《骆驼祥子》）

（327）那么，大概有八成，她是下了白房子。（《骆驼祥子》）

（328）今天，他思乎着有八成是遇上了，可也说不定。（《暴风骤雨》）

（329）江涛说："我爹身子骨儿不好，有八成我去。"（《暴风骤雨》）

结合"七八分"和"八分"的情况来看，这时"八成$_1$"有可能移动至状语位置，并进一步发展出认识情态副词用法"八分$_2$"。

（二）八成$_2$

这种用法清代开始出现，至今仍活跃在北京话和普通话中：

（330）只有华忠口里不言，心里暗想说："我瞧今日这趟，八成儿要作冤！"（《儿女英雄传》第三十八回）

（331）我这么冷眼儿瞧着，你老八成儿是个识文断字的。（《儿女英雄传》第三十八回）

（332）下次御门这个缺，八成儿可望。过了几日，恰好衙门里封送了一件，某日御门办事抄来的。（《儿女英雄传》第四十回）

（333）石铸一听就愣了，想着八成必是胜玉环。（《彭公案》）

（334）细听口气倒有因儿，恶棍意思，恐惹不了，八成有放老爷之心。（《施公案》第一百四十七回）

（335）那男子却象是个京油子，眉目之间，瞧着不老成。我瞧着八成是拐带。(《施公案》第一百六十六回）

（336）似此说来，害佟六之事，那妇人虽未明言，据我看来，八成就是他了。(《施公案》第一百二十回）

（337）范氏不待说完，口内咬着头发，呜咽着道："你说什么？八成你的耳朵，也有点软了罢？"(《春阿氏》)

（338）我在北小街，有家儿亲戚，他也是镶黄的人，八成儿跟阿德氏是个老姑舅亲，我上那儿去一趟，倒可以卧卧底。(《春阿氏》)

（339）丽格冷笑道："我知道，八成是要起针眼。"(《春阿氏》)

5.4.4 小结

本节认为"八成""多半"等表示高比例的数量成分在底层有着一个部分—整体图式，当该图式由客观世界域向认识域投射时，"八成""多半"发展出量化可能性的功能，语义的变化带来句法位置的改变，在类推机制作用下，"八成"和"多半"开始出现在状语位置上，并最终发展出认识情态副词用法。

5.5 结语

本章对六个认识情态用法进行了考察。"光景"和"不见得"用法的发展得益于传信范畴和认识情态范畴的内在联系，可以用"眼见为实"和"言有易，言无难"这两个生活常理加以解释。"准"和"大概"的发展是语用推理和意象图式共同作用的结果，可能跟认识情态在认知层面上的"标准参照"图式有关。"八成"和"多半"由表示高比例的数量成分发展出量化可能性的功能，可能是部分—整体图式由客观世界域向认识域投射的结果。上述个案考察加深了对认识情态范畴的认识。

第六章 处置标记"给"的来源及发展

6.1 引言

6.1.1 研究对象

"处置式是汉语语法走向完善的标志之一"(王力,1958),因此在汉语史和语法化研究中,"以""将""把""持""取"等主要由"持拿"义动词发展而来的处置标记的形成机制和更替一直是重要议题,前人时贤已展开深入探讨。"把"作为现代汉语中最重要的处置标记,唐代已见用例,此后汉语处置系统最大的变化当属以标记"给"(下文统一用"给$_{处置}$"表示)为代表的,由介引与事用法发展来的处置标记的兴起。马贝加、王倩(2013)提出"与""给""帮""搭""代""共""同""跟"等汉语史上或方言中的处置标记都是由引进所为者的"替""为"义介词发展而来,演变路径可概括为"所为介词 > 处置介词"。由于来源截然不同,上述两类处置标记在语法化路径上有着明显的差异,但既然同为处置标记,也必定会有某些共性存在,作为汉语处置系统发展的两大主线,探明它们语法化的细节、动因和机制,并考察异同,无疑将深化对汉语处置标记的认识。

本章所聚焦的是北京话中的"给$_{处置}$",在当代北京话中,"给$_{处置}$"的用法已经非常丰富,请看:

（1）狭义处置式：
    叫了几个同学，给那人打跑了。
    你赶紧给那谁叫来，赶紧的。（访谈）
（2）广义处置式：
    那工人给唐兴泉东西都搁楼道了。
    三条路给你轰到两条路上。（访谈）
（3）致使处置式：
    这几天搬家给老陈累得够呛。（访谈）

笔者对"当代北京口语语料库"中的处置用法进行了穷尽性考察，搜集到"将"字句1例，"把"字句1462例，而"给"作为新兴用法，已达302例之多，并且已经进入了普通话，具有很高的研究价值。

6.1.2　本章所采用的分类

吴福祥（2003）在考察"将""把""持""取"等主要由"持拿"义来源的处置标记时，区分了"狭义处置式""广义处置式"和"致使义处置式"三种类型，并将发展路径总结为：连动式＞工具式＞广义处置式＞狭义处置式＞致使义处置式。这种分类产生了较大影响，为了方便对两条发展主线进行比较，本章也采用这一分类，下面将对相关用法的语法语义特点加以介绍，相关例句和界定均转引自吴福祥先生著述。

6.1.2.1　广义处置式：$P + O_1 + V + O_2$

这类处置式通常是一个双及物式（ditransitive construction），述语动词所表示的动作涉及两个域内论元，语义上多与位移相关，V的动作性不强，处置性较弱，具体可分为"处置（给）""处置（到）"和"处置（作）"三个次类。

1. 处置（给）：

（4）善知识将佛法菩提与人，亦不为人安心。（《神会和尚语录·南阳和上顿教解脱禅门直了性坛语》）

（5）莫将天人（女）施沙门，休把娇姿与菩萨。（《敦煌变文集》）

有一种语义为"处置（告）"的广义处置式可视为"处置（给）"的隐喻派生。例如：

（6）将佛言语传闻维摩。（《敦煌变文集》）

2. 处置（到）：

（7）每把金襕安膝上，更将银缕挂肩头。（《敦煌变文集》）

（8）莫且自家门如今把这事放着一边，厮杀则个。（《三朝北盟会编·燕云奉使录》）

3. 处置（作）：

（9）将世比于花，红颜岂长保？（《君看》）

（10）能将佛事为心，不把世缘作务。（《敦煌变文集》）

处置（作）还有一个附类"处置（成）"，如：

（11）将次风分为八般引义台教，卒说不尽。（《敦煌变文集》）

（12）只将人世绮罗，裁作天官模样。（《敦煌变文集》）

（13）天天闷得人来够，把深恩都变做仇。（《西厢记诸宫调》）

6.1.2.2　狭义处置式

这类处置式的谓语动词为及物动词，一般只涉及一个域内论元，动作性和处置性都较强，结构形式多样，动词可以为光杆形式，如：

（14）却思成外花台礼，不把庭前竹马骑。（《敦煌变文集》）

（15）太师把政上座耳拽。(《祖堂集》)

动词前可有修饰成分，如：

（16）把君诗一吟。(《读方干诗因怀别业》)
（17）昨来再过上京，把契丹墓坟、官室、庙像一齐烧了。(《三朝北盟会编·燕云奉使录》)

动词后可以出现补语、体标记、数量短语等成分，如：

（18）图把一春皆占断。(《牡丹》)
（19）师便把火筯放下。(《祖堂集·杉山和尚》)
（20）若不要贱[奴]之时，但将贱奴诸处卖却。(《敦煌变文集》)
（21）恐将本义失了。(《朱子语类》)
（22）横渠将屈伸说得贯通。(《朱子语类辑略》)
（23）沩山把一枝木吹两三下，过与师。(《祖堂集·百丈和尚》)

6.1.2.3　致使义处置式

这类处置式中动词多为不及物动词或形容词，处置性不显著，"把/将"的宾语是动词的当事或施事，而非受事。该式具有明显的致使义，如：

（24）以此思量这丈夫，何必将心生爱恋。(《敦煌变文集》)
（25）入道之门是将自己身已入那道理中去。(《祖堂集·雪峰和尚》)
（26）宁可将伊脚骨跌折。(《张协状元》)
（27）前遮后拥一少年，绿袍掩映桃花脸，把奴家直苦成抛闪。(《张协状元》)

本章拟借助大规模新发掘语料和"当代北京话语料库"，系统考察"给_{处置}"三种用法的来源和发展。需要说明的是，我们对"给_{处置}"的考察主要比照了当代普通话和北京话中"把"字句的相关用法。"把"字句已经经历了长期的发展，相比萌生之初的早期用法，又发展出不少新用法，下面一些的归属就不是那么清晰，请看：

（28）他把墙壁涂满了颜料。①
（29）把水井下了毒。②
（30）隔着夏青一脚把马锐踹一跟头。(《我是你爸爸》)

以上 3 例中的 VP 都是"V＋O"，句（28）中的"墙壁"是处所，"颜料"是工具，句（29）中的"水井"是处所，"毒"是受事（参看叶向阳，2004），句（30）中的"跟头"是结果宾语。这几种用法在语义上跟位移无关，带有较为明显的处置性，我们将其归入狭义处置。

6.1.3　已有的代表观点

北京话中的"给"可兼表处置和被动，赵元任（1948）很早就注意到这一现象，他指出："给"当"被"讲时，动作的方向朝内，当"把"讲时，方向则朝外。但同一个动作，为何会方向迥异？徐丹（1992）提供了一个解决方案：闽语和印欧语言中的部分给予义动词既表"给予"又表"得到"，方向恰好相反，当这类用法充当语法标记时，就会失去"向"。石毓智（2004）则认为这两种用法均来源于由"给"字双宾结构构成的连动结构（如"好姐姐，给我一丸尝尝"），当间接宾语前移或省略时，就呈现为：(S)＋给＋NP受事＋VP动作（如"已经好了，还不给两样清淡菜吃"），一旦"NP受事"变为有定、"VP动作"又带上结果补语，就能作处置式理解，句（31）是其所构拟的例句，张文（2013）持同样观点，句（32）是其构拟的例句。

（31）他给两样清淡的菜吃完了。

---

① 转引自邵敬敏、赵春利（2005）。
② 转引自叶向阳（2004）。

（32）宝玉已经好了，给这两碗菜吃了。

Bennett（1981）、佐佐木勋人（2002）考察了洛阳、杭州、宁波、休宁、黎川等地方言，认为"给""把""畀"等给予义动词是在"给书给我""把书把我""渠畀一本书畀我"这样的双宾句中被重新分析为处置标记。佐佐木勋人在朱德熙先生著述中找到"给钱给他"用例，据此认为北京话可能也经历了上述演变。林素娥（2007）也持类似观点，认为北京话中的"给$_1$＋NP$_1$＋给$_2$＋NP$_2$"是优势句式①，是广义处置式的来源。

在邵东方言、溆浦方言和龙州土语中，给予义动词兼表致使和处置，王健（2004）在《儿女英雄传》中找到兼表使役和处置的用例，认为当使役句"给＋NP＋VP"中的"NP"不是"VP"施事时，"给"就可发展为处置。林素娥（2007）提出"给"的致使义处置用法来源于其致使义用法，但未提供历时论证。晁瑞（2013）也同意王健观点，并强调VP还应具有处置性。

李宇明、陈前瑞（2005）对北京话里的"给＋VP"进行了历时考察，发现"给＋VP"可表处置，在"杯子我给打碎了一个"中，"给"后省略的处置对象（"它"）可以补回，李炜（2004a）也持类似观点。晁瑞（2013）提出与事介词"给"的宾语缺失也是处置用法的重要来源。

（33）你昨儿晚上困的糊里糊涂的，是怎么给拉岔了？（《儿女英雄传》第三十八回）

晁文认为句（33）中"给"后应为受损者"我"，缺失后，句子会被完形为"是怎么给我的腿带子拉岔了"，就是典型的处置用法。

王健（2004）认为《红楼梦》《儿女英雄传》和《语言自迩集》已有"给$_{处置}$"用例，他观察到介词"给"后也可以出现非受益者（如句34），认为这是"给$_{处置}$"产生的关键，使得句（35）具备了重新分析的可能性：

---

① 刘丹青（2001）从类型学的视角提出"送书给他"这类"介宾补语式"是无标记的优势句式，但林文以此来证明个例"给书给他"在北京话中是优势句式是很值得商榷的。

（34）我把你的腿不给你砸折了呢。(《红楼梦》第六十七回）
（35）宝玉笑道："我认得这风筝。这是大老爷那院里娇红姑娘放的，拿下来给他送过去罢。"(《红楼梦》第七十回）

王文认为句（35）中"他"指代不明，如果指人就是非受益与事①，指物的话就是受事。林素娥（2007）、张文（2013）也持类似观点，前者认为狭义处置式是由此发展而来。

综上所述，"给"在处置、被动以外的所有 4 种用法——给予动词、使役动词、助词和与事介词均被认为是处置用法的来源，具体演变路径至少有 7 种，研究者们在"给_处置"来源数量上也有不同意见，王健（2004）、林素娥（2007）、晁瑞（2013）、张文（2013）支持"多源说"，林素娥认为这是处置式的复杂性决定的。

6.1.4　本章的研究思路

已有的研究多采用方言材料的演变路径作为旁证，充分体现了汉语给予义处置标记来源的复杂性，对于拓展研究思路很有帮助。但另一方面，多数研究考察的早期北京话材料范围较窄，直接证据不够充分，以至众说纷纭却难有确论。如王健（2004）就指出北京话中"给"既没有"得到"用法，也不会出现在"给$_1$＋NP$_1$＋给$_2$＋NP$_2$"中，而他提出的两个来源也有待进一步的材料支持。此外，"给_处置"的文献首现时间也难以确定。王健（2004）虽在《红楼梦》《儿女英雄传》中找到一些两解用例，但也指出明确的用例极少，到了老舍作品中才有一些。晁瑞（2013）指出《儿女英雄传》的疑似用例宾语都是"他"，"语义有很大的游曳性"，谨慎认为直到清代中期还没有典型用例。

本章拟以大规模新发掘材料为突破口，借助满汉合璧文献、清宫档案、

---

① 本章中的与事只包括受益者（如"给他卖命"）和受损者（如"给他出馊主意"）两种语义角色。

京味儿小说、域外北京话教科书、曲艺等早期北京话文献，以定量的方式探明"给_处置"的来源，并结合老舍作品（1930—1960）、北京语言大学"当代北京口语语料库"（20世纪80年代）、日常访谈（2010—2015）对"给_处置"的发展轨迹进行系统考察。

6.2　对现有观点和重要用例的检验

本章考察的早期北京话语料字数逾一千万字，未见"给$_1$＋NP$_1$＋给$_2$＋NP$_2$"用例，也未发现"给"发展出"得到"和"致使"的用法。笔者对《脂砚斋重评石头记》（庚辰本）和《钞本儿女英雄传评话》中的"给"进行了穷尽性调查，未见处置用法的可靠用例，下面对一些重要用例[①]进行分析：

（36）王夫人听了道："胡说！那里由得他们起来，佛门也是轻易人进去的！每人打一顿给他们，看还闹不闹了！"（庚辰本《脂砚斋重评石头记》第七十七回）

（37）他又道："我们帮其实不去这趟差使倒误不了，我们那个新章京来的噶，你有本事给他搁下，他在上头就把你干下来了。"（《钞本儿女英雄传评话》第三十四回）

把句（36）中的"每人打一顿给他们"认定为处置式有些牵强，"把"字句和"给_处置"都没有这种用法。在庚辰本抄本中，此句最早写作"每日打一顿给他们看还闹不闹"，之后被修改为"每人打一顿，看他们还闹不闹"，"给"字被涂去，因此该句的可靠性要打上问号。[②] 句（37）中的"他"指代受损与事"新章京"，在北京话里，"搁下"的受事只能是"事情""差事"或物品之类的，不能是"人"，例如：

[①] 本节《红楼梦》和《儿女英雄传》用例转引自王健（2004）。
[②] 退一步讲，即使该句合乎语法（在甲辰本、蒙府本、红楼梦稿本等抄本中未被修改），也应理解为特殊的给予句而非处置式，在庚辰本中，"打""骂"都可作为给予的对象，例如"骂给那些浪淫妇们一顿"（第60回）和"打给他们几个耳刮子"（第71回）。

（38）无论多要紧的事，只要不马上办，再没人提拔他，铁准了是给你搁的脖子后头去。(《高级华语新集》)

王健（2004）认为是"他"的指代不明诱发了重新分析，笔者对此持怀疑态度，在下述"两解"用例中，"他"指代也都是与事：

（39）那秃子便说道："谁把这东西扔在这儿咧？这准是三儿干的，咱们给他带到厨房里去。"说着，毛下腰去拣那旋子。(《儿女英雄传》第六回）

（35）宝玉笑道："我认得这风筝。这是大老爷那院里娇红姑娘放的，拿下来给他送过去罢。"(《红楼梦》第七十回）

句（39）中的"他"指代受益与事"三儿"，书中"三儿"专门端盆倒水服侍大和尚起居，因此"秃子"一看"铜旋子"（铜盆）被乱扔立刻就归咎于"三儿"。句（35）中的"他"指称受益与事"娇红姑娘"，请看下文："紫鹃笑道：'难道天下没有一样的风筝，单他有这个不成？我不管，我且拿起来。'"在《儿女英雄传》中，类似的用例共有12例，通过上下文筛查，都是与事用法，不宜作处置理解。

最后再来看疑似兼表"使役"和"处置"的用例：

（40）他见那矮胖女人合安老爷嘈嘈，凑到跟前，把安老爷上下打量两眼，一把推开那个女人，便笑嘻嘻的望着安老爷说道："老爷子，你老别计较他，他喝两盅子猫溺就是这么着。也有造了人家的脚倒合人家批礼的？瞧瞧，人家新新儿的靴子，给踹了个泥脚印子，这是怎么说呢！你老给我拿着这把子花儿，等我给你老掸掸啵！"说着，就把手里的花儿往安老爷肩膀子上搁。老爷待要不接，又怕给他掉在地下，惹出事来，心里一阵忙乱，就接过来了。(《儿女英雄传》第三十八回）

（41）詹典的妻子……来投奔张老，想要找碗现成茶饭吃。从通州下船，一路问到这里，恰好正在张老搬家的前两天。安老爷、安太太是第一肯作方便事的，便作主<u>给</u>他留下，一举两得，又成全了一家人家，正叫作"勿以善小而不为"。（《儿女英雄传》三十二回）

句（40）中的"他"指向受损与事"小媳妇子"——即"那把子通草花儿"的领有者"他"。句（41）中的"他"不是"詹嫂"和孩子，而是受益与事"张老"，书中前文中已有铺垫："谁想事有凑巧，那燕北闲人又给<u>他</u>凑了两个人来。"书中"张老"投靠在阔亲家安老爷家，他想留"詹嫂"一家也不好意思开口，因此安老爷做了个人情，替他留下了。

由于《红楼梦》《儿女英雄传》未在文字上区分"他""她"和"它"，加之现代语感的代入，不少与事用法确实易被误识为处置式。但另一方面，容易被"误识"多少也说明"给_{与事}"和"给_{处置}"存在一定的相似性。笔者目力所及，"给_{处置}"用法始见于1900年前后的北京话文献中①，系由与事用法发展而来，请看：

（42）我们那胡同儿里，有一个大夫，专能治疯病，我见他治好了好几个人了，你过两天儿同他到我们家里去，我可以同着他，到那个大夫那儿去瞧瞧，若能<u>给</u>他治好了呢，那不好么？（《华言问答》）

（43）小的那个伙计陈亚福，丢了四吊钱的票子，疑惑是这三个广东人偷了去了，这么着小的们就问这三个广东人，看见票子了没有，他们三个人都喝醉了，听见问他们，可就生了气了，张口就

---

① 有一些更早的疑似用例需要专门交代。*Mandarin Primer* 有两例：一例是"他死了以后，他的门徒和几个与他相亲相爱的人，给他拿下来，用细布把他的身子好好的包起来，埋在坟墓里，这个时候就是礼拜六晚上了"；另一例是"有一朵云给他遮住了，门徒再不得看见他了"。从该书的语言面貌来看，所记录的不太可能是纯粹的北京话。《官话类编》有一例："也不知是咱们给他弄坏了，也不知原底子/根儿就是这么的"。该例缺少上下文支持，审慎起见，处理为疑似用例，列此备考。相信随着语料的进一步挖掘，"给_{处置}"首现时间还会进一步前提。

骂小的们,小的们不答应,就要打他们,有傍边儿别的耍钱的人,就过来给我们劝开了,这三个广东人就走了。(《华言问答》)

以上两例"给_{处置}"的可靠性可通过对应的"把"字句证明,请看:

(44)倘或他能苏醒过来,咱们设法子把他治好,是孙门有德。万一还是活不了,那也是他小命儿当绝,咱们尽到了心,以后也对得住他的父亲,不知你有这份儿慈心没有?(《吕无病》)

(45)有一个粮船上的水手说,他丢了票子了,他们就问小的们,看见他的票子了没有,小的们情实没拿他们的票子,又搭着小的们三个人喝醉了,见他们一问,可就生了气了就张口骂他们来着,他们不答应,他们又仗着他们人多,就过来打小的们,有别的耍儿的人,就赶紧的过来,把我们劝开了,小的们三个人气的了不得就回船上去了。(《华言问答》)

句(45)尤其有说服力,同一个作者对同一件事情的描述,这里用的"把"字句,句(43)则用"给"。句(44)勉强可理解为"若能给他治好了(疯病)",依稀可见脱胎于与事用法的痕迹。我们认为:句(44)(45)作为早期用例,分别代表了"给_{与事}"向"给_{狭义处置}"演变的两条子路径。

6.3 "给_{狭义处置}"的来源和历时演变

6.3.1 "给_{与事}"与"给_{处置}"的共性和差异

(46)要讲恶办,我攒些个人,先把他碎了,下半截给他打折了。(《瞎松子》)

(47)你瞧,我这不是变方法儿把你们这几件囫囫囵囵的兵器给你们弄碎了吗?(《儿女英雄传》第三十一回)

在句(46)中的"把"字句和"给_{与事}"用法的施事主语相同,NP 皆为有定,VP 都具有很强的动作性,在结构上已经非常相似,请看:

部分"给_{与事}"用例　　　　　　"把"字句
S　+　给　+　NP　+　VP　　　S　+　把　+　NP　+　VP
施事　介词　　与事　动作性强　　施事　介词　受事　动作性强

差别主要在语义上,张伯江(2001)认为"把"的宾语受的是直接的强影响,在"先把他碎了"中,动作"碎"直接作用于受事"他",并产生强影响——"碎了"。而"与事"正常情况下受到的是间接的影响,在句(47)中,与事"你们"是被弄碎的兵器的所有者,虽利益受损,但不是"弄碎"的直接作用对象。因此"给_{与事}"向"给_{处置}"的转变关键是受影响方式的转化,语料显示,有两种途径可以实现。

6.3.2　"给_{与事}"发展为"给_{狭义处置}"的语义演变路径

6.3.2.1　路径一

有一些"给_{与事}"用例可以归纳为"S + 给 + NP_1 + V + NP_2",其中 NP_1 跟 NP_2 是抽象领有(abstract possession)关系[①](Stassen,2009),因此 NP_1 也同时受到强影响,当 NP_2 未出现时,可被识解为受事,请看:

(48)要说大夫挂匾这档子德行,里头的故故典儿可多啦。有自己拿钱做匾出假名字的有满世界磕头请安求匾的,有给人家治好了病,楞派着让人家挂的。要是能够运动两块某王爷某大人的匾,往门口儿一悬,这个大夫立刻就能红起来。(《小额》)

(49)他一死儿扑着扑着要嫁我,我不愿要他,后来我病了,他给我治过一回病。(《武孝廉》)

---

① Stassen(2009)用"长期性联系"(permanent contact)和"可控性"(control)来区分四种领属关系,"抽象领有"(abstract possession)的特征是[-长期性联系]和[-可控性]。按此标准,后面表 6.1 中的"绳扣""草料"和其领有者也可划入"抽象领有"。

（50）近来地方官怕他闹事，已经把他送到大兴县去，看押起来了，我盼望县官快请大夫，给他治好了，把他放了，这也是一件德行的事。(《北京纪闻》)

（51）你若给他治好了，与你可没益处。(《搜奇新编》)

（52）老先生要把我治好啦，我拜您为师，我得跟您学学。(《人人乐》)

（53）老爷这次给他看，只要不说他是花柳体症，这下子就算成了功啦，给他弄点子败毒的药，他是一定见好，只要把他治好，就有好大的利益，这档子事，老爷总还办的到罢。(《以德报怨》)

在句（48）（49）中，NP_2"病"与NP_1"他"是抽象领有关系，治病的同时，病患作为领有者也受到影响，此时兼有受益者和受事两种语义角色，病被治好了，人自然好了。以这两句为例，当领有者和抽象被领有物同时作为论元出现时，领属者被凸显的是受益者角色，而在句（50）（51）中，被领有物未出现，VP的强影响只能通过领有者体现，此时凸显的是其受事角色，就可被识解为处置用法，跟句（52）（53）那样的"把"字句十分接近。又如：

（54）当时向富二太太说道："告诉您姐姐，散言碎语也听不的，谁跟谁不对就许给谁阴事。"(《曹二更》)

（55）花子琦一听，心说好呀，给我阴上啦，我也阴他一下子。(《刘三怕》)

（56）原来人老儿当掌事领催，小存给阎王乐关钱粮包（放旗帐叫作吃钱粮包子），两个人很有恶感，小存所以给他阴上啦，人老儿是连影儿都不知。(《小世界》)

（57）这小子吃里扒外，把您阴了。(《烟壶》)

句（54）是介引受损者与事用法，"事"是抽象的被领有物，表面是针对某件事情，实际上针对的是人。因此在句（55）（56）中，当NP_2未出现时，"我"和"他"就可能被凸显为受事，与句（57）中的"把"字句非常接近。

类似的用法还有不少：

（58）不大的工夫儿，他果然往别处瞧。这么着我就到先生那儿，<u>给</u>他告下来了。(《急就篇》)

（59）单四说："好哇，<u>给</u>我们爷儿们拉平了，他是三爷，我是四爷，有五爷没有呀。"(《势利鬼》)

（60）赵阎罗赶紧抓起一条绸布，把银簪抽出来，用绸布<u>给</u>他裹好，叫仆妇搭到下房，俟等伤好了再说，不想方到次日，本县的传票已到。(《仇大娘》)

（61）班头一听，说："是啦"，又冲着打更的说："你们<u>给</u>他解开吧。"(《田七郎》)

（62）公子说，知己弟兄原当患难相扶，空说感谢的话，反到疏远了。至于娇娜给自己丹吃，心中茫然不知，此时不能细问，挣扎要坐起来，谁想两只胳膊被腰带还捆在木板上呢，转动不得，公子一瞧，赶紧<u>给</u>他解开，孔雪笠往起一坐，阿松不放心，过来搀扶，孔雪笠不但周身毫不疲软，而且精神陡增，比烟友儿吃下龙涎丸去还得劲。(《娇娜》)

（63）于是两个人，就近打了座店住下，叫小二<u>给</u>马喂上，两个人要酒要菜。(《凤仙》)

这些用法跟对应的"把"字句非常接近：

（64）二位既来到我这里，是谁<u>把</u>我告下来了。(《永庆升平前传》)

（65）现在有某人某人，在这本省城隍案下，<u>把</u>我告下来了。(《搜奇新编》)

（66）俗语儿说，天下无不疼儿女的父母，成名此时虽是恨儿娃子，万没料到这孩子跳在井内，及至打捞上来，扔在院子半天儿，哭了会子，想着只好用点儿草，<u>把</u>他包裹上，挖个坑儿掩埋了吧。(《促织》)

（67）成龙带他到了自己帐房，叫梦太把他解开，自己把座儿放在一旁，说："老弟，你坐下吧，我有话问你。你是哪里的人？在贼营里有多少年？你今天是作什么来？你说说我听。"(《永庆升平前传》)

（68）公母俩烟瘾又犯了，鼻涕眼泪浑身直出凉汗，真到来这们一天，连憋带瘾两个人是非死不可，要真这们死了，还算便宜他们，罪没受够，眼没现透，不能让他们就死，这也是上帝的安排，到了过晌午，可巧贾大来看姑奶奶，才把他们解开。(《苦家庭》)

（69）少年把马喂好，又进来点上灯烛，预备好茶水，告辞进里院去了。(《丁前溪》)

表 6.1　路径一的用例类型及数量

给与事	动宾式／"把"字句	给处置	数量
给他治好了（病）	治好他／把他治好	给他治好了	8
给我阴（事）	阴我／把我阴上了	给我阴上了	3
给他告（状）	告他／把他告下来	给他告下来	2
给我们拉平了（辈分）	把我们拉平了	给我们拉平了	1
给他裹好了（伤处）	裹好他／把他裹好	给他裹好了	1
给他解开（绳扣）	解开他／把他解开	给他解开	2
给马喂上（草料）	喂马／把马喂上	给马喂上	1

如表 6.1 所示，以上 5 例均可作处置理解，如把 NP_2（"状""辈分""伤处""绳扣"和"草料"）根据上下文补回，则作与事理解。

叶向阳（2004）在共时层面考察"把"字句 VP 所带的受事宾语时，发现有一类跟"把"的宾语有领属关系，认为"V 通过对部分产生影响而使整体发生变化"，这与本节的历时考察所得极为契合，相关用例转引如下：

（70）a. 把苹果削了皮。
　　　b. 把桌子锯了腿。
　　　c. 把他开除了学籍。

以句（70a）为例，"（苹果）皮"受到影响（"被削了"）的同时，作为整体的"苹果"也受到客观影响。将句（70）中的"把"替换为"给"后，凸显"皮""腿"和"学籍"受到直接的强影响，"给"在语感上更接近与事介词，如：

（71）a. 给苹果削了皮。
　　　b. 给桌子锯了腿。
　　　c. 给他开除了学籍。

句（71）中的"皮""腿"和"学籍"省略后，"苹果""腿"和"他"受到的影响被凸显，此时"给"在语感上更接近处置标记，如：

（72）a. 给苹果削了。
　　　b. 给桌子锯了。
　　　c. 给他开除了。

6.3.2.2　路径二

"劝""砸""蹬""踹""拉"等及物动词的受事可以直接出现在"S＋给_{与事}＋NP＋VP"的NP位置上。请比较下面三组用法：

A组：动宾式

（73）你别瞎闹喇，等着看再劝劝他，给你们取个和儿，就算完喇。（《京语会话》）

（74）他说这宗不通情理的话，谁也就不劝他了，挺聪明的孩子就这们给延误了。（《过新年》）

（75）还有一宗朋友，用着你甜言蜜语，用不着你，把你一扔儿；更有一宗朋友,当面儿捧你,背地里<u>砸</u>你;又有一宗朋友,吃你恨你,少不如意,反恩为仇,人心鬼蜮,险诈莫测,处在这个社会上,整天跟妖孽打交代,您说危险不危险?(《没真朋友》)

(76)表面见了,虽然也嘻嘻哈哈,心里谁也不以谁为然。谢秋岩心直口快,当面倒驳过陈子云,背地里可没说过甚么话。陈子云则不然,他总想着把谢秋岩移开,他一个人儿独占。交朋友他要讲专利,您想这条儿专利,商部怎么注册呀?他表面可不得罪谢秋岩,并且还带贴靴,背地里是竟<u>砸</u>谢秋岩。(《王遁世》)

(77)张李两位老夫子,彼此嫉妒,他<u>蹬</u>他,他<u>踹</u>他。(《二家败》)

(78)单说阿端觉着偶一失脚,并不晓得自己已经死了,就见有两个人一拉他,把他<u>拉</u>到水里面,感情别有天地。(《晚霞》)

B组:"给_{与事}"用法

(79)那个砍人的说:"张广太,你就不必走啦,你把人砍了,你还走吗?我姓朱,排行在五,我<u>给</u>你们劝架,你等不知自爱!"(《永庆升平前传》)

(80)问:您那院里昨天有甚么事呀?我隔墙儿听着,有好<u>些</u>个人说话是的。

答:倒不是我家里有事,因为咱们东边儿那一家儿楼房,哥儿俩又因为家务抬杠来着。我常<u>给</u>他们劝,昨天我听着闹的太不像喇,我过去把他们大爷拉到我这院里来喇。有他们一个亲戚,也跟过来劝说喽半天,好容易才把他的火儿给平下去喇。(《京语会话》)

(81)在将军头里,<u>给</u>人连蹬带踹,说好话儿就给人使捻子。俗语有云:"讨一人之喜受万人之骂。"怨毒结的,也就够瞧的了。(《赛刘海》)

(82)闲话不提,张李二人自打一入馆,两个人就面合心不合,见了

东家他给他踹,他给他踹,简直的不共戴天。(《二家败》)

(83) 他破坏他,他又给他砸,都讲究吃独分儿。(《二家败》)

(84) 景云一想:这件事倒很难办,明知道邹大令借重自己,要敲马、铁、侯三人,王七猴儿又跟着捣乱,内容的事情,又不能宣布,实在话口儿一紧,马二财主一定得眼前苦子。虽然他从先不对,现在总算是不奉明文的丈人,再一说,丈母娘人很不错,日后总要留个见面之情;至于侯、铁二人,实在可恶,他利用我,我也利用他,我让他收拾收拾铁、侯两块料,至于我们那个老丈绳,我倒给他说两句好话。就是这个主意。简断捷说,王景云见了邹大令,倒直给马二往下摘,很给铁、侯二人苦砸。(《谢大娘》)

(85) 他不愿意来,我给他拉也拉不动了。(《中语大全》)

A组中的画线部分后面都是受事,动词的及物性较强。在B组中,受事纷纷出现在与事的位置上,VP部分基本为光杆形式,受事所受的强影响性没有得到表现,凸显的是作为受益者或受损者角色。B组用法非常特殊,在当今北京话和普通话中已经鲜见,它在一个多世纪前突然出现的原因还有待探究,但可以肯定的是,这种用法为"给处置"的产生创造了绝佳条件。在C组例句中,当VP以"有界性"的复杂形式呈现,用例就很容易被识解为处置式,请看:

C组:"给处置"用法

(86) 彼此为这个辩嘴。有傍边儿的人,给他们劝开了。(《北京纪闻》)

(87) 单说桂香之,并没回家,他准知道额拉和必告妈妈状,他闹了一个捷足先登,见了正堂,苦给额拉和一砸。正堂再三的劝了他会子,应下给他们调停。他将走额拉和就去了,正堂又劝了额拉和一回,这个碴儿就揭过去了。(《赛刘海》)

(88) 起初王统领倒是有意把女儿给他,后来听说他跟王顺财的姐姐有染,这门亲事算打消。桂香之灭了灯啦,准知道福无双至祸必双来。有两个哨官因为他克扣军饷，在将军台前把他告下来啦。上回书说过，他素日伤人太众，墙倒众人推，大伙儿<u>给</u>他一砸，将军大怒，立刻把他书带撤了。(《赛刘海》)

（89）彼时石英将作破承题，不但通顺，还有点新奇的意思。老头子原不喜欢石英，因为他念书聪明，稍加怜爱。石秀醋啦，背地里<u>给</u>石英大砸，说他不是本人的手笔，窗友替他捉的刀。(《大兴王》)

（90）皆因不够资格，所以才破费一串运动费，还有二巴荤侬的水礼儿，又<u>给</u>人蹬了个齐开，偏巧被人撞上，有多们憨蠢丢人？(《胡四姐》)

（91）他们俩打起架来了，我看不下去就<u>给</u>他们拉开了。(《华语惯用助动词活用》)

（92）我也看不过来，<u>给</u>他们拉开了。(《华语惯用助动词活用》)

表 6.2　路径二的用例类型及数量

给~与事~	动宾式／"把"字句	给~处置~	数量
给他们劝	劝他们／把他们劝开了	给他们劝开了	9
给他砸	砸他／把他一砸	给他一砸	3
给他蹬	蹬人／把人蹬了个齐开	给人蹬了个齐开	1
给他拉	拉开他们／把他们拉开了	给他们拉开了	2

"给~狭义处置~"的早期用例共计 33 例，路径一有 18 例，路径二有 15 例，来源于受益者用法的有 23 例，来源于受损者用法的虽只有 10 例，但动词较为多样。王健（2004）认为介引受损者的用法是关键，笔者认为，受益还是受损不是关键，重要的是与事以何种方式受到强影响。

6.3.3 "给_{狭义处置}"的成熟

6.3.3.1 对民国初期京味儿小说的考察

在民国初期的京味儿小说中,"给_{狭义处置}"的成熟用例增多,有一些新变化值得注意:

1. 受事从有生扩大至无生。

(93)依着我说,死了死了,就是多停几日,终久也须埋的,不如早些安葬,你父母的心里,反倒安静了。方才与你姨妈,已经商妥,索性<u>给</u>日子缩短,连你父亲三天经,全都不必念了。一来省心,二来省钱,留你们后手,还得过日子呢。自要是你有孝心,哪怕是周年念经,冥寿念经呢。(《春阿氏》)

在 31 例早期用例中,受事指人的有 30 例①之多,来源于受益者或受损者的痕迹非常明显。而在句(93)中,抽象名词"日子"这类无生受事的出现是"给_{狭义处置}"成熟的重要标志。

2. 用法进一步丰富,意义上开始表示位移变化。

(94)十九一瞧,自己这回毛闹儿总算闹止了,也不便再往下骂哪,左不是订问准那一天把人给送回去。……此时有锡九的邻居也赶过去一瞧,说:"原来大嫂子病到这样沉重,依我劝,咱们照旧<u>给</u>他抬回去吧。"锡九说:"这倒不必,就求你们几位帮我抬进房来,我调养着他就是咧。"(《陈锡九》)

(95)那两个小短命鬼儿的贱婢多嫌着我,<u>给</u>我们两口子调唆的不和,他才想这主意,也不想想背妻立家,那是人类的人做的事吗?(《邵女》)

(96)王氏越哭越痛,冯氏再再的劝了一回,好容易又劝好了,王二痰迷两句话,又<u>给</u>他招哭了。(《贞魂义魄》)

---

① 剩下的一例受事为"驴",也是有生之物。

早期用例主要强调受事受到强影响后的状态变化,如句(95)(96)所示,这种用法进一步发展,能进入"给狭义处置"的动词越来越多。而句(94)强调的是受事的位移变化,张伯江(2009)等一些研究者认为位移是"把"字句的基本语义,句(94)的出现是重要的变化。

3. 在"被……把"的类推下出现了与被动句套叠的新形式"被……给",如:

(97)第二天曾仁因为这是他的亲胞弟,又最属他小,被几个哥哥给他打的这们样儿,难道就罢了不成?(《曾友于》)

6.3.3.2 对老舍作品和民国曲艺作品的考察

到了老舍作品和民国曲艺作品中,狭义处置用法更加丰富:

1. 有生受事用例的 VP 在句法上更加多样,动词种类更加丰富。

(98)"拿破仑,你给妈赔不是没有?你个淘气鬼,给妈碰倒了,是你不是?"玛力看着母亲,跟小狗说。(《二马》)

(99)由唐先生所告诉他的,和他自己所能观察到的,文博士知道他第一须得到杨老太太的欢心;给她哄喜欢了,他才能有希望作杨家的女婿。(《文博士》)

(100)我们老爷说得不错,你们要在一块儿玩儿惯了,日后再要给你们分开,你们还不愿意哪!(《火牛阵》)

(101)刘瑾:(白)把这张状子拿去给他瞧瞧,告诉他说,做了一任好父母官,儿女百姓无恩可报,弄了这么张字纸就给您刷下来啦!(《法门寺》)

(102)刘瑾:(白)你走开这儿吧!傅朋,你年轻轻的,怎么不出外为官哪?

　　　傅朋:(白)被此案牵连在内。

　　　刘瑾:(白)你瞧!你瞧!又是你给人家耽误啦!

贾桂：(白)老爷子，没人家县太爷什么事。您封他个官儿不就结了吗？(《法门寺》)

(103) 春兰：(白)刚睡着，您又给我们叫醒啦！(《桃花村》)

(104) 要是别人来啦，你拿这两句话给他打发走啦！(《打渔杀家》)

(105) 元帅，你且守住城池，待俺出城迎战，咱要给他杀个寸草不留！(《战洪州》)

(106) 那于天球跟我抓头搦臂，上得堂去，打了他四十板子，给他轰出去啦。(《宦海潮》)

(107) 郭盛恩：老弟呀，自从你走后，你嫂子怕弟妹闷的慌，把她接进衙来解解闷儿。我这是好意呀！于天球好！给他们叫出来吧！

郭盛恩：他们逛去啦。

于天球：把我儿子叫出来吧！

郭盛恩：什么儿子？

于天球：好郭盛恩！你隐藏我妻室孩儿，今儿个有了我妻室孩儿便罢；如若不然，你可知道我的厉害！(《宦海潮》)

在句(107)中，"给"和"把"同现，前者在用法上已经很成熟。

2. 无生受事用例明显增多。

(108) "呕！"小坡有点后悔：在学校里，他总看不起张秃子，不大和他来往，那知道他心中有这么些玩艺儿呢！"我一喊，他们便给这个拉来了。"张秃子指着长角山羊说："我本来是穿着件白小褂来的，所以没跟他们要衣裳。我就戴着王冠，骑上战马，在山坡上来回跑了三次。"(《小坡的生日》)

(109) 大家由树上跳下来，争着用猫手给南星按摩脑门上的大包。急于给他的包儿按平了，大家未免用力过猛了些，咕哧一声，把脑门上的包按到脑杓儿上去。"好了！好了！"大家一齐说。(《小坡的生日》)

（110）可是我们的大家夫司基哄的哄员根本不懂经济问题，更不知道怎么创设一种新教育。人是杀了，大家白瞪了眼。他们打算由农民与工人作起，可是他们一点不懂什么是农，哪叫作工。<u>给</u>地亩平均分了一次，大家拿过去种了点迷树；在迷树长成之前，大家只好饿着。(《猫城记》)

（111）院子打扫清爽，二太太叫他顺手儿也<u>给</u>屋中扫一扫。祥子也没驳回，使他惊异的倒是凭两位太太的体面漂亮，怎能屋里脏得下不去脚！(《骆驼祥子》)

（112）李三春：您追到屋里可就<u>给</u>门插上啦。(《打灶王》)

（113）这船<u>给</u>它冲远啦。〔用桨冲船，上岸介〕(《黑狼山》)

3. 出现了新格式"S ＋ 给$_{处置}$ ＋ O_1 ＋ V ＋ O_2"。

这类用法在老舍作品中开始大量出现，请看：

（114）在设计这些雅事而外，他还给招弟们想出化装滑冰用的服装。他告诉她们到那天必须和演话剧似的<u>给</u>脸上抹上油，眼圈涂蓝，脸蛋擦得特别的红。(《文博士》)

（115）树下大椅子上坐着的姑娘，都露着胳臂，树影儿也<u>给</u>她们的白胳臂上印上些一块绿，一块黄的花纹。(《二马》)

（116）他须调动好，有顺有逆的，<u>给</u>假话刷上真颜色。(《四世同堂》)

（117）地上连荞麦也割净了，西山的远峰极清楚的<u>给</u>青天画上亮蓝的曲线。(《火葬》)

（118）马家古玩铺和马威的像片全在报纸的前页登着，《晚星报》还<u>给</u>马威像片下印上"只手打退匪人的英雄"。(《二马》)

（119）"祁先生！"小崔用乌黑的手扯了瑞宣一把，<u>给</u>大褂上印上了两个指头印儿。"你看，到底要怎样呢？真要他妈的老这么锯磨人，我可要当兵去啦！"(《四世同堂》)

在普通话中，这种类型的"把"字句很常见，请看用例①：

（120）把你的身上抹上巧克力，你俩就一个德性了。

（121）如果把红砖正反面刷上红、黄、蓝（分别代表三个班）三种颜色，砖的侧面刷成白色。

（122）管厝乡还别出心裁，把各村口的候车亭全部画上"故事画"。不认字的老人看起来很高兴，小孩子看了说"好看"。

（123）这家公司是荷兰速滑队的赞助商，他们把发给荷兰观众的橙色衣服上印上了自己的品牌名称，这些观众披的围巾、戴的帽子和其他物品也都有这家公司的商标。

在这种新兴的"给处置"用法中，O_2 或者是工具（如"油"），或是结果宾语（如"花纹""真颜色""曲线"等），V（如"抹""印""刷""画"等）的动作性较之"杀""拉""碰""按"要弱了很多，"给"后的宾语 O_1（如"脸上""白胳臂上""假话""青天""像片""大褂"等）是动作作用的对象，也是动作实现的处所所在，均非有生，它们受到 V 的直接影响，状态发生了明显改变，这是被识解为处置用法的关键，但必须看到，这种用法的处置性偏弱，O_1 也不是典型的受事。

这种新用法在句法和语义上的特点都很鲜明，与第 6.3.2 节中的两类早期狭义处置用法存在明显的差异，不太可能由之扩展而来，应是得益于"给与事"新用法：S＋给与事＋$O_{1无生}$＋V＋O_2 的大量出现，这类用法在老舍作品中也是大量出现，请看：

（124）这后影的全部是温柔，利落，自然，真纯；使林磊忽然忘了他正思索着的一切，而给它配合上一张长而俊丽的脸，两只顶水灵的眼永远欲罢不能的表情，不是微瞋便是浅笑；那小小的鼻子，紧紧的口，永远轻巧可爱而又尊严可畏。（《火车集》）

---

① 本节未标明出处的现代汉语例句来源于北京大学 CCL 语料库、BCC 现代汉语语料库和网络搜索。

(125) 他细心的<u>给</u>他们的行动都找出法律的根据。(《集外集》)

(126) 而决定看看日本秘书将怎么样<u>给</u>学生的心灵上刑。假若可能，他将在暗中给学生一些鼓励。(《四世同堂》)

(127) 驳这几句话的话是很多很多；可是这点味儿，这点味儿使他心里的硬劲忽然软了一些，好象忽然闻到一股花香，<u>给</u>心里的感情另开了一条道儿，要放下怒气而追那股香味去。(《樱海集》)

"给他开门"这类的"S＋给_{与事}＋O$_{1有生}$＋V＋O$_2$"用法早已出现，而句(124)—(127)这类新用法的特别之处不在于O$_2$，而在于O$_1$的非有生性。在此之前，"给"介引的与事大部分指人，个别用例为动物，非有生用例极少。考虑到非有生性和受事性之间天然的联系，"有生＞非有生"这一变化无疑将为"给_{与事}＞给_{处置}"的实现带来新的可能，请看下面的用例：

(128) a. 东洋人喜欢拿权，作事；和他们合作，必须认清了这一点；认清这一点就是<u>给</u>自己的事业保了险。(《蛤藻集》)

b. 原来是政府出钱<u>把</u>房屋保了险，全倒房赔付3000元。

(129) a. 因此，一来二去，大姐增添了一种本事：她能够在炮火连天之际，似乎听到一些声响，又似乎什么也没听见。似乎是她<u>给</u>自己的耳朵安上了避雷针。可怜的大姐！(《正红旗下》)

b. 杭州纺织机械厂的青年车工组长、共产党员韩小狗，最近只用三天时间就<u>把</u>组里原有的十台普通车床全部安上自动装置，实现了操作半自动化。

句(128a)和(129a)既可以理解为"为""替"义，也可理解为句(128b)和(129b)那样的处置式。这种新用法本质上跟第6.3.2节中的两类早期狭义处置用法是一致的，与事和受事两种语义角色可以由同一个成分承担，凸显O$_1$受到强影响，"给"就被识解为处置标记。

4. 除了"被……给"外,还出现了与被动式套叠的新形式"叫/教……给",请看:

(130) 朱光祖梁大兴前来行刺,<u>被</u>窦寨主<u>给</u>那小子惊走啦!(《连环套》)

(131) 啊呀,不好,倘若走到前面,再<u>被</u>旁人<u>给</u>他打抢啦,我这注银子,岂倒是白白的丢了吗。(《弓砚缘》)

(132) 可是他得留点神,必定别<u>教</u>唐家的人<u>给</u>他绑上,特别应当留神唐振华。女子多半是有野心的,他以为;不过,象唐振华那个模样,那个家当,那个资格,乘早儿别往博士这边想!他有点可怜她,怎奈博士不是为她预备的。(《文博士》)

(133) 我都<u>叫</u>那个黑大个<u>给</u>我吓昏啦,什么都顾不得说。(《张景隆血战十三里》)

5. 与语势助词"给"构成复合式处置式,如:

(134) "嘿喽,马威!"亚力山大在窗外喊,把玻璃震得直颤:"你父亲呢?"他开开门进来,差点<u>给</u>门轴<u>给</u>推出了槽。他的鼻子特别红,嘴中的酒味好象开着盖的酒缸。他穿着新红灰色的大氅,站在那里,好似一座在夕阳下的小山。(《二马》)

6.3.3.3 对"当代北京口语语料库"的考察

(135) 差人甲:对!打城隍庙。<u>把</u>他搬下来打他。
（差人甲、差人乙同搬嘎七下城隍位,同打。）
差人甲:再<u>给</u>他搬上去。(《打城隍》)

在句(135)中,"把"和"给"两种新旧处置标记对举,可见"给$_{狭义处置}$"的出现极大丰富了北京话的处置表达,其重要性和使用频度也逐步提高,在"当代北京口语语料库"中共出现207例,占"给$_{处置}$"总用例(302例)

的 68.5%，是核心用法，占所有处置用法（共 1765 例）的 11.7%。下面我们将结合实例，考察"S＋给狭义处置＋O＋VP"中主语、宾语和 VP 的特点。

（一）对主语的考察

如句（135）所示，由于来源于"给与事"用法，早期"给狭义处置"用例的主语几乎都是施事，而"把"字句的主语除了施事外，经常由无生事物以及使因事件充当，在老舍作品，"给狭义处置"的主语已经有扩大化的趋势，如句（115）中的"树影"是无生的，句（128a）的主语"认清这一点"是一个使因事件。在"当代北京口语语料库"中，"给狭义处置"主语的构成进一步扩大，请看：

1. 机构、组织或家庭

（136）然后就护校招生去了，得，生产队就<u>给</u>我推荐去了。

（137）他这对象在这儿又有小孩儿，这，不过，人家对象的厂子，<u>给</u>他办回来。

（138）现在家里头也<u>给</u>我拴得比较紧，一看看两个孩子，做十口儿人的饭。

（139）记得院儿里有一小孩儿，他是从山东来的。家里头呢，嗯，不知是什么原因<u>给</u>他送到北京，北京那家儿呢，也是他们一个远亲。

2. 工具

（140）当时也不告诉我们是哪儿的，就告诉我们都分回来了，大轿车<u>给</u>我们拉回来了。

3. 事情、条件等抽象名词

（141）我是不好动的，但是我也是喜欢玩儿，就主要是有一些事情还是<u>给</u>我捆住了，我年轻的时候儿也是好玩儿的人。

（142）那阵儿单身汉时候儿那会儿，单身汉的时候儿真是，什么都玩儿，现在不行了，哎，这个条件给你限制住了。

4. 表达使因事件的小句

（143）然后坐汽车，坐长途车呢那个，从那儿出，从盐城出来呢，结果那个道儿呢特别危险。那个车呢，就是出故障了。一下儿呢就，哦，反正要翻没翻那个劲儿，都已经成了那个三十度角儿那样儿了，哎哟，给我们吓得。

（144）我记得就是前一两天的报纸上，还登着，说是，有两个人，说到一个职工家里去了，说他爸爸的单位，说是怎么着要，要要什么，要买什么东西啊，上这儿来借点儿钱。哎，结果呢，不是那么回事儿，一了解，他父亲回来了。不是，他没有，没有，没有这么回事，是啊？说给人闹得人心惶惶的。

（145）然后夜里吧，就有一个女生就发现吧，有人趴窗户，就往里看，偷看。然后还敲玻璃，给我们吓得要命，又叫又嚷的，吓得直哭。

（146）结果在火车上，他们告诉我们了，说的每天都有人来敲门，来撬门。说给他们吓得够紧张的，也不敢叫我们，弄得我们也觉着有点儿后怕哈。

（二）对宾语的考察

在 207 个"给狭义处置"用例中，有生受事共计 154 例，占 74%，仍占绝对优势，其中 148 例指人，剩余 6 例受事为动物，择列如下：

（147）过去咱们在旧社会，咱们开，他父亲开煤铺，他父亲给他打跑了，他跑到东北去了。

（148）我，反正我喜欢养蛐蛐儿。嗯，养了蛐蛐儿呢，嗯，有时候儿输了呢，也很恼火，恨不能给蛐蛐儿摔死。

（149）后来呢我们发现那个，那岩石那缝儿里呀，有那个小螃蟹，特小呢小螃蟹，就跟那个咱们市场卖的那个那个叫人工琥珀，里边儿夹的那个小螃蟹小虫儿啊那那似的，所以我们呢好奇心，特别地强，把那个小螃蟹呢，就挖出来。特费力气，挖那小螃蟹，给它挖出来，拿着玩儿。

（150）原来我住平房，住平房呢，可能是因为，是那个信鸽儿学会吧，我也有个证儿。所以呢，那个给我那鸽子偷了，我心里挺不落忍的。

无生受事用例达53例，比例也进一步上升至26%，无生受事的范围进一步扩大，既有"肉""房子""门儿""碗""电门""小歪辫"等实体，也出现了"事儿""火儿""时间""方面""心里""渴劲儿""学"等更为抽象的非实体对象。

（151）这厨子吧，头天晚上让十点钟，一，必须给肉拿来。

（152）挨那儿我又住了几年吧，挨那儿住了几年以后呢，嗯，这因为经济困难就给这房子卖啦，卖大换小不是赚俩钱儿吗？

（153）好，全给门儿挤严了。

（154）我给这个碗撂下了，我就追出去了。

（155）他给电门拧开了，一给油儿他走了！

（156）当时就给我二姐那小歪辫给铰了去了。

（157）这年轻人总认为这个，这个老派儿的人呢，就是老派儿的，是不是，哎，假正经哎，好像给这个事儿看得很重似的。

（158）当时我真生气啊，我。后来边儿上一个警察，还是算给他说走了。我说这要是，搁在要是别的地儿呀，我说我不是当当着组长，我非得跟他干起来，我。不过当时，你本身有这个职务限制你呢，也就给这火儿呢压住了。

（159）你要是嗯给这时间占了，那儿放假，他那个没课，脑袋松松垮垮，玩儿去吧。

（160）嗯，顶那个到七，顶那个那个七点，大约七点钟左右的时候儿，反正搞搞，家里搞卫生，吃早点，啊，给孩子这个各方面都安排好，啊，也也就差不多了。

（161）像比如现在吧，就又抢这又抢那个的，反正，反正给人们那个心里闹得挺那什么挺不好的反正。

（162）我呢还倒挺渴，到家沏酽茶，喝了三四缸子还喝，才给这渴劲儿弄过来。

（163）你像我们那一本儿书，上千页呢，有时候儿一看起来，那那那没有一点儿毅力呀，越看越烦。尤其是，有的时候儿碰见拦路虎，不懂，老师也不在跟前儿，不成。哎，所以说呢，反正都得有决心啊，有毅力，才能给这个学好。

如前文句（46）（47）所示，无论"给_{与事}"介引的是受益者还是受损者，其主语和宾语都是有生之物，基本都指人，在"给_{处置}"的早期用例中，这种特点也被延续下来。随着用法的逐渐成熟，"给_{处置}"越来越接近"把_{处置}"，非有生主语和宾语的比例也大大提高了。

（三）对谓语的考察

参照崔希亮（1995）对"把"字句结构类型的考察和统计，《当代北京口语语料库》中的"给_{狭义处置}"在结构类型上与"把"字句已经十分接近，我们根据VP类型划分出10个小类，胪列如下：

1. VP为结果补语，共68例，动词包括：讲、处理、送、吓、撞、打、捆、洗、截、轰、撒、逗、限制、稳、抓、养、挤、弄、拐、哄、教、解劝、踢、安置、培养、调、气、固定、摔、撕、拉、吹、拧、开、压、和（面）、撬、掐、翻、安排、砸、学。

（164）后来也跟着给我逗乐了。

（165）那谁，那个那个人呢，就那个找报，要报复人那个人呢，就说什么呀，你管着吗，那时候儿我们团支书儿反正他也是支书了，反正他挺有耐心的，后来就<u>给</u>他们解劝，解劝开了呢，就是跟那什么呢，跟他呢就，仔细是仔细说，说为什么。

（166）这，这回<u>给</u>他安置好了，也给他接咱家呢，上北京上我这儿来住着来了，上我这儿住着呢，别处要紧的地方儿我不敢放他去。

（167）还还不是说句不好听的，不如那三轮车儿方便呢，你叫到家家门口儿<u>给</u>你拉走啦，是不是。

（168）做完饭以后，然后<u>给</u>电视开开，七点钟儿看电视。

2. VP为状态补语，有29例，动词包括：闹、吓、拴、弄、挤、打、带、说、撞、气、搞、领导、收拾、看、和（面）。

（169）连他们园长都找过我，看我<u>给</u>孩子打得屁股上手印子落手印子。

（170）我就石头胡同我就跑到口儿里头去了，<u>给</u>他打得这腮帮子也不知道怎么样反儿正。

（171）就好像就，就是<u>给</u>他们说得挺那什么的。

（172）我爱人呢，他们，嗯，他<u>给</u>他们学校反正搞得不错吧，带着全体老师到南方，游了六个地方儿。

（173）心情好一点儿呢，精神再好一点儿呢，体力就好，<u>给</u>屋子收拾得干干净净儿的，孩子大人高高兴兴的，是不是？

3. VP为趋向补语，有58例。

（174）不是咱们<u>给</u>他轰出去的，也不是因为他捣乱，说不要他<u>给</u>他轰走了。

（175）家里有老人，我自己身体不好啊，从外地<u>给</u>你调回来，那就应当很好地来进行工作啊。

（176）正好儿碰见一个，一个医院的一个护士呢，她上来买菜，回来一看，我那样儿，都<u>给</u>我挵下去了。

（177）到现在呢，反儿我，<u>给</u>我扒下来呢，反儿我不太那什么，不太那什么那个，反儿特，心里特难受。

（178）实际上他也不是打你，就是说，他也是盼，心情恨不能三天你就会游才好呢，<u>给</u>你杵过来，这还比较还算，根本不让在边儿上扒着。

（179）到了门口儿呢，哎，老师<u>给</u>我们带进去了。

4. VP=V＋了，有38例。

（180）这就跟这流浪者这拉兹似的，人他爸法官，他儿子小偷儿，到最后也就他妈，那那叫丽达那叫什么，也就这么一媳妇儿<u>给</u>他救了。

（181）托了托街道是啊，找了个单位，所以在这个青云仪器厂嘛，这个就<u>给</u>他吸收了，啊。

（182）这个，你把旧房子交了哇，怎么也得<u>给</u>旧房子交了，这样儿呢是不是能，是不是能住上啊，当然以后不好说。

（183）这种事儿，反正听的，过去听的这儿扎一个人那儿扎一个人，尤其我们医院来说，晚上急诊吧，左扎一个，右打一个，又又是这个<u>给</u>那砍了，那<u>给</u>这扎了，反正这种事儿挺多的。

（184）那会儿正好儿，七，七七年横是，给他们轰了，还改回农场，不行啊，他外行领导内行，胡闹！实际上可能还就是拽那工夫儿，可能<u>给</u>我这偷了我都不知道。

（185）这一坐，一坐车呀，都都是叫什么"出言不逊"，好，"出言不逊"，本来好话，你<u>给</u>人脚碰了，你给他道一声对不起，人家也就算了，他也非得不道，还不要紧，还得说人家。

5. VP=V（一）V，有4例。

（186）这最近，头两年，我哥不在石家庄吗，给他往河北省挪动挪动，挪动，挪动到晋县。

（187）作为他本，老家儿本人有病的时候儿，他也考虑到这个，说我死了以后哇，你们别烧去，哪么弄个破席头儿给我卷巴卷巴，给我埋了去，你也别烧我。

（188）吃完饭回以后就八点了，给孩子洗洗，顶多上街上领着孩子转转。

（189）你说你要都找领导的话，领导也管也，也抓不过来呀。有的时候儿领导也出去。对不对哎，也就是大家给这事儿摆脱摆脱，也就完了。

6. VP=V＋O，有3例。

（190）这个上大街这儿走，好，正好头里过来一老头儿，这老头儿，他站着还不动活，我是越慌吧，冲着这老头儿就去啦，闸也踩不住，给老头儿给撞了一大跟头，撞一顶。

（191）孩子一上那屋去就打。给孩子那天拿湿手巾，给孩子抽这一大趔顺。一会儿抖这孩子，就他那爷爷，唰一抖给孩子抖个大趔顺。孩子哭，我说怎么了？孩子一看，这一大趔顺哟！你说让人街坊说，说您这哪儿是当爷爷的，哪儿有那么打孙子的？

7. VP为光杆动词，有3例。

（192）上同济大学以后，最近的几，这个两年，两年了，两年之内，都发现五门儿不及格，三门儿到五门儿不及格。这孩子一直，同济大学给他爸爸来信，估计最近，可能就要给他除名。

（193）反正我自己就这样儿想：嗯毛主席给解放了，自己呢，就应该很好地工作，报答党。怎么做呢，反正自个儿就是不管党，不管上头给交给什么任务，自个儿都很好地<u>给</u>它完成，不会，那个什么。

（194）嗯，总这个玩儿啊，还能可以陶冶人的性情。不但增强了团结，还挺陶冶兴趣的。那个往往呢就是因为一次的玩儿，那个可以给人呢带来很大的欢乐。一切的不愉快的事吧，可以<u>给</u>它抛弃。

8. VP 为连谓结构，有 2 例。

（195）我们指导员说的，说走不了了，那就拿车推着吧。正好我们这儿有一辆那个，两个轱辘那个手推车，<u>给</u>他推着去了。

（196）她呢，人家这儿一动呢，一一给她开呀，她"噌"坐起来来了，把人大夫吓坏了。人家一下儿人就<u>给</u>她拿蒙药全整个儿蒙过去了，蒙过去了呢，这会儿我们去时候呢，她还没醒过来呢，反正还没醒过来呢，挨床上躺着。

9. VP=一＋V，有 1 例。

（197）年轻的上不来，你这老的老不退，总归这个力量还是不如年轻的，是不是？退休就退吧。那过去解放以前，那退休了就<u>给</u>你一轰，对不对？

10. VP=V＋一＋动量，有 1 例。

（198）然后把那个油呢烧热了以后，把那个肉呢裹点儿淀粉，湿淀粉，然后用点儿盐，还有那个味精，那个再放一点儿料酒，<u>给</u>它那个拌一下儿，就跟那个煨馅儿似的煨一下儿。

此外，还有两个变化值得注意，一是与被动标记"让"构成套叠格式，如：

（199）所以呢，我们不仅是，这个<u>让</u>灰尘<u>给</u>这个这个，吃的东西都<u>给</u>污染了。

二是与语势助词"给"构成的复合式处置式在数量上有明显增加，如：

（200）说他昨天晚上下班儿时候儿<u>给</u>我<u>给</u>撞了。

（201）不知道是谁呢，反正我们接触面，社会上接触面儿比较广哈，不知道是谁，啊，<u>给</u>老头儿<u>给</u>撞了，说呢，是广内办事处市容科的姓李，叫李瑞。

（202）我朋友呢，在家呢，她不让她跟我搞对象，当时对我朋友呢，手挺狠的，<u>给</u>我朋友<u>给</u>打了。

（203）这一下儿<u>给</u>我鸽子都<u>给</u>端了。

（204）这回一听见蛐蛐儿叫唤呢，也不害怕了，下去就<u>给</u>砖头<u>给</u>翻开了，就逮。

（205）照相的，嘴，反正一个一，过些日子<u>给</u>他们都<u>给</u>都给挤垮了。

（206）后来有一次呢，<u>给</u>他胳膊都<u>给</u>掐青了。

（207）你，或者你刚开了支，车上<u>给</u>你包儿<u>给</u>掏了，是哇。

（208）说小兰儿你快去，快去<u>给</u>你二姐那儿东西<u>给</u>接过来，她哪儿抱得动啊。

6.3.4 小结

朱德熙（1982b）认为"给_处置_"得以萌生是因为"有的时候我们可以把受事当做与事来看待"，这一观点极有洞见。本节所发掘的两条路径解释了为何受事能够出现在与事位置上，以此为突破点，"给_与事_"完成了向"给_狭义处置_"的转变。"给"作为处置标记的语感确立后，又相继发展出广义处置和致使用法，在此过程中，"把"字句、"将"字句等同类现象的影响也不容小觑。

6.4 "给_{广义处置}"和"给_{致使处置}"的发展

6.4.1 "给_{广义处置}"的发展

广义处置用法的核心是位移,句法上则要求谓语动词涉及的两个域内论元同现,分为"处置(给)""处置(到)""处置(作)"三种类型。位移义作为处置式的核心语义,在"给_{狭义处置}"用法已见用例(如句94),又如:

(209)徐爷心说:既然狼这东西蒸不熟煮不烂,大概白费我的火候儿,莫如<u>给</u>他捞出来,赶紧换汤煮鹿吧。(《夜叉国》)

句(94)(209)中的位移以动趋式来表现,当位移终点体现在句法表层时,狭义处置用法就出现了。"处置(到)"至迟在20世纪20年代已见用例①,"处置(给)"在老舍作品中有零星用例,意义最为抽象的"处置(作)"出现得最晚,80年代语料中可以见到一些用例。

6.4.1.1 "处置(到)"的发展

(210)a. 我们原是论弟兄,寻钱的时候儿,他老管我叫大叔,闹的我到怪不好意思的。请安磕头求我给他找事,他原有分厨行的手艺,我<u>给</u>他荐到学校里作饭,也吃饱啦,也穿暖和了,待了不到半年,得了一场瘟病,竟自呜呼哀哉。(《五人义》)
b. 我见你手段高强,你明日再来,我<u>把</u>你荐到那里去,管叫你发点财。(《刘公案》)

---

① 有两例更早的疑似用例需要专门交代。一例是《燕京妇语》中的"给你这个布搁在屋里",原文和整理本未加标点,而原文相应的日文翻译接近于单句的处置表达,但由于会话参与者不只一人,这句话的受众不够明确,此处不能绝对排除此句"给"是给予动词用法。另一例是《四民实用清语集》中的"那儿还有圆圆方方的一块木头,给他滚这边儿来罢"。该句缺少上下文支持,审慎起见,也处理为疑似用例,列此备考。

（211）a. 我打算给你介绍到博累牧师的教会去，作个会员。(《二马》)
　　　　b. 我的意思，打算把您介绍到女校服务女生，也没什么困难的。(《北京》)
（212）我们是他爸爸的兵，他反倒不照应我们，给我们放在死地！我们有一个人活着便不能叫他好好的死！(《猫城记》)
（213）微风仿佛会给那点微光吹到我的心上来，使我想起过去，更加重了眼前的悲哀。(《樱海集》)

句（210a）（211a）中"给"的可靠性可通过句（210b）（211b）验证，老舍作品中也有一些用例。这种用法发展势头非常迅猛，在"当代北京口语语料库"中有76例，仅次于"给狭义处置"用法（207例），有生受事仍占绝对优势（72例），也有一些复合处置式用例，如：

（214）推着车给老头儿给送到那地方儿。

6.4.1.2 "处置（给）"的发展

（215）吃完了，玛力给果碟子递给大家，问他们要什么。(《二马》)

"处置（给）"用法在老舍作品中仅有零星用例，在"当代北京口语语料库"中则未见用例。"给"在当代北京话中仍是最重要的给予义动词，可能影响了这种用法的发展。

6.4.1.3 "处置（作）"的发展

"处置（作）"是"处置（到）"由物理空间投射到心理空间的产物（参见张伯江，2009），因此虚化程度最高，出现时间也最晚，在"当代北京口语语料库"有6例：

（216）人民公社呢，这"文化大革命"一起来呢，其实那时候儿，他参加工作时候儿呢就给他划为是公社社员，就不算是那公社干部儿，根本不算干部儿。

（217）后来那学校本，本来想给他们吸收为正式的。

6.4.1.4　小结

林素娥（2007）认为"给_{广义处置}"是由双宾句"给$_1$＋NP$_1$＋给$_2$＋NP$_2$"发展而来，笔者认为，即便有新的证据证明该路径存在，也仅是找到"处置（给）"的来源而已。如上所述，"处置（到）"不仅出现最早、用例最多，还通过隐喻发展出"处置（作）"，它才是"给_{广义处置}"的核心用法，而"处置（给）"用法则极为边缘。

6.4.2　"给_{致使处置}"的发展

"给_{致使处置}"的发展明显滞后于另外两种用法，在"当代北京话口语料库"中有13例，谓语包括："累"（3例）、"急"（3例）、"忙"（2例）、"困"（1例）、"歪"（1例）、"冻"（1例）、"紧张"（1例）、"断子绝孙"（1例）。

（218）你搁老太太那儿，给老太太累坏了，你说怎么弄啊？

（219）有一次他跑了，哎哟，给我们急得哟！

（220）那次给我忙得够呛。

（221）白天睡觉，晚上呢反正给我也困得够呛。

（222）后边儿一男的还挺胖的，胳膊一压呢，给我脑袋老那么歪着。

（223）我我到冬天时候儿，上上咱们南京去过一回。好！给我冻得真够呛，没暖气呀。

（224）嗯，张的张，弛的弛，是哇，紧张得给你紧张得了不得，弛的时候儿，跟那儿哦，玩儿去了，什么全没有。

（225）然后她这婆婆呢，对，一看生个男孩儿以后也很生气，一看生个女孩儿也很生气，然后呢，就对她也，也不待候，坐月子也不管，然后就说她那个给他们那家那个断子绝孙啦，然，那个，对她那个施加压力。

句(218)—(225)主语较少直接出现,带有明显的致使意味,谓词为形容词或不及物动词,处置性极低。"给致使处置"是典型的"主观处置"——"客观上甲未处置乙,而说话人主观上认定甲处置了乙"。(沈家煊,2002)以句(218)为例,形容词"累"不具备动作性,因此"老太太"的角色不是受事,而是"感事",并且明显带有不幸义,是"同情"的对象。说话人在主观上把某个人或者某个使因当做应该追究的责任者,是主观的处置。在处置式中,这种用法的主观性和语法化程度最高,因此常在语法化链条末端出现。

"给广义处置"意义上强调位移,句法上要求动词涉及的两个域内论元同现,与"给致使处置"的差异较大,笔者认为"给致使处置"是"给狭义处置"的"功能扩展"(参看蒋绍愚,1997),是"客观处置"发展为"主观处置"的主观化(subjectivisation)过程。

6.5 结语

吴福祥(2003)将"把"等早期处置式的发展路径总结为:连动式>工具式>广义处置式>狭义处置式>致使义处置式。本章依托大规模北京话语料,对"给处置"的发展历程进行全景式考察,并将其发展路径归纳为:

两条路径同中有异,重合部分"狭义处置>致使义处置"体现出语言演变的共性规律,而语法源义的不同则决定了两条路径走向迥异。北京话、其他方言以及汉语史中处置标记来源和发展路径的多元化充分体现了语言演变的复杂性和多样性,这也提醒我们在进行溯源研究时应该审慎地借鉴方言中的同类现象。正如 Hopper & Traugott(2003)所言,语言演变是如此之复杂，研究者也许永远无法解释某些演变为何会发生，也无法预测它们何时会发生，因此用术语"动因"（motivations）或"促成因素"（enabling factors）代替"原因"（causes）或"解释"（explanations）是个更为审慎的做法。就本章而言，正是"给_{与事}"的两种特殊用法，促成了"与事"向"受事"的转化，这种细微的变化（"动因"）往往不是方言旁证所能提示的，通常需要借助大规模文本以定量统计的形式显现。受益于北京话的特殊地位，存世的清民语料总量极为惊人，相信随着新材料的进一步挖掘，"给_{处置}"的发展面貌会更加清晰。

第七章 被动标记"给"的来源及发展

7.1 引言

7.1.1 研究对象

根据李炜（2004b）的调查，在20世纪90年代末的北京话作品中，"给"的用例已经超过"叫"和"让"，是当代北京话和普通话中重要的被动标记之一。我们在"当代北京口语语料库"中找到了不少"给"充当被动标记的用例，有短被动和长被动两类：

（一）短被动用法：

（1）a. 那二小子教养回来之后这不又给_{短被动}抓走了。

b. 那个现在差不多前边儿就那个盖的那个门脸儿什么都给_{短被动}拆了。

c. 你看那布，现在这阵儿，西，又开始都买西服，每人儿发钱买西服，你看现在哪儿还有西服啊，都给_{短被动}抢得差不多了都。

d. 刚开始时候儿，刚上班儿时候儿偷过一回，坐车睡着了，工作证给_{短被动}偷走了。

e. 呜呜的就那个连那个集市什么伍的，都给_{短被动}轰了个，不能说，连村儿啊，轰了一个平，那天轰得确实是可以的。

f. 又斗他，又又批又斗，又什么的，又生，他生气，又差点儿给_{短被动}气得神经病了。

  g. 啊,这老红军,啊,长征开始以后,给_{短被动}炸死了。
  h. 他,他是,对,是六五年,因为我有一十三岁一大男孩儿,在协和医院做手术给_{短被动}感染了,感染了呢,他就突然间就等于没了。

(二)长被动用法:

(2)a. 嗯两万,两万五千斤西瓜,完了以后给_{长被动}人家抢走一万五,还剩一万。
  b. 反正我看她要是真的走了,那我看也是给_{长被动}人挤兑走的。
  c. 有的呢,就给_{长被动}狗给扒出来了。

  句(1)中的"给_{短被动}"是助词,在短被动句中充当被动标记,句(2)中的"给_{长被动}"是介词,在长被动句中充当被动标记。
  与"给"相关的句法语义问题是汉语语法研究的重要议题,极具方法论价值。(参看朱德熙,1979;沈家煊,1999a;张伯江,1999;刘丹青,2001等研究)北京话中的"给"兼表处置、被动、受益等多种功能,尤其受到学界关注。本章关注"给_{长被动}"和"给_{短被动}"的来源及演变历程。在历时研究层面,被动标记"给"的产生是北京话发展史上的重大事件,对普通话被动系统的形成发展也产生了很大影响,因此其来源尤其是长被动用法的来源问题一直是讨论的热点和难点,产生了"处置来源说""词汇替代说""使役来源说""给予义来源说""助词诱导说""受益用法来源说"及"外源说"等多种代表性观点。

7.1.2 本章的切入点

  1. 重视短被动用法的发展。根据李宇明、陈前瑞(2005)对王朔作品的统计,"被"字句中长被动用法(823例)明显多于短被动用法(502例),而"给"的情况则相反,短被动用法(41例)接近长被动用法(14例)的三倍。这提示我们"给_{短被动}"未必就是长被动用法省略施事的产物,也许有着独立的发展路径。

2.加强对早期北京话语料的发掘力度,扩大考察范围。语料匮乏长期困扰早期北京话研究者,《红楼梦》《儿女英雄传》《小额》这三种常用的清代语料,总字数不过140余万字,不足以展现北京话数百年间的发展全貌。对"给长被动"来源的探讨往往集中在《红楼梦》和《儿女英雄传》中的几个争议用例,自然难有定论。

7.2 "给长被动"的来源及发展

7.2.1 相关研究

Bennett(1981)提出,"给"在一些方言中可经由处置用法发展出被动用法。张惠英(1989)认为"给"与被动标记"吃"有词汇替代关系。在南方方言中,"畀"(粤语)、"拨"(吴语)、"得"(湘语)、"分、互、乞"(闽语)等给予义动词借由使役用法发展出长被动用法。蒋绍愚(2002)认为北京话也是类似的情形,路径可归纳为:给予(动词)>叫/让(动词)>被动(介词),用例转引如下:

(3)往常老太太又给他酒吃。(《红楼梦》第八回)

(4)贾母忙命拿几个小杌子来,给赖大母亲等几个高年有体面的妈妈坐了。(《红楼梦》第四十三回)

(5)我的一件梯己,收到如今,没给宝玉看见过。(《红楼梦》第四十二回)

(6)千万别给老太太、太太知道。(《红楼梦》第五十二回)

(7)甘心卑污苟贱,给那恶僧支使。(《儿女英雄传》第七回)

(8)就是天,也是给气运使唤着,定数所关,天也无从为力。(《儿女英雄传》第三回)

蒋先生提出,句(3)中的"给"表给予义,当其宾语省略或前置时,就可能发展出使令型使役用法（如句4）和容让型使役用法（如句5），句(6)(7)中的"给"既可以理解为"让"，也可以理解为"被"，而句(8)的"给"只能理解为被动介词。江蓝生(2000)指出"给予动词无论在南方还是北方，自古以来都是使役和被动兼用的"，给予动词"与"自先秦就由给予义引申出"容许、许可""使、让"和被动用法。冯春田(2000)也支持使役来源说。洪波、赵茗(2005)提出只有使役强度最弱的容让型使役动词才会发生被动介词化，认知上的前景凸显是动因。张丽丽(2006a)主张从使役到被动必须经历"非自愿允让"阶段。

一些学者对"使役来源说"提出了异议。木村英树(2005)提出"使役来源说"仅适用于粤语等南方方言，"给"在北京话里从未发展出成熟的"允让"用法，遑论由此再发展出长被动用法。他认为被动句的施事同时也是状况引发者，北京话"给"介引受益者的用法实际是一个动作引发者标识，进而发展出长被动用法，路径如下：

给予动词＞给予目标标识 ⟶ 受益者标识 ⟶ 被动介词
　　　　　　　　　　　（＝动作引发者标识）（＝状况引发者标识）

李宇明、陈前瑞(2005)认为《红楼梦》和《儿女英雄传》中的用例还算不上典型的长被动用法，即便是句(8)，也仍带有明显的主动意味，直到20世纪50年代，北方作家的作品中才出现可靠用例。他们提出"给_{长被动}"是在助词用法诱导下逐步发展而来。在老舍作品中，复合被动式"叫/让/被＋NP＋给＋VP"大量出现，从而类推出"给＋NP＋给＋VP"（如"她，早给日本人给抓走了"），当助词"给"省略后，介词"给"便独立承担被动功能。

石毓智(2004)认为由"给"字双宾结构形成的连动结构，当受事省略或前移时，可作被动理解，例如：

(9)槟榔倒有，就只是我的槟榔从来不<u>给</u>人吃。(《红楼梦》第六十四回)

受事"我的槟榔"前移占据了主语位置，假定前移的受事是有定的，而谓语又表示已发生的事情，那么句（9）就可能变换为"我的槟榔已经给人吃了"。

从 18 世纪中期至 20 世纪中期的两百年间，"给_{长被动}"可靠用例极为罕见，这使得"外源说"浮出水面。张延俊（2010）认为"给_{长被动}"的最早用例（出自《红楼梦》和《儒林外史》）均为南京籍作家手笔，北方方言的"给_{长被动}"可能源自江淮方言，郭锐、翟赟、徐菁菁（2017）认为源自南京官话。潘秋平（2013）借鉴 Croft（1991）的"致使顺序假说"（Causal Order Hypothesis），提出给予动词的两条语法化链条（"给予＞使役＞被动"和"给予＞受益＞接受者"）不能在同一种语言中并存。北京话中的"给"兼表"受益"和"被动"似乎构成了反例，潘文认为这是受到了南方官话的影响。李炜（2004b）则认为 20 世纪 90 年代以来，"给_{长被动}"的兴起是受了南方官话影响。

7.2.2 "给_{长被动}"是北京话自身发展的产物

我们在早期北京话材料中发掘出近 20 例"给_{长被动}"的可靠用例，先看一则标志性用例：

（10）我要不说你，怪受不得的，可惜一张人皮，<u>给</u>你披上了，往六十岁上去的人呀！（《清文指要》）

句（10）中的"给"是长被动标记，有以下证据：1）该句对应的满文也为长被动句；2）在同时期的《庸言知旨》中有极为相似的满文语句，所对应的汉文也是长被动句，使用的是当时最常见的被动标记"教"，请看[①]：

[①] 以下两句的满文转写分别由陈晓和王磊提供。"属"表属格格助词，"与"表与格格助词，"被"表被动态，"完"表完整体，"位"表位格格助词，"顺"表顺序副动词。《清文指要》（双峰阁刻本）中例句的影印原文由竹越孝先生提供。

hairakan, niyalma-i sukv adarame sinde nere-bu-he
可惜　　人-属　　皮　怎么　你.与　　披-被-完
可惜一张人皮，给你披上了。(《清文指要》)
hairakan niyalma-i　　sukv,　ede　nere-bu-fi
可惜　　　人-属　　　皮　　这.位　披-被-顺
可惜了的人皮教他披了。(《庸言知旨》)

此外，受益于张美兰、刘曼（2013）和竹越孝（2017）对《清文指要》不同版本、改写本的系统整理，我们发现：在近一个世纪的时间中，经过多人修订改编，句（10）用词有了不小变化，但"给"始终未被改写为其他被动标记。

表 7.1　不同版本、改写本中的用例情况

文献来源	年代	用例
《清文指要》（双峰阁刻本）	1789	可惜一张人皮，给你披上了。
《清文指要》（三槐堂刻本）	1809	可惜一张人皮，给你披上了。
《新刊清文指要》	1818	可惜人皮，怎么给你披了？
《三合语录》	1830	可惜了的人皮，怎么给你披了？
《亚细亚言语集》	1879	可惜了儿的，人皮子怎么给你披了？

综上所述，"给[长被动]"在 18 世纪末就已出现[①]并得以沿用，再看一些用例：

[①] 句（10）（11）不能明确补出给予者，不太可能是由给予句发展而来。这两句主语均为非有生名词，用法较为成熟，"给[长被动]"在口语中出现的时间可能更早。由于清代，尤其是清中前期的北京话语料较少，且口语化程度参差不齐，很多用法的语法化链条暂时无法通过更早的语料完整呈现，"让[长被动]"最为典型，19 世纪的北京话文献中连疑似用例都鲜见，有些学者在 20 世纪四五十年代的老舍作品中才找到零星可靠用例，但近些年的研究显示，该用法在口语化更高的《小额》（1908）中突然爆发，出现在口语中的时间恐怕要早得多。

（11）什么都要在行，你一个不在行，瞎充老板。凭在你，怎么好买卖都<u>给</u>你弄撒了。(《正音撮要》)

（12）你<u>给</u>那猛虎吃了没有?(《狸猫换太子》)

（13）像你这等精灵妖怪，幸而我们没有说你谋反叛逆；要是说你谋反叛逆，<u>给</u>你偷听了去，还了得吗?(《晴雯撕扇》)

（14）我的金鱼<u>给</u>猫吃了。(《华语要诀》)

后来"给_长被动_"进入了域外北京话教材的语法教学体系，宗内鸿在《华语要诀》(1938)中，将"给"归入长被动标记，并在日文注解明确说明句（14）中的"给"表示被动，该句的日文翻译也是被动句。

本节介绍的用例分别出自满汉合璧文献、正音教本、曲艺剧本、域外北京话教科书，来源多样，时间分布均匀，恰好弥补了《红楼梦》《儿女英雄传》和老舍作品间的材料断层。据此我们判断："给_长被动_"是北京话自身发展的产物。

7.2.3 "给_长被动_"的历时演变历程

结合既有研究和新的语言事实，笔者支持"使役来源说"，"给_长被动_"的演变路径可概括为：

语义：给予　　　＞　　可控容让　＞　不可控容让　＞　长被动
句法：S_1式："给"字连动式　S_2式：兼语式　S_3式：兼语句　S_4式：被动式

为了更加细致地描写这个演变过程，本章引入 [自主] [变化] 和 [可控] 三个参数：

1. [可控]：在上述四个句式中，均可出现两个"指人 NP"，"给_长被动_"的产生同时也是两个"指人 NP"不断博弈、争夺事件控制权的过程，设立 [可控] 来描写谁对事件具有掌控权。

2. [自主] 和 [变化]：从施受关系观察，以 S_1 和 S_4 为起始点和终点，"给_长被动_"的产生是主语由 S_1 式中的施事逐渐转变为 S_4 式中受事的过程，同时伴随着一个非典型受事——S_1式中的与事逐渐转化为S_4式中施事的过程。这与Dowty（1991）提出的"原型施事"（Proto-Agent）和"原型受事"（Proto-Patient）理念相契合。Dowty认为最基本的题元角色（thematic role）只有这两种，"原型施事"的蕴涵特征有自主性（volition）、感知性（sentience/perception）、使因性（causation）、位移性（movement）、自立性（independent existence），"原型受事"的蕴涵特征有变化性（change of state）、渐成性（incremental theme）、受动性（causally affected）、静态性（stationary）、附庸性（existence not independent of event）[①]。"原型施事""原型受事"位于一个连续统的两级，其他的题元角色不再是离散的，而是根据自身特征的多少分布在连续统的不同位置上。以与事为例，其在连续统上更靠近原型受事。既然施受在共时平面是个连续统，那么在历时层面，施受自然有可能发生渐变性的转换。在Dowty看来，自主性和变化性分别是受事和施事的最根本特征，自主性强调"有意参与事件或状态"，变化性即"受影响性"。（参看张伯江，2009）本章将借助这两个参数描写施受渐变的过程。

7.2.3.1　S_1式：$S_{施事}$＋给$_{给予}$＋NP$_{与事}$[②]＋（NP$_{物}$）＋VP

（15）二吉兔在那里呢？<u>给</u>跟马的人们酒呵饭吃。（《清文启蒙》）

（16）嗳呀呀，别<u>给</u>我们家人酒呵，他们都不会呵，万一呵醉了，怎么跟我们？（《清文启蒙》）

以上两句是源点句式S_1式，结构可概括为：$S_{施事}$＋给$_{给予}$＋NP$_{与事}$＋NP$_{物}$＋VP。给予动作由"$S_{施事}$"自愿发出（[＋自主]）和掌控（[＋可控]），而"NP$_{与事}$"作为接受者并未受到明显影响，只能算是非典型受事。S_1式作为双宾句构成的连动式，"NP$_{物}$"可以省略或者前置，从而为使役化创造

---

① 这十个参数的译名不一，本章采用张伯江（2009）的方案。
② 本章的"与事"涉及接受者（如"给她书"）、受益者（如"给她治病"）和受损者（如"给她使坏"）三种语义角色，此处是接受者，分析短被动来源时则指"受益者"或"受损者"。

句法环境，下面两句中的"给你吃"和"给他嗑（喝）"与兼语式在结构上十分接近：

（17）阿哥你只管进去就是呢，寡空饭给你吃的规矩也有么？（《清文启蒙》）

（18）滚沸沸的开水给他嗑。(《满汉成语对待》)

江蓝生（2000）发现当"给＋N"扩展为"给＋V"和"给＋N＋VP"时，给予义就会引申为使役义。至于使役化的语义动因，洪波、赵茗（2005）认为是认知上的前景凸显（figure salience）造成的，由于给予行为成为背景信息，使成关系得以凸显，原来的连动结构被重新分析成使役结构，给予动词也转化为使役动词。蒋绍愚（2002）认为是施事先行施行的动作行为（如句4中的"命拿几个小杌子"）淡化了给予义，从而带来了给予动词的使役化，因此句（4）中的"给"可用"叫、让"替换，是一种使令型使役。笔者认为，此句以及句（17）（18）的"给"主要表示给予，使令义不算典型。语料显示，北京话的"给"在使役化过程中，确实没有发展出成熟的使令型使役，只发展出容让型使役用法，即 S_2 式。

7.2.3.2　S_2 式：S 施事＋给 可控容让＋NP 兼语＋VP

（19）你们这甚吗话呢？我们店里从来正没有卖过两样酒。若有好酒否咧，偏不给你们哈吗？有这个理吗？（《中华正音（骑着一匹）》[①]）

该"可控容让"用例有两解，尚可补回"好酒"，说明 S_2 式系脱胎于 S_1 式。而在下列例句中，"NP 物"无法补回，"可控容让"用法已经较为成熟：

---

① 韩国顺天大学图书馆藏本，抄写时间为1824年，该句和句（21）均转引自《朝鲜时代汉语教科书丛刊续编》（汪维辉等，2011）。

(20) 寡他说话不给人说，独自一把楼儿，瞧着瞧着受作不的了，截住他的话，你的话说够了，剩下的腊角儿，也叫我们张张口儿。（《满汉成语对待》）

(21) 不但说是给你们赶车，沿道走路给你们使换的呢，自然是用心服侍你们爷々们，何敢有昧怠的理吗？（《中华正音（骑着一匹）》）

(22) 这一路事，并非县台故意给衙役支使着，因为多精明的贤宰官，也不能事事都亲身去办理。（《促织》）

(23) 大樱桃说："有气你上蒸锅铺，别在这里招说。"景子华一听，登时气的要死。因为大樱桃跟他念过书，一时忘形，过去就要打。大樱桃说："姓景的，你要打我好极了，给你打！"当时也往前奔，景子华被他气的乱哆嗦，直嚷："反了哇，反了！"（《大樱桃》）

S_2 式是典型的兼语式，可概括为：$S_{施事}$＋给$_{可控容让}$＋$NP_{兼语}$＋VP，较之 S_1 式，语义上有了新的变化。以句（22）为例，能"支使县台"是衙役的自身意愿，因此兼语具备了[＋自主]特征，但不具备[＋可控]特征，从"故意"一词可知，"衙役支使自己"这个事件，实则是出于县台意愿，并且完全在其掌控之下，因此主语具备了[＋自主]和[＋可控]特征。在句（23）中，主语对事件的掌控更为明显。尤其值得注意的是，在句（21）（22）（23）中，主语成为及物动词"使换（唤）""支使""打"直接作用的对象，完全具备了受强影响（[＋变化]）的可能性，为被动用法的产生创造了条件。

为什么上述例句中"给"能表示"容让"，并且在否定句中表现得尤为明显？"不给＞不允许"的语义演变动因也可以用溯因推理解释。根据生活常理，如果我们不允许别人做某事，自然不会主动把相关的物品提供给他。那么根据"不给"这个事实，就能推出"不允许"来，请看实例：

常理：张三不允许李四喝酒　　张三不给李四酒喝

事实：张三不给李四酒喝

推理：张三不允许李四喝酒

"给予＞允许"的语义演变同样能以此解释。我们不妨将"使役"理解为一种更为抽象的给予行为，"张三叫/让李四喝酒"这样的使令句也可理解为张三给出一个指令或邀请，而"张三不允许李四喝酒"这样的容让句也可理解为"张三不给李四喝酒的机会/可能性"。

7.2.3.3　S_3式：S_{受事}＋给_{不可控容让}＋NP_{兼语}＋VP

（8）就是天，也是<u>给</u>气运使唤着，定数所关，天也无从为力。(《儿女英雄传》第三回）

（24）他只是挖窑人，难道叫我竟然<u>给</u>他顽就罢了？(《正音撮要》）

（25）（桑白）：事不宜迟，前后总是一刀，说也是白说，杀杀杀！

（仰白）：罢了，说不得伸得长长儿的脖子，<u>给</u>你杀罢。(《十全福》）

在S_3式中，兼语的特征为[＋自主][＋可控]，施事性已经很强，对整个事件具有操控性，如句（8）中，天被气运完全压制。"天"受"气运"使唤并非自愿，失去了对事件的掌控，特征为[－自主][－可控]，施事性已经很弱，并且已成为移情对象，开始带有不幸色彩。句（24）（25）中的"竟然""说不得"（意思是"只好""不得不"）明示了主语的行为是受迫的，并非发自本心。S_3式可总结为：S_{受事}＋给_{不可控容让}＋NP_{兼语}＋VP，在语义上与典型的长被动式已经十分契合，但在句法上还有一定距离，如上述3句所示，VP多为光杆动词，多处未然或泛时状态，换言之，谓语动词对主语施加的强影响尚未明确在句法层面体现出来，主语只是一种潜在的受事，特征可描述为[±变化]①。

---

① S_2式也是类似的情形。

7.2.3.4　S_4 式：$S_{受事}+给_{被动}+NP_{施事}+VP$

（26）我皮氏，死去的沈延林是我的丈夫，<u>给</u>玉堂春害啦，求老爷申冤报仇。(《玉堂春》)

（27）你真是不会说话。我若是<u>给</u>那猛虎吃了下去，我还能回来么？(《狸猫换太子》)

（28）前天上的书，今天还没有背过来，<u>给</u>先生好顿说。(《适用支那语解释》)

（29）他几乎觉得没脸再进人和厂，而<u>给</u>大家当笑话说："瞧瞧，骆驼祥子敢情也是三天半就吹呀，哼！"(《骆驼祥子》)①

（30）她，早<u>给</u>日本人给抓走啦！(《四世同堂》)②

"害啦""吃了下去"都是已然的动补结构，主语所受的强影响在句法表层得到体现，此时主语的特征为[－自主][＋变化]，已经是一个典型的受事，句（26）（27）这样的 S_4 式已是非常典型的被动句，结构可概括为：$S_{受事}+给_{被动}+NP_{施事}+VP$。此后，在其他被动式的类推下，S_4 式的用法也更加多样，句（28）（29）中的谓语动作性很弱，句（30）这样的复合被动式"给＋NP＋给＋VP"也开始出现。

7.2.3.5　小结

表 7.2　"给$_{长被动}$"发展过程中相关参数统计表

	NP_1			NP_2		
	自主	可控	变化	自主	可控	变化
S_1	＋	＋	－	－	－	±
S_2	＋	＋	±	＋	－	－

---

① 该句引自李炜(2004b)。

② 该句和句(56)引自李宇明、陈前瑞(2005)。

(续表)

	NP$_1$			NP$_2$		
	自主	可控	变化	自主	可控	变化
S$_3$	−	−	±	+	+	−
S$_4$	−	−	+	+	+	−

如上表所示，在 [自主][变化][可控] 三个特征参数的帮助下，S$_1$ 到 S$_4$ 式的发展得以刻画，NP$_1$ 从施事渐变为受事以及 NP$_2$ 由弱受事渐变为强施事的轨迹十分清晰。

与"给_{长被动}"类似，北京话中的"让_{长被动}"也是由"容让"用法发展而来，对此学界已有共识。"让_{长被动}"作为高频用法经过了一个多世纪的发展，其施事通常仍不能省略。在《儒林外史》《白姓官话》《官话类编》（记录了南北官话差异）这三部具有南方官话背景的文献中，"给_{长被动}"亦由"容让"用法发展而来，未见"给_{短被动}"用例。在吴语和粤语中，"拨""畀"等给予义动词发展出长被动用法，鲜有省略施事的情况。（参看刘丹青，2003；邓思颖，2003）因此，"给_{短被动}"在清末民初北京话文献中的迅猛发展不能用"给_{长被动}"省略施事解释，早期用例显示它有着独立的来源和发展路径。

7.3 "给_{短被动}"用法的来源及发展

7.3.1 相关研究

石毓智（2004）认为"给_{短被动}"用法可能来源于"茶饭也别给吃"这样的"NP＋给＋VP"格式。李宇明、陈前瑞（2005）则将"给＋VP"的语义发展概括为：受益＞处置＞被动，这三种用法中的"给"分别可以用"为、替""把"和"被、让、叫"替换，被动用法跟处置用法的联系比较紧密。

从《儿女英雄传》中的萌芽用法来看，我们认为"给_{短被动}"跟与事介词用法关系更密切：

（31）瞧瞧，我昨儿早起才换上的，这是什么工夫给弄上的？（《儿女英雄传》第三十八回）

（32）不信，瞧我这袖子，也给弄了那么一块。（《小额》）

（33）不料给当面抖搂亮了，也只得三一三十一，合那两个每人"六百六十六"的平分。（《儿女英雄传》第五回）

晁瑞（2013）认为由于受损者宾语缺失，句（31）可完形为"我的衣服袖子什么工夫给弄上胭脂的"，是典型的被动句。但从上下文看，我们认为句（31）（32）还原为"（花铃儿）什么工夫给（我）弄上的"和"（柳条儿）也给（我）弄了那么一块"更贴近原文，施事（仆人"花铃儿""柳条儿"）和受损者与事"我"均省略。

张文（2013）认为句（33）是"给_{长被动}"省略了施事，是"被"字句类推的结果。我们倾向于将该句理解为"（十三妹）给（他）抖搂亮了"，书中有类似用例："我要不起根发脚把你我从能仁寺见面起的情由，都给你当着人抖搂出来，问你个白瞪白瞪的，我就白闯出个十三妹来了！"（《儿女英雄传》第二十五回）

以上3例"给_{受损者}"的介词悬空用法确实容易被听话人识解为短被动用法，这类早期的两解用例提供了重要线索——介词"给"介引的受益者、受损者在一定条件下可以省略，这也许是短被动用法产生的关键一环。

7.3.2 "给"的与事介词用法及发展

7.3.2.1 "给"介引受益者和受损者的用法

北京话中"给"的来源问题尚无定论，在《满汉成语对待》《清文启蒙》等18世纪初的满汉合璧文献中，"给"在相关用法上已经基本取代了"与"，

"给_{受益者}"已有不少用例：

（34）再不肯给人留分儿。(《满汉成语对待》)

"给_{受损者}"是"给_{受益者}"用法扩展的产物，在《满汉成语对待》和《红楼梦》中始见零星用例，后使用频度明显上升，经常出现在处置式中，如：

（35）现世包，人人见了都脑袋瓜子疼，给这个窟窿桥下，给那个苦的吃。要不是给人籖喇铁吃，不是就给人按名儿，没缝儿去下蛆，这们个造言生事的人祸根儿。(《满汉成语对待》)

（36）刘姥姥忙念佛道："我们家道艰难，走不起，来了这里，没的给姑奶奶打嘴，就是管家爷们看着也不象。"(《红楼梦》第六回)①

（37）张顺是个家人代表，一瞧这个事，心说："干了，我还给他破坏呢，人家倒抖起来啦。"(《张二奎》)

（38）我不看你刚才还有点怕惧儿，不敢撒谎，我把你的腿不给你砸折了呢。(《红楼梦》第六十七回)

7.3.2.2 "给_{受益者}"和"给_{受损者}"的介词悬空用法

无论是"给_{受益者}"还是"给_{受损者}"，省略与事的情况非常普遍，是一种"介词悬空"现象②(参看张谊生，2009)，可根据上下文补出与事，例如：

（39）他是个恶狗，惹他作甚么？凭他是谁不给留分儿，要怎么就怎么。(《满汉成语对待》)

（40）他因为王景云相貌又好又有功名，样样都比他强，不过他比人家有几个糟钱。起打一作亲，他就不乐意，总想着给破坏啦，他才称心呢。(《谢大娘》)

---

① 转引自石毓智(2004)，该文处理为被动用法。"打嘴"在北京话中除了表"打嘴巴"外，还表示"丢人现眼"，此处似应作后者理解。

② 北京话中的"介词悬空"现象并不多见，清代与事介词"替"亦见用例，但用例远远少于"给"，未进一步语法化。

(41) 道爷，你这个、你这个罗锅子的嘴倒灵。你不说昨日有鬼叫吗？果然我们家黑里闹了半夜。扔了砖，又撂了瓦，把我们的尿盆子也给打咧！(《刘公案》)

参照句(34)(37)，句(39)(40)可补出与事"人"和"人家"。参照句(38)，句(41)完整的说法应是"把我们的尿盆子也给我们打咧"，省略与事之后表达更加简练。

7.3.2.3 由介词悬空用法发展而来的语势助词用法

随着介词悬空用法的大量出现，"给"进一步发展出语势助词用法(参看李炜，2004a)，无法再像句(39)(40)(41)那样明确地补回宾语，主要出现在以下语境中：

1. 施受关系较为明显的简单句，用例丰富，例如：

(42) 王振说："又来了三个余党，我都送他们住姥姥家去了。"王善人说："你都给杀了吗？"(《王善人》)

(43) 他嫌酱肘子不肥，跟他后娘呕气，居然给喂了狗啦。(《忠孝全》)

2. 无施受关系的简单句，例如：

(44) 今年春天，我花三吊钱，又买两棵凤尾柏，拿到家里，越浇水越憔悴，后来叶子爽得给干了，赌气子摔开泥坨子一瞧，敢情没有根子。(《恶社会》)

黄蓓(2016)提出"小鸟给飞了"这类的用法无法用"受影响"标记(邓思颖，2003)解释，句(44)是这类新兴用法的雏形，民初出现零星用例，应是第一种用法的扩展。

3. 处置式

(45) 再不想只安太太一句闲话，又把这《儿女英雄传》给穿插了个五花八门，面面都到。(《儿女英雄传》第三十七回)

（46）他说他会治病，我说没钱吃药，他说不用吃药，他会推拿按摩，说话之间，他就动起手来，一会儿的功夫，<u>给</u>我把病真<u>给</u>拿下来咧。（《褚遂良》）

句（45）中的"给"已经无法像句（41）那样明确补出宾语，句（46）中"给_{语势}"和"给_{与事}"用法同现，更加明确了第二处"给"的助词身份。

4. 被动式

（47）公子断没想到从城里头憋了这么个好灯虎儿来，一进门就叫人家<u>给</u>揭了！（《儿女英雄传》第三十八回）[①]

（48）跨院儿那个老西儿是让冯二爷<u>给</u>诓进来的。（《王善人》）

（30）她，早给日本人<u>给</u>抓走啦！（《四世同堂》）

李炜（2004a）认为这种用法是"给_{语势}"由主动句扩展到被动句的结果，李宇明、陈前瑞（2005）也持类似看法，我们支持这一观点，第一、三种用法的发展轨迹在历时文献中比较清晰：介+宾＞介词悬空＞语势助词，而第二、四种用法则不然，应是由其他用法扩展而来。

"给_{与事}"向受其支配的宾语指派受损者之类的题元角色，而"给_{语势}"绝不带宾语，与句中同现的论元也没有语义关联，语义较为空泛（general），易于发生语法化。具体到上述四种用法，只有第一种用法有可能发展出短被动用法，第二种用法在语义上跟被动句相去甚远，且用例极少，处置式和被动式虽然具有"强受事性"（参看张伯江，2009），但在句法结构上跟短被动句差别太大，不可能发生重新分析。

7.3.2.4 小结

"给_{受益者}"和"给_{受损者}"的介词悬空用法及"给_{语势}"都不带宾语，为"给_{与事}"向"给_{短被动}"发展扫清了句法上的最大障碍，这三类用法在语义上跟"给_{短被动}"亦有相通之处，在特定的句法环境下，被重新分析为"给_{短被动}"。

[①] 该句见于李炜（2004a）和洪波（2004）。

7.3.3 "给_{短被动}"的来源之一："给_{受损者}"

7.3.3.1 "给_{受损者}"与"给_{短被动}"的语义关联

（38）我不看你刚才还有点怕惧儿，不敢撒谎，我把你的腿不<u>给</u>你砸折了呢。（《红楼梦》第六十七回）

（49）你瞧，我这不是变方法儿把你们这几件囫囫囵囵的兵器<u>给</u>你们弄碎了吗？（《儿女英雄传》第三十一回）

（50）打他也别打致命处，就是打他的拐子（损透了），即或把拐子<u>给</u>他打折了，不过闹个徒刑，没有大罪过儿。（《两捆钱》）

以上三句的 VP 分别为"砸折""弄碎"和"打折"，可见"给_{受损者}"句中谓语的动作性普遍较强，利于凸显动作对受事所施加的强影响，这样才更便于凸显与事作为受损者的语义角色。以句（38）为例，施事"我"所实施的"砸"的动作，直接作用"把"的受事宾语"腿"，并导致了直接的巨大影响——"（腿）折了"，与事"你"相应受到间接影响，被识别为利益受损者。受事受的直接影响越大，与事受的间接影响也越大，在移情机制的作用下，利益受损者的语义角色也更易被凸显。"给_{受损者}"的这一特点，使其在语义上与被动范畴极为契合。

7.3.3.2 "给_{受损者}"发展为"给_{短被动}"的句法环境

（51）孩子的耳朵都<u>给</u>抽破了，你们这里是文明的地方，文明地方干这事儿？（《二十年目睹之怪现状》）

（52）妇人疼痛难忍，张嘴一嚷，没嚷出来，崔爷右手一扁刀，右手一翻腕子，好像拿刀抽了一个斗子似的，连鼻子嘴唇带舌头全都<u>给</u>削下来啦。（《崔猛》）

（53）我有好几个亲戚本家全死啦，就说我家的那点庄稼，这几天一打仗，全<u>给</u>毁啦。（《小民何辜》）

在上述"给_{受损者}"的介词悬空用例中，受事作为话题前提至句首，施事和受损与事也未在句法表层出现，无论是句法还是语义，跟短被动句都很接近，以句（51）为例：

孩子的耳朵　　（你们）　　给　　（孩子）　　抽破了。
受事　　　　+（施事）+ "给" +（受损与事）+ VP
[+变化]　　　　　　　　与事标记　　　　　　　动作性强/有界

经过重新分析，原来的主动句发展为被动句，"给_{受损者}"转变为短被动标记：

孩子的耳朵　　　　给　　　　抽破了。
受事　　　+　　"给"　+　　VP
[+变化]　　　短被动标记　　动作性强/有界

7.3.4 "给_{短被动}"的来源之二："给_{受益者}"

虽然被动句多数带有不幸或不愉快色彩，仍有相当一部分用例是中性或褒义的，"给_{受益者}"在语义上跟这类被动句契合，语法化的句法环境与来源一一致，例如：

（54）没想到遇见有良心、死心眼儿的母狐仙啦（人若忘恩，有愧于狐），特意用仙丹,<u>给</u>我治好了病。(《褚遂良》)

（55）从先小文子儿,闹过一回转筋,就是他<u>给</u>治好了的。(《小额》)

（56）在下有一个亲戚,是一个阴虚肝气的底子,请了一位某大夫,给他们一瞧,一荡六吊四马钱,闹了五十多荡（三百多吊钱）,病倒算<u>给</u>治好啦。(《小额》)

（57）后来经过温端生几次手术,这个陌生人的腿真的<u>给</u>治好了。(《人民日报》1996年1月8日)

句（54）是完整的"给_{受益者}"用法，"我"是受益者，句（55）中受事"转筋"前提、受益者"小文子儿"可以补出，而句（56）连施事"某大夫"都承前省略了，此时在句法和语义上跟句(57)这样的短被动句趋于一致，最终被重新分析为"给_{短被动}"用法。又如：

(58) 这么着他一拾掇文书稿子，就见他没作好的那件详文稿子，有人给涂改了好些个。他拿起来一瞧，那件详文都给改好了。(《搜奇新编》)

(59) (二爷)张罗把大家送出街门，可没顾得收拾客厅，就跑进里院，先到厨房一瞧，敢则家伙都收拾完啦，火也给封好啦，真是一干二净。(《湘裙》)

句(58)(59)中施事均未出现，省略的与事（"他"和"二爷"）是明显的受益者，此时受到强影响的受事前提后，全句即便不加被动标记也有明显的被动意味（"那件详文都改好了"和"火也封好啦"均为无标记被动句），在此语境下，语义空泛的光杆标记"给"恰好处于VP前，很容易被识别为短被动标记。

7.3.5 "给_{短被动}"的来源之三："给_{语势}"

邓思颖(2003)在生成语法框架下将VP前的"给"(包括"给_{短被动}"和"给_{语势}")统一处理为"受影响"标记，在共时层面上观察到了"给_{语势}"和"给_{短被动}"之间的语义关联。历时语料显示，"给_{语势}"所在的语句，大多数具有强受事性，其中一些发展出短被动用法[①]：

(60) 如今把姑娘也带走啦，半年多没来信，也不是给卖了，也不是给害了？(《益世余谭》)

(61) 挺好的姑娘给送的火炕里头啦。(《苦女儿》)

句(60)补齐受事和施事后应为"（姑娘）也不知是（骗子）给卖了，也不知是（骗子）给害了"。句(61)补齐施事后应为"挺好的姑娘（蔫德爷）

---

① 详见第7.3.2.3节分析。

给送的火炕里头啦"。可见这条演变路径的句法实现条件跟前两条大同小异——受事充当主语或者承前省略，施事省略，"给"后不能出现 NP 成分。在语义上，受事受到强影响，带有不幸色彩，跟来源一接近。

李宇明、陈前瑞（2005）认为这种"给_{语势}"用法表处置意义①，并以"杯子我给打碎了一个"为例，从共时层面探讨了短被动用法产生所需的条件，极有见地。

7.3.6 "给_{短被动}"用法的成熟

如上所述，由于尚处于语法化初期的两解阶段，根据能否补出与事以及所补与事的语义角色（受损者或受益者），尚可判断早期用例的具体来源。随着用例的激增，"给_{短被动}"用法也逐渐走向成熟，与来源用法之间的关联日渐模糊，例如：

（62）财主王正在铺子里同着几个客人喝酒，结吧金慌慌张张的跑入，气喘嘘嘘的说道："掌……柜……的给吃了。肝……花五脏都没了。你……老瞧瞧去吧！"（《刘癞子》）

（63）今早起我儿子进山打柴，遇见老虎给吃了。(《北京话语音读本》)

（64）所以离着城门近的人家儿的狗，是时不常儿的有给药死的。(《北京风俗问答》)

（65）就凭这们点迷信，那们刁恶狠毒的桂氏，会给感化过来呀，您就知神道的力量，有多们大啦！(《鬼吹灯》)

在老舍作品中，"给_{短被动}"用例增多，仅《四世同堂》中就有不少用例，请看：

（66）铁路学校的校长给撤了，蓝东阳当上了代理校长。

---

① 该文认为"给"处置的宾语是被省略了，可以补回。考虑到北京话中的处置标记"把""将""给"都没有介词悬空的用法，笔者认为"给_{语势}"是个助词，无法补出宾语。

（67）因为买东西的时候，摊子或担子旁边总有人等着，见吃的东西就抢。韵梅给抢过两回，再也不敢打发小顺儿去买东西了。

（68）韵梅说："您的主意真不错，爷爷。"她可没说："要是连篮子一块儿给抢了去呢？"

（69）他非常疼爱外孙子，几乎把孩子给惯坏了。钱先生在监牢里受罪的当儿，外孙子倒给宠得不行。金三爷宁可自个儿吃共和面，喝茶叶末儿，也要想尽法儿让外孙子吃好喝好。

（70）要是他胆敢在黑板上写点什么跟学生生活密切相关的东西，他马上就会给抓起来。为了避免空洞，也为了不被抓起来，他出的题目总得跟课文沾上边。这样的题目学生有话可说，他也能从而了解学生的反应。

（71）金三爷不能把个常叫"打倒日本鬼子"的小外孙子带着到处跑，也不能跟自个儿的闺女吵；没准儿会让邻居听了去，报告日本人。他不怕给抓起来，他身强力壮，挨几下子也没什么，然而要是日本人没收了他的产业，那可就真要了命了。

（72）咱们今天一块干，明儿个要是给逮起来，可不能做孬种。古人说过，人生自古谁无死，留取丹心照汗青嘛。"

（73）我在落马湖见着胖嫂，她带的东西都给没收了，只好卖她那身胖肉度日。她长了一身烂疮，手指头缝都流着脓。我不可怜她，也犯不着去骂她，她会烂死在这儿。

（74）北平的日本人忙于认干娘，卖东西，在日本的中国人却千方百计找路子回中国。日本本土给轰炸得很厉害，在日本的中国人，不论是汉奸，还是留学的学生，都怕葬身日本，怕破财。见了炸弹，他们就想起祖国来了。

（75）是呀，东阳乐意当教育局长。不过他得先上一趟日本，名义上是考察日本的教育。要是他去了日本，而瑞全又给抓起来杀了，他岂不就可以放心大胆地回来，太太平平地当他的局长了吗？

（76）科学突飞猛进，发明了原子弹。发现原子能而首先应用于战争，这是人类的最大耻辱。由于人类的这一耻辱，蓝东阳碰上了比他自己还要狡诈和残忍的死亡武器。他没能看到新时代的开端，而只能在旧时代——那人吃人，狗咬狗的旧时代里，给炸得粉身碎骨。

我们发现，无论是哪种来源，其早期用例删除"给"之后，仍能作无标记被动句理解，如句（61）可以说"挺好的姑娘送的火炕里头啦"。这种整齐划一的现象是语法化过程中受事前提所导致的，可见三条演变路径的确是采用了相同的句法策略。"给短被动"成熟之后，用法也愈加丰富，如句（62）（63）（67）删除"给"之后，就无法表达被动义，成了主动句。

7.3.7　小结

"给短被动"产生的句法环境，往大处着眼，受益于汉语语序灵活、"施受同辞"（参看江蓝生，2000）的特点，受事前提和施事省略满足了句法上的部分要求。往小处看，北京话中"给"介词悬空的特殊用法极为关键。而三种来源与被动范畴的内在语义联系则提供了语义相宜性。

7.4　结语

既然"给长被动"是北京话自身发展的产物，出现时间也更早，为何在使用频度上一直远远落后于"给短被动"？在这个问题上，外因起了很大作用，需在北京话被动系统历时发展的宏观视野下考量。18 世纪末期以来，北京话被动系统发生了重大变化，在原有被动标记"教/叫"基础上，新增了"给"和"让"两大成员。"让被动"的语法化路径和机制与"给长被动"类似，虽然出现时间稍晚，发展势头却极为迅猛。根据笔者统计，在 20 世纪前 40 年间的北京话语料中，"给长被动"和"给短被动"用例分别为 14 例和 56 例，而"让被动"仅在《小额》（6 万余字）一部作品中就多达 24 例，已经取代

"教/叫"成为口语中最重要的被动标记。在与同类现象的竞争中,"给~长被动~"明显处于下风,长期受到"让~被动~"的压制,这种边缘用法未进入《官话类编》和民初京味儿小说也就不足为奇了。而"给~短被动~"的发展空间则宽松得多,因为它的语法化路径和机制截然不同,而"让~被动~"也没有发展出短被动用法形成压制。自20世纪90年代以来,"给"的两种被动用例激增,李炜(2004b)认为是受到了南方官话的影响,笔者非常认同,不过这种语言接触带来的只是数量上的变化,而质变在一两百年前的北京话中已经完成——无论是"给~长被动~"还是"给~短被动~",都是北京话发展的自然产物。

综上所述,北京话被动标记"给"的产生发展是两条语法化路径共同作用的结果:

路径一:给予>可控容让>不可控容让>长被动
路径二:介引受益、受损者的介词>(语势助词)>短被动

这两条路径风格迥异:在路径一中,施受转换的实现和被动义的产生是渐变的,语用推理起了很大作用,而路径二则充分利用成分移位、省略等句法手段促成了重新分析的发生,其被动用法的产生是顿变的。

"给"兼表"受益""被动"和"使役"这一语言事实也对Croft(1991)"致使顺序假说"(Causal Order Hypothesis)的有效性提出挑战。在该假说中,出现在致使链(causal chain)中的语义角色可分为前项角色(antecedent roles)和后项角色(subseqent roles),前者包括被动施事、使因、伴随者、作格、手段、方式、工具等,后者包括受益者、接受者、结果等。Croft认为前项角色和后项角色不能同时由一个标记负载,本章提供了一例有力的反例。

第八章 多功能标记"让"的来源及发展

8.1 引言

在北京话和当代汉民族共同语——普通话中,"让"都是重要的被动、使令、致使和容让标记,其研究价值毋庸赘言,本章聚焦下列用法的来源及发展:

(1) 被动:我就是说,我说也不怎么怪事儿全<u>让</u>我碰上了。(当代北京口语语料库)

(2) 使令:(医生)详细认真检查,有病,你不休息也要<u>让</u>你休息。(当代北京口语语料库)

(3) 致使:还要和我姐姐跟我,三个人平分三分之一,这就非常<u>让</u>我生气。(当代北京口语语料库)

(4) 容让:有一个妹妹就是说,冬天呀,她还想买一件就是冬季穿的衣服。可是呢都不想<u>让</u>她买,因为她有好几件衣服。(当代北京口语语料库)

(5) 纵予:<u>让</u>他怎的个品学兼优,也不应快到如此。(《儿女英雄传》第三十八回)①

(6) 予让:桓公病,太子兹甫<u>让</u>其庶兄目夷为嗣。(《史记·宋微子世家》)

---

① 句(5)(6)转引自张丽丽(2006a),句(28)(29)转引自石毓智(2005),句(32)(33)转引自冯春田(2000)。

"让"萌生于北京话,后为普通话吸收,其来源和历史演变一度成为研究热点,研究者尤其关注其被动用法的产生,太田辰夫(1958/1987)、冯春田(2000)、项开喜(2002)、洪波与赵茗(2005)、石毓智(2005)、张丽丽(2006a)、屈哨兵(2004)、万琴与马贝加(2013)、胡建华与杨萌萌(2015)等从多种视角切入,均有精彩论述。相关研究在被动用法来源上基本达成共识,多认为是由"容让、任由"之类的用法发展而来,但在出现时间上仍存在较大争议,上至明末,下至20世纪50年代。由于"让"的相关用法多数萌生于清中后期,在《红楼梦》和《儿女英雄传》中的发展轨迹并不明显,胡建华、杨萌萌(2015)指出:即便是得到充分关注的被动用法,传世文献也未显示出清晰的发展线索。而被动用法以外的其他用法更是关注者寥寥。

在前辈时贤的研究基础上,本章在大规模语料的支持下,对"让"的发展进行系统考察,路径总结如下:

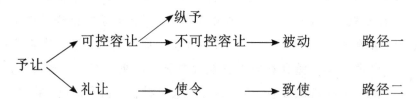

"予让""礼让"和"可控容让"在清代前就已出现,而剩余五种用法是清中后期北京话自身发展的产物,也是本章关注的焦点。值得注意的是,给予义动词"让予让"作为整个脉络的源头,本身不含"使令"义,却出现在使令式兼语句使令动词的位置上(见句6),其语义和论元结构发生变化,逐渐分化出两条主要演变路径,分别发展出使令、致使和被动等用法,"让"与兼语句(尤其是词义和构式义"使令"义)的互动贯穿始终。

从"让使令"的语义看兼语句的构式义

本章将句(2)这样"使令"用法界定为"甲要/叫乙做某事",甲希望乙做某事,并将行事意图传递给乙,突出的是甲的意愿([+自主]),不强调意愿是否实现,与"致使"的差异十分明显(详见第8.2.5节),这在下述例句中表现得非常明显：

(7) 上干校目的我是(……)，其实干点儿体力劳动吧，那时候儿我身体还挺棒的，我也不在乎。先躲开这这把子，这把子无知的土鳖再说吧。没想到，到一年不到啊，可能一年左右啊，让我，让我回来，让我回来我不回来。我说我这儿，我这儿忍了我这忍了。(当代北京口语语料库)

(8) 她呀有有这个做这个手术吧，她受点儿刺激，后来呢，她一到考试吧，她就头疼。另外呢，她一个，一让她做点儿文章什么的呢，她就不行，她就做不了，简直她就头疼地要命，她就难受啊，折腾。(当代北京口语语料库)

(9) 像从前女生吧，规规矩矩。你反正留多少作业反正她都做了，现在一拨儿男生呢，就，就比较那个什么。啊，学的时候儿，学得就比较活。他不是说你让他做，他准做。也许你布置的作业呢，他不做，他觉得他会了，他就不做。(当代北京口语语料库)

(10) 看看他就说呀，哎，的确良的不做，你给我三块钱，我都不做。我说那你就做什么呢？我就做套服。结果好多人，本来想让他做一个的确良衬衫，夏天到了，做个衬衫，就不给做，就吃了个闭门羹回去了。(当代北京口语语料库)

(11) 后来让她带环儿，她也不带。带了环儿呢，我们就省心了也。她也不不带，最后呢，嗯，因为她已经做完了这个了，坚持让她做，她带环儿。她说的，嗯，大夫说了，过了三个月以后才能带呢。那那只好就等着吧。(当代北京口语语料库)

这些用例中的"让"只单纯表达"使令"义，借鉴李临定(1986)的研究，可称之为"纯使令标记"，普通话中的类似标记还有"叫"和"要"。与之相对的分类是"派""命令""逼"等使令动词，这类动词的词义在"使令"义以外，还含有使令方式、使令强度等信息，如"领导逼他辞职"可分解为:"领导让／叫／要他辞职"(使令义)＋"以威胁的方式"(使令方式、使令强度)。而"领导命令他辞职"则在使令义之外强调是上级对下级(下指示)。

我们进一步认为"使令"义("甲要／叫乙做某事")也是典型兼语句的构式义。在汉语史上,兼语句的萌生跟"使""令""遣"等派遣义使令动词关系密切,请看:

(12)<u>使</u>祝融兮先行,<u>令</u>昭明兮开门。(《楚辞·九怀》)
(13)(孔子)乃<u>遣</u>子贡之齐。(《墨子·非儒下》)

王力(1958)曾指出汉语使用兼语句／递系式是"使""令"等动词词汇意义的要求。由于通过主谓宾结构只能表达"甲向乙传递某个指示／命令"的信息,而借助兼语句,指示／命令的具体内容也得以明示,可以说兼语句的出现是使令义"非终结性"特征(参见张旺熹,2004)的内在要求,使令动词所共有的使令义也成为典型兼语句的构式义。

随着使用频率的增加,使令动词"使""令""遣"词义缩小,发展成为纯使令标记,这进一步证明了"使令"义才是使令动词的核心义,有资格成为兼语式的句式义。请看例句:

(14)且如父母<u>使</u>之完廪……父母<u>教</u>他去浚井。(《朱子语类》)
(15)未谙姑食性,先<u>遣</u>小姑尝。(王建《新嫁娘》)

句(14)中,"使"跟使令动词"教"对举充分证明了其使令动词的地位。而句(15)中新媳妇过门,怕婆婆不满意自己的厨艺,做好饭菜后就先请小姑子尝尝,看是否合婆婆口味。"遣"当"派遣"义讲显然不合适,更接近于现代汉语中的使令动词"叫"和"让"。

张伯江(1999)考察双及物结构的句式义时提出句式义跟词汇语义之间是一种"互动"(interaction)的关系,"给""送"等给予义动词的词汇意义对双及物结构句式义的形成起了很关键的作用,而句式义产生后又可以吸收某些非给予义动词进入句式并赋予其给予义。"因为句式是一个'完形'（gestalt），进入一个句式的任何实例都例示（instantiate）了句式的整体意义。"（张伯江，1999）纵观兼语句的发展过程，也充分体现了这种词义与句式义的互动关系。兼语句形成后，其句式义就成为语法中一种"自足的存在"，可以接纳非派遣义动词进入结构式并赋予其"使令"义，极大地扩大了兼语式的使用范围。"教""唤""与""让""留"等非派遣义动词也可以出现在兼语句中，并被赋予了使令义，有些甚至进一步发展成为纯使令标志。

A 组

（16）<u>叫</u>你出来，<u>吩咐</u>你少则声，颠倒说出一篇来，这个苦恁的好！（《快嘴李翠莲记》）

（17）与其射御，<u>教</u>吴乘车，<u>教</u>之战陈，<u>教</u>之叛楚。（《左传·成公七年》）

句（16）中的"叫"跟后一句中"吩咐"对举带有明显的言说义，句（17）中的"教"表传授技能。这些动词都跟派遣义无关，词义中也不含使令义，它们一旦进入兼语结构中就不可避免会受到句式义的影响，被赋予使令义。

B 组

（18）唐公赶了十余里，叔宝只通名"秦琼"二字，摇手<u>叫</u>他不要赶。（《说唐》）

（19）今试<u>教</u>他去蹈水火，他定不肯去。（《朱子语类》）

与 A 组相比，B 组中的"叫"和"教"已经彻底摆脱了原有的词汇意义，发展成为纯粹的使令标志。以句（18）为例，秦叔宝只是摇手示意并没说话，句中"叫"显然已经没有了言说义。

8.2 路径一:"让_被动_"的来源及发展

8.2.1 已有研究

在以往的研究中,"让_被动_"的来源问题经常在汉语使役兼表被动的大背景下讨论,同类的标记还有"叫""教""给"等。研究者对汉语中的这种使役兼表被动现象是否受到了语言接触的影响有不同意见。桥本万太郎(1987)认为这是语言接触的结果,因为阿尔泰语系中很多语言都有这种兼用现象,所以"在现代汉语里只限于北方方言的这种使动、被动共用标志的现象会有阿尔泰语系的背景更为无疑"。而江蓝生(2000)则明确提出汉语使役被动兼用完全是汉语语法本质特征的表现,与阿尔泰语的影响无关。同样,太田辰夫(1958/1987)、蒋绍愚(2002、2005)、冯春田(2000)等研究也是强调从汉语内部挖掘线索。

太田辰夫(1958/1987)认为使役和被动相通是因为两者的区分主要基于主观判断,而不在于客观事物本身,"或许所谓'被他打'就是做了'使他打'的事情",在有些场合意义难以区分。他考察了近代汉语中的使役动词"教(叫)",认为它在满足以下三种条件后就容易被理解为被动:

1. 兼语动词的宾语是不具有意志的东西。
2. 表达造成了某种结果的感觉。
3. 和禁止相配合。

蒋绍愚(1994)指出"教"作为使役动词,词汇意义很薄弱,其语法意义是表示甲使得乙发出某一动作。对于这个动作来说,"乙"就是施事者。"被"字的作用是在被动句中引出施事者。但汉语中动词的主动和被动没有形态的区别,所以当具备以下两个条件时,"教"的语法意义和"被动"接近:

1. "教"前面的名词不出现,或者根本说不清楚是什么使得乙发出某一动作。
2. "教"后面的动词或动词词组可以表示被动,即必须是及物的,并且表示某一情况已经实现。

江蓝生（2000）对蒋先生的研究进行了补充，提出除了"教"前边主语不出现这种情况之外，当受事出现在使役句主语位置上时也会诱导使役义转化为"被动"义。江先生认为"施受同辞"是汉语中使役动词具有多重语法功能的根本原因，汉语缺乏形态变化，所以主动和被动没有形态上的区别。使役句转化为被动句的条件可概括为：

1. 主语为受事。
2. 使役动词后的情况都是已实现的。
3. 谓词动词是及物的。

蒋绍愚（2002）接受了江蓝生先生的意见，并着重探讨了为什么受事能够出现在使役句主语的位置上。他认为："使役句的基本句式是'施事（主语）＋教＋兼语＋动词＋受事（宾语）'。但是，根据汉语的特点，主语往往可以隐去，而受事却可以作为话题出现在句首，这样，就成了'受事＋（施事）＋教＋兼语＋动词'"。举例来说，使役句"我教纤手侍儿煎茶"，在"施事（我）"隐去、"受事（茶）"作为话题提至句首后就变成了受事主语句"茶教纤手侍儿煎"，此时就和被动句很接近了。

上述三位先生的研究侧重于句法层面，之后的研究对能够向被动转化的使役句类型做了进一步细化。张丽丽（2006a）从语义层面切入，提出了"非自愿允让"的观点，主张"教"字句、"让"字句和"给"字句这三种使役用法均是先形成"非自愿允让"用法，最后才发展出"被动"义。所谓"非自愿允让"是指"却让小偷跑了"这样的句子，与"他教孩子赶紧离开"这样的使役句相比，前者主要有以下两个特点：1）主语常常不出现，也很难补得上，而使役句的主语一般是"自愿的"，是"有意为之"；2）[$NP_2 + VP_2$]往往是一个已经实现的事件，如"小偷跑了"，使役句中的[$NP_2 + VP_2$]则多为未然事件，如"孩子赶紧离开"在说话时还没有发生。此外，文章还将"让$_{被动}$"的语义演变路径总结为："谦让/让与＞任由＞允让＞非自愿允让＞被动"。

洪波、赵茗（2005）根据使役强度将使役动词分为三个等级：1）命令型——高强度使役、2）致使型——中强度使役、3）容让型——弱强度使役，提出只有容让型使役动词才发生了被动介词化，并用认知上的前景凸显（figure salience）加以阐释。

一些研究专门针对"让_{被动}"的历时演变展开个案考察。屈哨兵（2004）通过对《水浒传》《金瓶梅》《红楼梦》《儿女英雄传》和《小额》的定量考察，提出"谦让、容让、让请、使役"构成了"让"向被动标记发展的语义背景，其中"谦让"是起始义，后起用法"容让"与被动用法的关系最为直接。文章进一步从"关系与角色""行让与言让""诱转与类推"三个角度对"让_{被动}"的产生进行阐释。

石毓智（2005）对大量文献（尤其是近一百年的文献）进行了统计，认为"让"被动义是在兼语句的句法环境下从"容任"义发展而来的，文章进一步讨论了"让"字句最终由"容任"义发展为"被动"义所需的几个变化：

1. "让"后兼语的动作是施加于主语的。
2. 兼语句第二个动词的宾语承前省略或前移。
3. 在隐喻的作用下，主语或兼语可以为非生命的事物。
4. 受事名词在主题化作用下前移，同时施事主语也不出现。

万琴、马贝加（2013）提出在"让"的"致使—被动"演变中，句子蕴含的"非企盼"义起了关键作用。

项开喜（2002）把"让"字句看成一个"双施力结构"，认为双施力结构中两个施力成分彼此消长最终导致了"被动"义的产生。该文是共时分析，与诸家的历时考察颇为契合。

8.2.2 研究思路

结合前人研究，我们将"让"的被动用法的发展历程刻画为：

语义：予让　　　　＞可控容让　　＞不可控容让　　＞被动
句法：S_1式：兼语句；　S_2式：兼语句；　S_3式：兼语句；S_4式：被动式

为了对上述路径进行更加细致的描写，本节将引入 [±可控][±自主][±变化][±受损] 和 [±受益] 五种参数。S_1 式向 S_4 式的发展过程，是主语由施事渐变为受事的过程，同时也是主语逐渐丧失事件控制权的过程，引入下面三个指标十分必要：

1.[±可控]：描写 4 个句式中的两个"指人 NP"不断博弈、争夺事件控制权的过程。

2.[±自主] 和 [±变化]：自主性强调"有意参与事件或状态"，变化性即"受影响性"，这两点分别是施事和受事的最根本特征。（参见 Dowty，1991；张伯江，2009）

路径一中的施受转换现象很大程度上是 S_1 式主语利益受损、兼语受益的特点诱发的，因此我们将 [±受损] 和 [±受益] 两个指标也纳入考察。

作为源义，"予让"语义上指"把好处给别人"（江蓝生，2000），本质上是一种给予行为，因此"让_{予让}"经常出现在双宾式中，宾语可以是给予物，也可以是接受者，例如：

（20）尧让天下于许由。(《庄子·逍遥游》)

（21）推贤让能，庶官乃和，不和政庞。(《尚书·周官》)

"让_{予让}"进一步发展，可以出现在使令式的使令动词位置上，就构成了 S_1 式。

8.2.3　S_1 式：S 施事 + 让_{予让} + NP_{兼语} + VP

（22）(昭王)让其弟公子申为王，不可。又让次弟公子结，亦不可。(《史记·楚世家》)

（23）本朝宋祁也还让他哥宋郊做状元。(《伍伦全备谚解》)

在句（22）这样的早期 S_1 式中，"予让"义（把王位让给公子申）和"使令"义（要/叫公子申继承王位）并存，后者是使令式的构式义赋予的。然而 S_1 式中的"让_{予让}"并未直接发展为纯使令标记，而是陆续发展出"容让"和"被动"用法，这是自身词义和构式义共同作用的结果。在给予事件中，给予者利益会受损，接受者会获益，这些特点某种程度上决定了路径一的基本走向。以句（23）为例，"宋祁"虽是主动有意做出让贤行为（[＋自主]），但利益明显受损，这类成分会成为同情对象，逐渐带有不幸义，向被动句的主语靠拢。兼语"宋郊"得到好处，[＋受益]特征非常明显，诱导了"容让"用法（如句4）的产生。

洪波、赵茗（2005）用认知上的前景凸显很好地解释了给予义动词的使役化现象。类型学研究显示"给予＞容让"是一条可靠的跨语言演变路径。江蓝生（2000）对"与"的考察以及蒋绍愚（2002）对"给"的考察也证明了这一点，以"给"为例：

（24）不但说是给你们赶车，沿道走路<u>给</u>你们使换的呢，自然是用心服侍你们爷爷们，何敢有昧怠的理吗？（《中华正音（骑着一匹）》）

（25）这一路事，并非县台故意<u>给</u>衙役支使着，因为多精明的贤宰官，也不能事事都亲身去办理。（《促织》）

上述两例中的兼语有明显的支使他人的意愿（[＋自主]），此时同现的"给"才容易被识解为出"容让"或"任由"义，与源义"予让"有所区分。很多研究注意到"我让他开车"这样的句子存在歧解，如不强调"他"有开车的意愿，则表达纯使令义，如"他"有开车的强烈意愿（[＋自主]），则应作"容让"理解。由此可见，S_1 式的兼语发展出[＋自主]特征[①]是"予让"向"容让"演变的关键，我们认为这种变化是语用推理的产物。

[①] S_1 式并不强调兼语是否有接受好处的意愿（[±自主]），在句（22）中，兼语就无意接受王位（[－自主]）。

根据"不过量原则"（R-Principle）（参见 Horn，1984；沈家煊，2004；李明，2014），说话人出于省力考虑不传递多余的信息，在说出"P"的同时，招请听话人做出"不止 P"的语用推理。当说话人说出 S_1 式时，并未传递兼语具备 [＋自主] 特征，当兼语明确接受了好处时，听话人根据常理溯因推理出兼语本就想要这个好处，[＋自主] 特征就由此产生了，过程如下：

常理：某人想得到某种好处，所以他会接受。
事实：某人接受某种好处。
推理：某人想得到某种好处。

趋利避害是一种根植于人类本能的重要动机——这早已成为心理学动机领域研究的共识，虽然一些用例并未明示兼语是否接受好处，但是听话人推己及人，会倾向于对方想要这个好处，请看《佛说菩萨内戒经》（南朝刘宋求那跋摩译，约译于 431 年）中的用例：

（26）见有树木屋舍，当让<u>人</u>先坐，若见井水泉水，若见人持水当让<u>人</u>饮，若见大溪水极自饮。

（27）菩萨得人饮食时有三事：视上下皆令等，若不等得当分令等；饭已得水饮当<u>让</u>上座先饮；若饭已不得先起去，当与众人俱起。

以上两句正处于两解阶段，说话人传达的是"把坐、饮的机会给了别人"（词义赋予）和"要／叫别人坐、饮"（构式义赋予），听话人根据自身生活经验和不过量原则，很自然地推理出"别人想坐""别人想饮"等新信息。总而言之，给予义动词的词义特点决定了 S_1 式的兼语极易被听话人识解为受益者，听话人通过推理赋予兼语 [＋自主] 特征，该特征与构式赋予的使令义结合使得"甲容让乙做某事"义得以浮现，同现的"让""给"等给予义动词可理解为"容让"，当这种语境义逐渐凝固后，S_2 式就产生了。

8.2.4　S_2式：$S_{施事}$ + 让$_{可控容让}$ + $NP_{兼语}$ + VP

《朱子语类》已见 S_2 式用例，请看：

（28）所谓溪，所谓谷，只是低下处。让你在高处，他只要在卑下处，全不与你争。(《朱子语类》卷一二五)

（29）且不如让渠如此说，且存取大意，得三纲、五常不至废坠足矣。(《朱子语类》卷一○四)

到了明清时期，S_2 式大量出现，用法也愈加成熟，否定用法以及请求允准的"让我 VP"用例大量出现，请看：

（30）大众道："趁此良时，你试演演，让我等看看。"(《西游记》第二回)

（31）懒龙笑道："今夜让我弄了他来，明日大家送还他，要他赏钱。"(《二刻拍案惊奇》第二百零七回)

随着 S_2 式兼语的自主性和掌控力进一步增强，"让"亦可作"任由""任凭"理解，这种用法至迟明代就已经出现，清代也不乏用例，如：

（32）可说我让你骂了好几句了，你再骂，我不依了。(《醒世姻缘传》第六十回)

（33）鸨子说："让你骂许多时，如今该回去了。"(《玉堂春落难逢夫》)

（34）我让他抱着后腰，他也摔不倒我。(《官话类编》)

（35）母舅知道，他中了药刀，不过两天工夫，终久要死，也就不去追他，让他逃回去了。(《施公全案》第二百零六回)

（36）那水寇见了，必定来抢，老夫便让他抢。等他抢到手，老夫便沿途追寻前去。(《施公全案》第三百一十七回)

以句（32）（33）两个明代用例为例，兼语骂主语的意愿很强烈（[＋自主]），对主语也产生了直接的不利影响，与被动表达较为接近，冯春田（2000）判断它们已是被动用法。但从上下文来看，主语是有意地放任对方的辱骂行为（[＋自主]），有能力将其中止，明显对事件具有更强的掌控力，理解为"任由""任凭"更合适，仍属"可控容让"范畴。如前所述，"让_{可控容让}"南宋已经出现，明代已有大量用例，而"让_{被动}"只至清末北京话文献才见可靠例证，这两种用法之间应该还有一个过渡阶段——不可控容让用法。

8.2.5　S₃式：S_{施事}＋让_{不可控容让}＋NP_{兼语}＋VP

郭锐（2009b）借鉴 Talmy（2000）的力量动力学理论，把致使划分为外力致使和内力无约束致使，两者构成一个共时致使连续统：

外力致使　◀━━━━━━━━▶　内力无约束致使

主动致使　　无意致使　　不可抗致使　　原状致使　　不作为致使　　无能为力致使

"让_{可控容让}"和"让_{不可控容让}"恰好对应于右端的"不作为致使"和"无能为力致使"。正如张丽丽（2006a）所言，当主语彻底丧失对事件的掌控力时，才是被动用法产生的临界点。我们在清中后期的北京话语料中，发掘出这类"不可控容让"用例：

（37）鸳鸯忙要回身，司棋拉住苦求，哭道："我们的性命都在姐姐身上，只是姐姐超生要紧！"鸳鸯道："你放心，我横竖不告诉一个人就是了。"一语未了，只听角门上有人说道："金姑娘已出去了，角门子上锁罢。"鸳鸯正被司棋拉住，不得脱身，听见如此说，便接声道："我在这里有事，且略等一等，我出来了。"司棋听了，只得松手<u>让</u>他去了。（庚辰本《脂砚斋重评石头记》第七十一回）

（38）桃花无可奈何，只得松手倩儿，<u>让</u>他去了。（《井里尸》）

（39）他若答应，我便前去谢罪，并送还饷银；若不答应，只好<u>让</u>他来打。（《施公全案》第三百三十一回）

（40）哎呀，我这两膀似有神抱住，不由自主，杀他不着，<u>让</u>这奸夫淫

妇逃走了，是何道理？(《五彩舆》)

（41）施不全！我等乃是绿林中的好汉！你在江都县作官，拿我们的人，竟自问斩。正要伙众拿你报仇，哪知你命不该终，逃走进京。内中又有黄天霸跟随，因此未得下手，<u>让</u>你逃回京去。(《施公全案》第一百八十三回)

（42）宋　江：(白)哎，大姐我是与你做耍的。你怎么跪下了？来个朋友，看见像什么样儿？你起来吧！

阎惜姣：(白)我也不是三岁两岁小孩，<u>让</u>你打哭呢，哄乐呢！

(《宋江闹院》)

在上述用例中，兼语主动实施的行为直接或间接地对主语不利，但是主语受主客观条件所限制，完全无可奈何([－受损][－自主][－可控])，带有明显的不幸色彩。句（37）和（38）中的"只得"和"无可奈何"提示了主语并非是有意放任对方离开，实在是无能为力。这种用法与被动表达已经非常接近，如句（40）理解为"被这奸夫淫妇逃走了"也未尝不可，只是这种用法动作性不强，不够典型。句（42）虽然动作性强，但描述的并不是一个已然事件。我们认为，当 S_3 式中的动词直接作用于主语，并且所产生的影响在句法层面得以体现(如已然、VP 为动补结构等非光杆形式等)，即可作为被动句(S_4 式)理解，在清末北京话中出现了大量例证。

8.2.6　S_4 式：S 受事 + 让 被动 + NP 施事 + VP

在清末京味儿小说《小额》(1908)中，共有 34 例被动句，"被"有 5 例，无一用于对话，口语色彩较弱。其中长被动 1 例，短被动 4 例("被革"1 例，"被拿"2 例，"被杀"1 例)，择列如下：

（43）当时额家的婆媳<u>被</u>王亲家太太这们一劝，也无可如何，自好先打点睡觉，明儿个再打主意。

（44）青皮连一想，真得远走高飞，不然要是<u>被拿</u>，罪过儿碰巧比别人还重（倒有自知之明），所以在天津没站住脚儿，老先生就出了口啦。

（45）（青皮连）后来入了马贼一党，就不知下落啦。有说是死了的，有说是在东三省犯案<u>被</u>杀的。

"叫"有2例，"教"有3例，请看：

（46）两个人一手一式，不用提，吃的够多们啦。后来有一档子官司，是一个肥事，饿膈冯使了三百多两银子，钱锈才使着六十两，偏巧又<u>叫</u>钱锈给打听出来啦。

（47）黑老婆儿可接不住啦，满世界求爷爷告奶奶，请安磕头，连哭带喊，求人说合。那一溜儿都<u>叫</u>他给得罪透啦，谁也不管，好容易出来几个善人给说合。

（48）可不是吗。刚才他们那一党找我克啦，打算明儿个给您赔不是来，让我先央求央求您来，<u>教</u>我把他们拍了一顿。

而剩余24例则全部是"让"的长被动用法。其中"S受事"由人充当的有20例，VP部分基本由"咬""拍""抓""拦""教训"等动作性强的及物动词构成，主语不仅对不利情况无能为力，也明显受到了直接的影响（[＋变化]）。事件的掌控权也彻底由NP施事获得，来源于"不可控容让"用法的痕迹非常明显，请看：

（49）完了，大车王出来，来人儿带着，给人家登门磕头，<u>让</u>人家教训大儿子似的数落了一顿，算是完事。

（50）您猜他楞的是甚么？他有他的鬼胎，心里说，我那天同大家伙儿还上人家姓伊的门口儿拍了人家一顿，掌柜的都<u>让</u>人家抓进去啦，我们这样儿的还有多大远限是怎么着？

（51）这个票子联，向来是个无赖之徒，坑绷拐骗，无所不为。他女人是<u>让</u>他气死啦（必是有心胸的），略下一个孩子，今年十六啦。

VP的形式也较为丰富，除了动补结构，还有"V＋数量短语""V＋O""一＋V""V＋一＋量词"等诸多表现形式，如：

（52）喝，他这位少爷比他还亡道，真是神偷一支梅（真正的遗传性），那一溜儿街房都<u>让</u>他偷的怕怕儿的，外带着是谎皮流儿，连他爹都教他冤的大头蚊子似的，所以那一带的街房，有房都不敢租给他们光棍子。

（53）伊老者<u>让</u>这块料这们一软白子，简直更说不出甚么来啦。

（54）有一天，他们孩子把某宗室家的小姑娘儿给打啦，<u>让</u>人家说了两句。

（55）善全因为刚才<u>让</u>票子联拍了一顿，听见说他奶奶叫他拿钱，心里很不愿意。

（56）伊老者打算撞他一羊头，青皮连手急眼快，往傍边儿一闪，拍拍就给伊老者两个嘴吧。伊老者还要揪他的脖领儿，<u>让</u>小连刁住了腕子，往后一推，伊老者可就闹了一个豆蹲儿。

如果说上述用例与"不可控容让"用法还难以明确区分的话，那么无生受事主语的出现则标志着"让_被动_"的成熟①，《小额》中有4例：

（57）希四的德行，他也知道，心里说："这号儿买卖，要<u>让</u>姓希的端了去，那才是冤孽梆子呢。"

（58）原来这位额大奶奶是后续的，倒是一位大家子出身，十二三岁上父母双亡，跟着舅舅度日，有一点儿家当儿，都<u>让</u>他舅舅给花光啦。

（59）胎里坏一问他，饿膔冯说这件事情，成可是成啦，吃算吃准了他啦，就是一层难处，里头已然有人给他铺垫好啦，是他们一个亲戚，仓上的王大狗子，托的田少云田先生，前三抢儿，已经<u>让</u>人家给抄了去啦，咱们捞稠的吧。

---

① "让_被动_"来源于其"不可控容让"用法，后者是不接受无生受事主语的。

（60）一闹这个江湖套子，你这们一听，自然就要求他配啦，赶到您一求他配，他又该扛起来了，甚么我们不愿意给人家配药啦，又甚么都让生意人给闹坏了吧。

句（57）也可视为 S_3 式"我要让姓希的端了这号儿买卖去"施事（"我"）省略、受事（"买卖"）作为话题前提的产物。句（58）（59）也可做类似分析，而句（60）已经不存在类似的可能性，"让"作为被动标记的语感已经确立。在"叫""教"等被动标记的类推之下，《小额》出现了大量复合式被动式"让……给"，如：

（61）孩子回来一学舌，黑老婆儿立刻就要找人家不答应去，让街房给拦住啦。

（62）就听楞祥子说："王妈，你可给我瞧着点儿狗，上回我就让他给咬了一下子。"

（63）门口儿这们一拿人，茶馆儿里头也是一阵大乱，都知道小额让人给抓了去啦。

（64）小童儿呢，眼瞧着家主儿让人给锁啦去了，乡下小孩子，心眼儿实，心里又害怕又难受，哭了个言不得语不得，心里说，我赶紧回家给太太跟少大爷送信去要紧。

（65）喝！王先生一推，额家可乱了营啦。又赶上钱粮头儿，胎里坏一走，没有人管账，摆斜荣荐了一个老西儿来，姓张，叫转心张，从前在某王府轿屋子里宝局上管账，竟往腰柜里顺钱，让人家给辞出来啦，跟小荣是个联盟。

（66）原来这位六老大爷是小额出五服的这们一个老祖儿，今年有六十多岁，年轻的时候儿，摔过几年的私跤，后来在神机营当一份马队，在南苑喝醉了骂帮操，让人家给驳啦，差一点儿没把底饷闹丢啦。

(67) 后手啦,他那个把弟希四,因为衙门闹乱子,<u>让</u>堂官<u>给</u>奏参革职啦,神机营也搁下啦,家里又丢了两通儿(灾祸齐来),混的所不成啦,找小额来借钱,额大奶奶记念前仇,打算一文不给。

(68) 这位年轻的这们一开演说,原来是一个乡下老儿,为地租子的事情,<u>让</u>某宅在南城<u>给</u>送下来啦,过了两堂,挨了好几通儿打。

(69) 善大爷才待要答话,喝,就瞧这把子碎催鸡一嘴鸭一嘴,乱乱烘烘这们一路山跳动,闹的善大爷张口结舌,要说,直会说不出一句来。后来,小脑袋儿春子一瞧善大爷不言语啦,以为是<u>让</u>他们<u>给</u>拍闷(平声)啦呢。

(70) 那一年,我们老爷子,教南门仓的韩三寿给打了个腿折胳膊烂。第二天他父亲(这是指着他女儿说)就<u>让</u>大兴县<u>给</u>抓了去啦。

《小额》中"让_{被动}"还发展出与处置式套叠的用法,这种用法在稍后的京味儿小说亦不乏用例,如:

(71) 善大爷说:"咳,倒了一早晨乱,<u>让</u>这些个东西们<u>把</u>我也气糊涂啦。到了儿这封信我也没瞧。"(《小额》)

(72) 高明录一路狂嫖大赌,一二年的功夫儿,家里的产业,是一律肃清,就剩下身底下这处房子,田氏<u>让</u>他<u>把</u>左眼也气瞎了。(《高明远》)

(73) 赛学员说:"这怎么算没品行,又没讹人家一口猪,也没<u>让</u>人家<u>把</u>街门摘了去。"(《二十年目睹之怪现状》)

(74) 费范跟盛虔,原就不是好饼。费范跟了三任知府,倒有两位的纱帽,是他给弄掉了的。盛虔跟过道台,差点没<u>让</u>主人<u>把</u>他填了站笼,起黑票跑回来的。(《张文斌》)

(75) 铁刷子把牛拴在厨房窗户棂儿上,<u>让</u>牛<u>把</u>窗户也<u>给</u>拉下来啦!(《小世界》)

（76）那天到了正定府，停了会子车，有上车的没有下车的。玉岩解小手的功夫，<u>让</u>人<u>把</u>坐位<u>给</u>占了，杨子林下车买东西，坐位也没了。(《鬼社会》)

（77）麻花刘身体比他强壮，自幼儿又练过两天把式，刀伤常小鸡似的，如何能成？他抓人家毛没抓着，<u>让</u>人家<u>把</u>他的毛倒得着了，底下一脚，小子就躺下啦。(《麻花刘》)

《小额》近些年才得到充分关注，屈哨兵（2004）有所涉及，其他研究者主要利用的是老舍的民国作品，对"让_{被动}"出现时间的判断也相对保守。如张丽丽（2006a）认为在《骆驼祥子》等老舍中后期作品中才出现描述已然事件且带上主语的"让"字句，直到《四世同堂·饥荒》(成书于1959年）中才出现以非人称名词组作主语的用例，因此只到20世纪50年代"让"字句才发展出被动用法。石毓智（2005）提出文献中"让"的被动用法最早见于《骆驼祥子》等20世纪40年代的老舍作品，到了《编辑部的故事》（20世纪90年代）出现频度增加了十几倍，由此推断"被动标记'让'的出现和发展是近一百年之内的事情，最近五十年是它重要的发展时期。"1992年，太田辰夫和竹内诚在汲古书院出版了《小额》的校注本，太田先生在撰写《中国语历史文法》（1958年初版）时，尚未见到《小额》，因此书中称清代未见"让[被动]"用例。

在《小额》中，"让[被动]"用法已经非常丰富和成熟，且在数量上（24例）也远远超过"叫[被动]""教[被动]""被[被动]"等同类用法（合计10例），成为最重要的被动标记。万琴、马贝加（2013）在清末的北方文献中也发现一些"让[被动]"用例。毫无疑问，"让[被动]"用法在文献和口语中的出现时间仍可大大提前。①

---

① 屈哨兵（2004）认为成书于19世纪中叶的《语言自迩集》中已有用例，转引如下："俗语儿说得好：'银钱如粪土，脸面值千金。'咱们俩从前是怎么样儿的相好来着？要让你白说了这句话，那不是前功尽弃了吗？"较之《小额》中的用法，这个用例还远远不够典型，相信随着语料的进一步发掘，"让[被动]"的发展脉络将进一步明晰。

8.2.7 小结

表 8.1 路径一中相关参数统计表

	S				NP			
	自主	可控	变化	受损	自主	可控	变化	受益
S_1	+	±	−	+	±	±	−	+
S_2	+	+	±	+	+	−	−	+
S_3	−	−	±	+	+	+	−	+
S_4	−	−	+	+	+	+	−	+

通过上表不难发现 S_1 式向 S_4 式发展过程中的"不变"与"变"。S_1 式中主语利益受损以及兼语受益的特点被后续句式继承，并且很大程度上决定了本条路径的基本走向，正是这些"不变"带来了变化。具体来说，主要的变化是 S_1 式中的主语由施事逐渐丧失自主性和控制力，最终成为 S_4 式中受到强影响的典型受事。而 S_1 式中的兼语也经历一个不典型受事逐渐转变为典型施事的过程。根据 Dowty(1991)的"原型施事"（Proto-Agent）、"原型受事"（Proto-Patient）假说，题元角色并非是界限明确的离散范畴，而是构成了一个非离散的连续统，施事性特征最全的"原型施事"以及受事性特征最全的"原型受事"位于两级，各种题元角色按照施事性、受事性的强弱分布在连续统的不同位置上。既然施受在共时平面是个连续统，那么在历时层面，施受自然有可能发生渐变性的转换。本节讨论的这种施受渐变现象从历时角度为 Dowty(1991)提供了佐证。

为了更加直观地观察"让"的发展，我们对庚辰本《脂砚斋重评石头记》《儿女英雄传》、蔡友梅作品（1919—1920）和王朔作品[①]中的主要用法进行了统计，请看：

[①] 蔡友梅作品包括《姑作婆》《苦哥哥》《理学周》《麻花刘》《刘军门》《苦鸳鸯》《张二奎》和《一壶醋》，共八种。王朔作品包括《浮出海面》《顽主》《橡皮人》《动物凶猛》《痴人》《空中小姐》和《我是狼》，共七种。

表 8.2 "让"主要用法统计表

	路径一			路径二		
	容让	被动	纵予	礼让	使令	致使
《脂砚斋重评石头记》	74	0	0	47	0	0
《儿女英雄传》	53	0	34	60	0	0
蔡友梅作品	16	46	0	10	94	21
王朔作品	40	29	0	0	89	49

上表提供了以下线索：

1. 从数量上看，在清代北京话中，"容让"和"礼让"是两大基本用法，屈哨兵（2004）的统计也持类似观点，然而两种用法的走势却截然不同。

2. "容让"用法相对稳定，但是在"被动"用法迅猛发展的民国初期，数量曾出现明显下降。而作为路径一的旁支，"纵予"用法（由"可控容让"用法中的"任由"义发展而来）也在这一时期基本退出使用。两种现象也许存在一定的内在关联。

张丽丽（2006b）对"让"的"纵予"用法进行了探讨，她对同类现象"饶"和"任"进行历时考察后提出"从任由义动词到纵予连词，是态度上的'不予理会'义引申为逻辑上的'不予考虑'义"，均在对比句的语境中由隐喻机制引发。张文不仅提出了极具说服力的语义阐释，还在《红楼梦》《儿女英雄传》和《永庆升平前传》中挖掘出一些可靠用例，笔者在成书于1800年前后的北京话文献中也发现了一些早期用例，请看：

（78）让你金银过北斗，想买客人万不能。(《刘公案》)
（79）就让你心里要忍，忍得罢咱。(《庸言知旨》)

这种用法在《官话类编》（1892）尚有用例，民国后逐渐退出使用。

（80）凡血汗挣来的钱，才（经）或（见）或（禁）花喇，若是来的太容易了（饶）或（让）他有百万之富，也是不能（经）或（见）或（禁）花的。(《官话类编》)

3.而在路径二中，"礼让"与"使令"两种用法的此消彼长十分明晰。在蔡友梅作品中，"使令"和"致使"这两种新兴用法数量十分悬殊，提示"致使"可能是后起用法，该法在王朔作品得到了明显的发展。

8.3 路径二："让_{使令}"和"让_{致使}"的来源及发展

路径二也是在兼语句的句法环境下实现的，语义上发生了多重泛化，请看：

语义： 礼让　　　＞　　　使令　　　＞　　　致使
句法：S_1式：兼语句；　　S_2式：兼语式；　　S_3式：兼语句

8.3.1　S_1式：$S_{施事}$ + 让_{礼让} + NP_{兼语} + VP

（81）尤氏叫拿戏单来，让凤姐儿点戏，凤姐儿说道："亲家太太和太太们在这里，我如何敢点。"邢夫人、王夫人说道："我们和亲家太太都点了好几出了，你点两出好的我们听。"（庚辰本《脂砚斋重评石头记》第十一回）

（82）说毕，众人又问了些路途的景况。因贾琏是远归，遂大家别过，让贾琏回房歇息。一宿晚景，不必细述。（庚辰本《脂砚斋重评石头记》第六十四回）

（83）黛玉因让众人来放。众人都笑道："各人都有，你先请罢。"（庚辰本《脂砚斋重评石头记》第七十回）

（84）老嬷嬷们让黛玉炕上坐，炕沿上却有两个锦褥对设，黛玉度其位次，便不上炕，只向东边椅子上坐了。（庚辰本《脂砚斋重评石头记》第三回）

如上述例句所示，S₁式不仅数量可观，VP的动作类型也十分丰富，语义上表示客气地要/叫他人做某事，可分解为"礼貌"义（词汇义赋予）加纯使令义（构式义赋予），如句（84）中的"老嬷嬷们让黛玉炕上坐"可用纯使令标记"叫"改写为"老嬷嬷客气地叫黛玉炕上坐"。屈哨兵（2004）观察到"言让"和"行让"的区别，从下列用例可见，S₁式主要是以言行事：

（85）他自卸了妆，悄悄进来，笑问："姑娘怎么还不安息？"黛玉忙让："姐姐请坐。"（庚辰本《脂砚斋重评石头记》第三回）

（86）两旁丫鬟们答应了，忙去传点心。探春又笑让："你们歇着去罢，或是姨妈那里说话儿去。我们即刻打发人送酒你们吃去。"（庚辰本《脂砚斋重评石头记》第六十二回）

S₁式中的"让_礼让"从句法表现来看属于典型的及物动词，除了兼语句外，也经常充当简单句的谓语，可后附动态动词"了""着""过"，也可重叠，如：

（87）宝玉便让平儿到怡红院中来。袭人忙接着，笑道："我先原要让你的，只因大奶奶和姑娘们都让你，我就不好让的了。"（庚辰本《脂砚斋重评石头记》第四十四回）

（88）到了上房，又请贾赦相见，贾赦道："早些吃了饭，二妹妹让着二位亲家太太和姑娘们到各处逛逛。"（《红楼梦影》）

（89）不论吃什么东西，按照尊卑长幼，都让过了他才吃呢。（《歪三字经》）

（90）小额擦完了脸，漱了漱口，站起来又到各桌儿上让了让，甚么您喝这个吧，又甚么换换吧。（《小额》）

（91）他们俩是（冤）或（仇）家，不可（请）或（让）在一张桌子上。（《官话类编》）

对比句（22）"让其弟公子申为王"和句（81）"让凤姐儿点戏"，不难看出"让_礼让_"是"让_予让_"用法的进一步扩展,"受损/受益"特征的逐渐淡化①,使得"让_礼让_"在与构式互动的过程中走上了另一条语法化路径,并未发展出路径一中"容让"用法,当自身"礼貌义"淡化后,"让_礼让_"吸收了构式义"使令"义,在清末发展成为纯使令标记。

8.3.2　S₂式:S_施事_ + 让_使令_ + NP_兼语_ + VP

关于"让_使令_"的出现时间,学界分歧较大,上至元代,下至民国。研究者对"让_使令_"来源的讨论也很少。张丽丽(2005)认为"让"的主语经历了"礼让者 > 放任者 > 准许者 > 发号施令者"的发展,主语的操控性不断提升,到了清末民初,"让"最终发展出了要求义②。笔者认为,操控性提升是结果,而非"让_使令_"产生的原因,并且"可控容让"中的准许者角色在事件操控性上并不弱于"让_使令_"③,这在否定式中尤为明显(如"妈妈不让孩子玩手机")。冯春田(2000)认为下述五例表示"具体使役",可能是由"予让""让给"用法发展而来,后来成为现代汉语中常见的"使役句",转引如下:

(92) 那佳人<u>让客</u>先行。(《大宋宣和遗事》)

(93) 众人<u>让他</u>坐吃茶。(《金瓶梅》第十四回)

(94) 二人再三谦让,同他行了礼,<u>让他</u>首尾坐下。(《儒林外史》第七回)

---

① 句(26)(27)已见端倪。

② 从张丽丽(2005)"我让他们弄点心"等用例看,"发号施令"和"要求"用法属于本章的"让_使令_"用法。如句(102)—(104)等早期"让_使令_"用例所示,"发号施令"的情况并不多见,不具有代表性。所谓"发号施令"应是"使令方式""使令强度"等(语境临时赋予)和使令义的混合体。

③ "让_可控容让_"和"让_使令_"的差异主要在于前者的兼语具备了[+自主]特征,在理论上,如果某种语境或动因能够淡化该特征,"让_可控容让_ > 让_使令_"就可能实现,在目前考察的材料中,尚未发现相关线索。

(95) 老和尚劝他不要恼,替小和尚按着纸,让他写完了。(《儒林外史》第五十五回)

(96) 妇人让玳安吃了一碗,他也吃了一碗。(《金瓶梅》第二十三回)

根据上下文,上述用例仍有"礼让"意味,仍属 S_1 式。在该用法中,如为卑幼礼让尊长,或主人礼让宾客,礼貌义极易被凸显。到了清后期,尊长礼让卑幼,熟人之间客套的用例明显增多,此时礼貌义就不那么明显了,请看:

(97) 公子被舅母紧拉着一只手说个不了,只得一手着地,答应着行了礼。起来,舅太太便让他摘帽子,脱褂子,又叫人给倒茶。(《儿女英雄传》第三十七回)

(98) 却说那位典史老爷见钦差来拜安老爷,不知怎样恭维恭维才好。忙忙的换了褂子,弄了一壶茶,跟了个衙役,亲自送来让家丁们喝。(《儿女英雄传》第十三回)

(99) 阿,那徐福庆阿,他我还记得,来的是他的儿子么?不错,是他的儿子。让他进来。(《语言自迩集》)

(100) 却好天已大明,计全便走到前殿,开了大门,让何路通进来,把那些庄丁放了出去。(《施公全案》第二百四十六回)

(101) 郝素玉道:"大哥,咱是不嫁他!这样深的房屋,咱们进来容易,随后要出去倒不容易了。再死在这里面,才不上算呢!咱是不嫁他,不想太太做,让姊姊嫁他罢!"(《施公案四传》)

这种新语境容易使听话人理解时偏离说话人本义,礼貌义脱落后,使令义则得以凸显,"让"进而发展成为纯使令标记。在句(101)中,毛如虎想娶姐妹俩,妹妹说嫁进来不好,姐姐也不想嫁了,因此"让"理解为"予让"或"容让"都不合适,应理解为"你叫姐姐嫁吧",与现代汉语中的纯使令用法已经很接近了。在清末北京话文献《燕京妇语》中,"让使令"已见可靠用例,请看:

（102）明儿您让我姐姐给我瞧瞧。(《燕京妇语》)

在《小额》中更是大量出现，多达62例，请看：

（103）亲家有钱的名儿，是人所共知。算是我求的这个朋友，跟我是吃喝不分，我跟他一说，他直推辞，好容易我央求他，让他在里头给铺垫铺垫，算是稿明白了一千三百两银子，人家给了去。

（104）他老人家可讹住了，楞说小额打他啦，翻滚不落架儿，非让小额打死他不成。

"让_{使令}"用法在语义上成熟的同时，句法上也经历了去范畴化，丧失了大量句法属性，不能后附"了""着""过"，不能重叠，只能充当 S_2 式兼语句的主要动词。

在汉语史上，"使""令""遣""叫"等纯使令标记也经历了上述的语义和句法变化（参见太田辰夫，1958/1987；冯春田，2000；张丽丽，2005 等），在失去了部分固有词义后，发展成为纯使令标记。太田辰夫（1958/1987）指出"叫_{使令}"是在丧失了固有的"呼"义后才得以成熟。

8.3.3　S_3 式：S_{致事}＋让_{致使}＋ NP_{兼语}＋ VP

越南语、克伦语、缅语、拉祜语中的致使标记由使令用法发展而来（参见郭锐，2009b）。李佐丰（1994）、冯春田（2000）、徐丹（2003）、张丽丽（2005）等研究显示，该路径在汉语中也反复出现，"使""令""教""交""着""叫""给""与""要""放""遣"等词的使令用法均发展出致使用法。"让"也不例外，其致使用法在民初北京话语料中已有可靠用例：

（105）让您受累了。(《官话问答》)

（106）这才由舅舅如何打发他回海州，直到而今的话从头至尾细说了一遍，自己所为<u>让</u>姑娘明白，跟他不含糊的意思。(《阿绣》)

（107）二爷总瞧着不入眼，说赶不上你，反到<u>让</u>我们担心。(《阿英》)

（108）这倒<u>让</u>老兄白跑了一趟，想来不是婚姻。(《寄生》)

通过考察"当代北京口语语料库"和民国北京话语料，我们发现 S_2 式和 S_3 式主要有以下不同：

表8.3 使令和致使用法对照表

	S_2 式：使令用法	S_3 式：致使用法
S	施事（agent），通常是人。 ［＋自主］	致事（causer），通常是事件。 ［－自主］［＋使因］
	人称代词、所指为个人或群体的专有名词。	小句或小句的省略形式，偶尔也指人。
让	使令	致使
NP	人	人、物或事
VP	主要是动作动词。 ［＋动作性］［±结果］［±已然］	主要是心理动词、变化动词和状态动词。 ［±动作性］［＋结果］［＋已然］

"让_{使令}"强调主语的自主性，VP 动作性强，而"让_{致使}"强调主语的使因性，VP 动作性弱，基本为已然。徐丹（2003）对"使"的考察也有类似发现，并总结出两个演变条件：一是 VP 不再是动作动词；二是主语"自主性"的消失。但张丽丽（2005）认为这两点是发展所带来的结果，而非条件，在她看来，致使用法的产生是泛化机制引发的，"在这种对语境依赖的情况下，如果使役动词后所搭配的动词其词性不稳定（介于动作和状态之间，更准确地说，介于'可操控'和'不可操控'之间），就可能进一步衍生出致使概念"。

张丽丽（2006c）认为命令、派遣义动词本就蕴涵致使义，牛顺心（2008）也提出使令动词与致使词之间存在蕴涵关系，"即致使词由使令动词功能的扩大和类推而来"。我们认为，在语义上，"使令＞致使"现象可能跟"自主性"蕴含"使因性"（参见张伯江，2000）有关。在 S_2 式中，主语要兼语按照自己意愿行事，是施事和潜在的致事，"兼语＋VP"构成一个子事件，主语（[＋自主]）与该事件构成潜在的致使关系。强调潜在是因为常规的使令式关注施事意愿的传达，并不要求在句法层面明示子事件是否实现，个别用例中，兼语甚至并不听从主语指挥，如：

（109）王财主家的底下人又怕妖精又怕鬼，大家同盟罢工，全告长假啦，就剩了醉黄哥儿一个。财主王<u>让</u>铺子伙计前来熬夜，谁也不敢来。（《刘癞子》）

实际上，由于主语通常具有更强的掌控力，多数 S_2 式用例中的子事件最终得以实现。这种内在倾向性在句法语义层面逐渐显现，语料中 S_2 式出现了新变化，如：

（110）赵文祥等也就依实到谢，给了店里伙计二两银子，又<u>让</u>张顺买<u>了</u>四瓶顶好的茶叶，是送给刘紫英与周老者的。（《新侦探》）

（111）两下里直向赵文祥勒索，好在刘守业刘老板跟他们都认识从中一当这个鲁仲连，<u>让</u>赵文祥给<u>了</u>他们十两银子作为道乏。（《新侦探》）

（112）况且你为什么，昨天晚晌，也不通知我一声儿，<u>让</u>我溜溜儿的熬<u>了</u>多半夜。（《贾奉雉》）

在上述例句中，子事件均已实现并都在句法上体现，主语与子事件之间的致使关系得以确立，主语被识解为"使因"。在"叫""使"等致使用法的类推之下，S_2 式又发生了下述变化，最终发展出 S_3 式用法。

1. VP 由动作的完成扩展为状态的变化。VP 的动作性减弱，心理动词、变化动词和状态动词等开始出现。例如：

（113）你不必着急，反正还能让你困在北京吗？（《王成》）

（114）我故意的让你着两天儿的急，试探试探你待我的心同待闰秀姐一样不一样。（《寄生》）

（115）这如今回头没事，不是我得命思财，真让人起火儿。（《柳生》）

（116）也不至于让你们受委屈。（《仙人岛》）

2. 主语自主性减弱、使因性增强。

S_3 脱胎于 S_2 式，主语在语义上经历了以下变化：［＋自主］＞［＋自主］［＋使因］＞［使因］，由人扩展至使因事件，句法上由指人成分扩展至小句或小句的省略形式，句（117）（118）的主语还兼有［＋自主］［＋使因］特征，句（119）（120）中主语的［＋自主］特征已经消失，已经是非常典型的致使用法了，请看：

（117）我全听你一句话，绝不让你为难。（《田七郎》）

（118）王桂庵一听，人家那一天你让我着急了半天吗？我也呕斗着，叫你着几天的急再说。（《王桂庵》）

（119）早起到这儿一瞧，这么样儿的下不去脚儿，让人都不喜欢做事了。（《华语萃编》）

（120）各人与各人的关系一定是极其复杂，打架、斗殴、辩嘴、致气，那简直的让人不堪忍受的。（《华语萃编》）

3. 兼语也由人扩展至物或事件。

（121）打算抹抹我们的嘴儿，让我们上头舒服，底下疼，咱们可过不着那个。（《霍女》）

（122）黑与亮的调和，叫他的黑眼珠的边儿上浅了一些，恰好不让黑白眼珠象冥衣铺糊的纸人儿那样死呆呆的黑白分明。（《二马》）

（123）最近咱们不是为的这个让市场流通得好一些，嗯，这个蔬菜进城什么的，哪儿来的都有。（当代北京口语语料库）

这个变化发生得最晚，至迟在老舍和"当代北京口语语料库"有了一些可靠用例，标志着"让致使"用法的彻底成熟。

值得注意的是，一些源自可控容让的"好让"用例跟"致使"用法也有相通之处，请看：

（124）因此我方才说完了话，便站起来要走，作个收场，<u>好让</u>那作书的借此歇歇笔墨，说书的借此润润喉咙。（《儿女英雄传》第九回）

（125）而况现在亲已定了，前次老爷还提起侄儿的亲事，预备今冬明春给他成亲起来，<u>好让</u>姐姐有个媳妇在面前服事。（《施公全案》第四百一十四回）

（126）那贼忽然想起一件事来，就跟禁子说道："我有一块宝石，是打外国得来的。种在地下，会长出无数的黄金来，我死以后，恐怕埋没了这宝石，请你替我告诉国王声，<u>好让</u>国王知道。才不冤屈这宝石的好处。"（《泰西故事》）

结合《现代汉语词典》（第7版）释义，上述3例中的"好"表示"便于"，"让"后的兼语和VP所构成的命题是说话人希望实现的某种结果、状态，兼语是明显的受益者，可控容让意味较为明显。但与句（32）—（36）等典型"让可控容让"用例相比，上述"好让"用法有明显的差异，列举如下：

1. 只以后续句形式出现，且鲜有施事主语同现，主语多由"好让"之前的小句充当，其所描述的事件是"好让"之后的命题得以实现的前提。在句（125）中，"（孩子）成亲"是使"姐姐""有个媳妇在面前服事"的前提，是一种潜在的使因主语。

2. 如"知道""有"所示，VP的动作性较弱。

3. 多表未然，并未指涉外部世界中实际发生的事件，是非现实句。

在上述三个特点中，前两点跟"致使"用法较为契合，第三点则不然。在《施公全案》中，"好让"用法有了新的发展，如：

（127）你道贺人杰为何到此时才知道的呢？看官有所不知，他却早已知道了……却故意装作打盹，让马虎鸾不把他放在心上，他却居心要诱马虎鸾进房，他便出其不意，想一个人将马虎鸾捉住，在施公前显显手段。(《施公全案》第四百二十七回）

在句（127）中，省略的"好"仍可补回，"故意"一词也提示了该句仍是"好让"用法。该句是对已然事件的描述，兼语"马虎鸾"在语义上也不再是受益者，"（贺人杰）故意装作打盹"某种程度上可以理解为"马虎鸾不把他放在心上"的使因，与"让$_{致使}$"用法已经颇为接近。由于类似用例还有待挖掘，"好让"用法是否最终成为"让$_{致使}$"的来源之一还需要进一步论证，但就已有的语言事实来看，路径"让$_{可控容让}$＞好让＞让$_{致使}$"是可行的，相对于共性路径"使令＞致使"而言，这条潜在路径显示了语义演变的个性和复杂性。

8.3.4 小结

"让$_{礼让}$"的礼貌义丧失，"让"吸收了 S_1 式的构式义成为纯使令标记。一些 VP 为已然的 S_2 式使得句式中潜在的致使关系得以凸显，带动了"让$_{使令}$"向"让$_{致使}$"的发展。

8.4 结语

本章在前人研究基础上，利用新材料对北京话多功能标记"让"的相关用法进行了进一步的历时考察，将语义演变归纳为两条主要路径：1）予让＞可控容让＞不可控容让＞被动；2）礼让＞使令＞致使。在语法化过程中，词汇义与构式义的互动起到了重要作用。

在路径一中，"让$_{予让}$"进入兼语句，给予义动词的词义特点使得句中兼语带上受益者色彩，在语用推理作用下，兼语进而被赋予[＋自主]特征。使令义（兼语句构式义）和兼语[＋自主]特征结合所产生的"容让"

义最终为词项"让"吸收。从可控容让到被动的发展，不仅是施受互转的渐变过程，也是主语逐渐丧失事件控制权的过程，本章采用了[±可控][±自主][±变化][±受损]和[±受益]五种参数，对上述过程进行了描写，也为Dowty(1991)提供了历时佐证。

在另一条路径中，"予让"泛化为"礼让"后，兼语的受益者色彩淡化。因此，同样是在兼语句中，"让礼让"却走上了截然不同的发展道路，在失去了固有词义后，"让礼让"吸收了构式赋予的使令义成为纯使令标志，并进一步发展出致使用法。

上述演变是伴随义的凸显化（参见郭锐，2012）、语用推理、类推、语境吸收、泛化等多种机制共同运作的结果。受材料和能力所限，"让使令"和"让致使"是否存在其他来源还有待进一步考察。从"让被动"和"让使令"在《小额》中的强势表现来看，它们在口语中出现时间仍可大大提前。这些问题的推进有赖于语料的进一步挖掘。

第九章　总结与展望

9.1　主要观点

本书对早期北京话中的六个语法专题进行了历时考察。第三章关注第二人称敬称代词"您"和第三人称敬称代词"怹"的来源与发展。在元、明、清、民国、当代五个时期大规模本土文献和域外文献的支撑下,我们首先对"您"的语源及发展路径进行了系统考察。通过对本土材料和域外材料的验证比照,将"您"的发展路径归纳为"你老人家 > 你老 > 你那 / 你能 > 您纳 > 您",共四个阶段,并分别从语法和语音演变两个角度进行了阐释,将敬称代词"nín"的出现时间前提至19世纪初,对"你呢""你""你能"和"儜"的来源也予以了合理的解释。而"怹"的发展路径则可以总结为"他老人家 > 他老 > 他那 > 怹纳 > 怹",与"您"的发展路径异曲同工,不是"您"的简单类推。本章研究不仅进一步丰富了敬称代词的类型学研究,本土文献和域外文献相互比照验证的研究思路也可为今后的研究提供借鉴。

第四章借鉴方梅(2002)的研究思路,通过考察长时副词"且"在共时层面的用法差异,对其历时演变过程进行合理假设,并通过历史文献的考察加以验证。我们认为"且"的长时义源自程度义,而后者可进一步上推至宋元时期的"且是"。受韵律规律和语体色彩的作用,"且是"演变为程度副词"且",在"且+情态动词+V+时量成分+呢/哪"这一特定构式中,"且"最终吸收了构式赋予的长时义、主观性和非现实性,成为当代北京话中最具辨识度的语法标记之一。

第五章对北京话中的六个认识情态标记进行了考察。"光景"和"不见得"的来源与视觉传信有关,可以用"眼见为实"和"言有易,言无难"这两个生活常理直观地加以解释。"光景"是由"看光景"缩略而成,它的语法化证明了证据越可靠,确信度越高。"不见得"的发展则说明了否定事物存在所需的信息量要远远大于肯定所需的信息,在没有足够证据的情况下,降低确信度不失为一种选择。"准"是通过溯因推理从施为性用法推导出盖然义,而"大概"则是基于"证据越丰富越精确,做出正确判断的可能性越高"这一常理从"近乎精确"用法发展出认识情态用法,是一种常理推理。这两个标记是语用推理和意象图式共同作用的结果,可能跟认识情态在认知层面上的"标准参照"图式有关。而"八成""多半"等表示高比例的数量成分发展出量化可能性的功能则是部分—整体图式由客观世界域向认识域投射的结果。北京话的认识情态范畴十分发达,通过一些个案研究,对认识情态范畴的认识也将逐渐加深。

第六章对北京话处置标记"给"的来源和发展进行了系统考察,认为广义处置和致使处置用法是其狭义处置用法扩展的产物,而狭义处置用法则来源于介引与事的两种特殊用法。本章还对"当代北京口语语料库"中的处置用法进行了定量分析,探明了"给"字处置式在当代北京话的地位和基本面貌。

第七章对北京话被动标记"给"的来源和历时演变进行了系统考察,将长被动用法的语义演变路径总结为:给予 > 可控容让 > 不可控容让 > 长被动,并引入 [自主][变化][可控] 等参数刻画施动向受动转化的渐变过程。受同类标记"让"的压制,长被动用法相对弱势。短被动用法的形成则得益于"给"的介词悬空用法,可细分为三种来源。"给"兼表"受益"和"被动"的事实也对 Croft(1991)的"致使顺序假说"(Causal Order Hypothesis)提出了挑战。

第八章对多功能标记"让"的历时演变展开系统考察,将其语义演变归纳为两条主要路径:(一)予让＞可控容让＞不可控容让＞被动;(二)礼让＞使令＞致使。在路径一中,"让_(予让)"进入兼语句,给予义动词的词义特点使得句中兼语带上受益者色彩,在语用推理作用下,兼语进而被赋予[＋自主]特征。使令义(兼语句构式义)和兼语[＋自主]特征结合所产生的"容让"义最终为词项"让"吸收。在另一条路径中,"予让"泛化为"礼让"后,兼语的受益者色彩淡化,"让_(礼让)"吸收了构式赋予的使令义成为纯使令标志,并进一步发展出致使用法。

在研究方法上我们主张本土文献和域外文献的相互比照验证,以及共时分析和历时考察的相互验证。本书如能对相关专题研究有所推动的话,很大程度上要归功于大规模新语料的运用,第二章对可利用的早期北京话语料做了一些介绍,希望能引起研究者的重视。

9.2 研究展望

早期北京话语法研究具有极高的学术价值,研究空间极大,笔者认为以下几个方面还有待深入开掘:

1. 进一步加强早期语料的挖掘整理工作。晚清民国时期北京话语料的挖掘整理工作进展顺利,本书所利用的语料字数逾一千万字,这个规模在汉语史上已是首屈一指,"给_(处置)""给_(被动)"等一些重要用法的用例得以发掘,对研究的帮助极大。但一些语法标记由于主观性和口语化程度较高,发展轨迹并不十分清晰,语料本身也存在口语化程度参差不齐的问题。以口语化程度最高的《小额》(1908)为例,它进入研究视野后,一下将"让_(被动)"的出现时间提前了三四十年,且书中的"让_(被动)"用法非常成熟,在口语中萌生的时间无疑更早。遗憾的是《小额》之前的语料在口语化程度上要逊色很多,反映不出"让_(被动)"在萌生阶段的细节。类似的情况还有很多,该时期的语料还有很大挖掘空间,应该在质和量上继续做文章。而清中前期特别是清初的材料挖掘一直是薄弱环节,使得早期北京话溯源工作很难深入下去,清代宫廷档案和曲艺可能是突破口,这也是我们未来努力的方向。

2. 加强专书研究和专题研究。专书研究目前十分薄弱,据孙锡信(2014)的统计,涉及《红楼梦》的研究有数十篇,《儿女英雄传》的相关研究则不到 10 篇。就研究对象而言,《红楼梦》中很多重要语言现象未被涉及。这两部重要作品的研究现状尚且如此,其他作品的情况也就可想而了。我们建议先对《满汉成语对待》《清文启蒙》《清文指要》《庸言知旨》《刘公案》《语言自迩集》《官话类编》《北京官话全编》《新鲜滋味》《骆驼祥子》等不同时期的代表作品开展专书研究,再逐渐扩大考察范围。而专题研究方面则应充分利用新材料,将更多的语法现象纳入历时考察的视野之中。只有以专书研究和专题研究为经纬,才能摸清北京话语法系统在不同时期的真实面貌,才能真正掌握北京话的发展轨迹,未来还有大量的工作需要完成。

3. 加强语言接触研究。早期北京话在发展过程中不可避免地会受到其他方言或语言的影响。满汉语言接触问题受到较多关注,北京话是否存在满语底层也引起了广泛讨论。近些年来,研究者聚焦满汉合璧文献和旗人小说中的旗人北京话,在满语干扰特征的总结分析、满语转用为汉语的分期等问题上达成了一些共识,但在旗人北京话中的满语干扰特征定性(是固化的民族方言特征还是单纯的翻译)等核心问题上也存在很大分歧。由北京大学出版社出版的《清代满汉合璧文献萃编》对满文进行了转写和标注,很大程度上扫除了研究上的语言障碍,相信会有更多汉语界的学者关注满汉语言接触问题。

欧化现象一直是现代汉语研究的重要议题之一,王力、贺阳等学者进行了深入研究,我们在蔡友梅、勋锐等京味儿小说家作品中发现了大量的新词和外来词,该时期的北京话在语法上是否也受到欧化影响呢?儒丐、耿小的等后期京味儿小说家在语言风格上有了明显的变化,是否有欧化的因素?这是一个值得关注的问题。

4. 加强现代汉语共同语历史研究。郭锐、翟赟、徐菁菁（2017）认为南京官话和北京官话经历了多次混合，普通话的形成主要与第三次混合有关。有必要加强各个时期的南北官话语法对比研究，对早期北京话和普通话的发展过程做更为精细和准确的描写。

参考文献

中文文献:

爱新觉罗·瀛生(2004)《满语杂识》,学苑出版社,北京。

白鸽、刘丹青、王芳、严艳群(2012)北京话代词"人"的前附缀化——兼及"人"的附缀化在其他方言中的平行表现,《语言科学》第4期。

北京燕山出版社(1996)《旧京人物与风情》,北京燕山出版社,北京。

曹炜(2014)北京话三身代词的历时嬗变(1750—1950),《长江学术》第4期。

曹炜、唐甜甜(2014)北京话指示代词的历时嬗变(1750—1950),《苏州大学学报》(哲学社会科学版)第3期。

曹志耘、张世方(2000)北京话研究的回顾与展望,《世纪之交的应用语言学》,于根元主编,北京广播学院出版社,北京。

晁瑞(2013)汉语"给"的语义演变,《方言》第3期。

车竞(1996)"使"字句的语用分析,《辽宁教育学院学报》第3期。

车竞(1998)论"使"的词性,《沈阳师范学院学报》(社会科学版)第2期。

陈大康(2002)《中国近代小说编年》,华东师范大学出版社,上海。

陈丹丹(2017)从《清文指要》和《重刊老乞大》的差异看满语对汉语的影响,《历史语言学研究》(第11辑),中国社会科学院语言研究所《历史语言学研究》编辑部编,商务印书馆,北京。

陈刚(1957)北京话里lou和le的区别,《中国语文》第12期。

陈刚(1984)北京话里的"我"及其变体,《中国语文》第4期。

陈刚(1985)《北京方言词典》,商务印书馆,北京。

陈建民(1984)《汉语口语》,北京出版社,北京。

陈妹金（1995）北京话疑问语气词的分布、功能及成因，《中国语文》第1期。

陈明远（1985）北京语音源流初探，《语文论集》（一），张志公主编，外语教学与研究出版社，北京。

陈前瑞（2006）"来着"补论，《汉语学习》第1期。

陈前瑞（2008）《汉语体貌研究的类型学视野》，商务印书馆，北京。

陈前瑞、韦娜（2013）语序接触与北京话双"了"句的历时波动，《汉藏语学报》第7期。

陈士和（1980）《评书聊斋志异》（第一集、第二集），百花文艺出版社，天津。

陈松岑（1986）北京话"你""您"使用规律初探，《语文研究》第3期。

陈晓（2013）清末民初北京话里的程度副词"所"，《中国语文》第2期。

陈晓（2015）从满（蒙）汉合璧等文献管窥清代北京话的语法特征，《民族语文》第5期。

陈颖（2018）《早期北京话语气词研究》，北京大学出版社，北京。

陈颖、陈晓主编（2018）《日本北京话教科书汇编》，北京大学出版社，北京。

陈玉洁（2008）人称代词复数形式单数化的类型意义，《语言教学与研究》第5期。

陈泽平（2004）北京话和福州话疑问语气词的对比分析，《中国语文》第5期。

陈振宇、[韩]朴珉秀（2006）话语标记"你看""我看"与现实情态，《语言科学》第2期。

程琪龙（1997）Jackendoff"致使概念结构"评介，《国外语言学》第3期。

程琪龙（2001）致使概念语义结构的认知研究，《现代外语》第2期。

（清）崇彝（1982）《道咸以来朝野杂记》，北京古籍出版社，北京。

崔希亮（1995）"把"字句的若干句法语义问题，《世界汉语教学》第3期。

崔希亮（1996）"把"字句和"将"字句，《〈红楼梦〉的语言》，吴竞存编，北京语言学院出版社，北京。

崔希亮（2002）认知语言学：研究范围和研究方法，《语言教学与研究》第5期。

崔希亮（2003）事件情态和汉语的表态系统，《语法研究和探索》（十二），中国语文杂志社编，商务印书馆，北京。

崔希亮（2004）《汉语介词与位移事件》，北京大学博士论文。

崔永华（1988）北京口语里的"得[dé]"例释，《语言学论丛》（第15辑），北京大学中文系《语言学论丛》编委会编，商务印书馆，北京。

戴浩一(1998)时间顺序和汉语的语序,黄河译,《国外语言学》第1期。

邓川林(2009)《现代汉语若干惯常类副词研究》,北京语言大学硕士论文。

邓守信、廖秋忠(1991)汉语使成式的语义,《国外语言学》第3期。

邓思颖(2003)《汉语方言语法的参数理论》,北京大学出版社,北京。

董树人(1994)北京方言中的语素"爷"——从方言透视地域文化,《汉语学习》第3期。

董树人(2010)《新编北京方言词典》,商务印书馆,北京。

董正存(2017)汉语中约量到可能认识情态的语义演变——以"多半"为例,《中国语文》第1期。

范晓(2000)论"致使"结构,《语法研究和探索》(十),中国语文杂志社编,商务印书馆,北京。

方梅(1994)北京话句中语气词的功能研究,《中国语文》第2期。

方梅(2002)指示词"这"和"那"在北京话中的语法化,《中国语文》第4期。

方梅(2006)北京话里"说"的语法化——从言说动词到从句标记,《中国方言学报》(第1期),全国汉语方言学会《中国方言学报》编委会编,商务印书馆,北京。

方梅(2007)北京话儿化的形态句法功能,《世界汉语教学》第2期。

方梅(2008)动态呈现语法理论与汉语"用法"研究,《当代语言学理论和汉语研究》,沈阳、冯胜利主编,商务印书馆,北京。

方梅(2011)北京话的两种行为指称形式,《方言》第4期。

方梅、乐耀(2017)《规约化与立场表达》,北京大学出版社,北京。

方梅、张伯江(1995)北京话指代词三题,《吕叔湘先生九十华诞纪念文集》,《纪念文集》编辑组编,商务印书馆,北京。

方若(1982)关于"您们",《中国语文》第4期。

冯春田(2000)《近代汉语语法研究》,山东教育出版社,济南。

冯胜利(2009)《汉语的韵律、词法与句法》(修订本),北京大学出版社,北京。

[日]干野真一(2015)《社会小说〈北京〉》起点类介词研究,《现代汉语的历史研究》,[日]远藤光晓、[日]石崎博志主编,浙江大学出版社,杭州。

高艾军、傅民(2001)《北京话词语》,北京大学出版社,北京。

高艾军、傅民（2013）《北京话词典》，中华书局，北京。

高名凯（1948）《汉语语法论》，开明书店，上海。

龚千炎（1994a）《儿女英雄传》是《红楼梦》通向现代北京话的中途站，《语文研究》第 1 期。

龚千炎（1994b）《儿女英雄传虚词例汇》，语文出版社，北京。

管翼贤（1943）北京报纸小史，《新闻学集成》（第 6 辑），中华新闻学院。

郭风岚（2008）北京话的"您"与京味儿文化，《北京社会科学》第 4 期。

郭风岚（2009）北京话话语标记"这个""那个"的社会语言学分析，《中国语文》第 5 期。

郭丽（1993）浅论"你"与"您"，《深圳大学学报》（人文社会科学版）第 1 期。

郭良夫（1988）近代汉语副词"白"和"白白"，《中国语言学报》（第 3 期），中国语言学会《中国语言学报》编委会编，商务印书馆，北京。

郭良夫（1992）"白纳"解，《中国语文》第 1 期。

郭锐（1997）过程和非过程——汉语谓词性成分的两种外在时间类型，《中国语文》第 3 期。

郭锐（2003）"把"字句的语义构造和论元结构，《语言学论丛》（第 28 辑），北京大学汉语语言学研究中心《语言学论丛》编委会编，商务印书馆，北京。

郭锐（2006）衍推和否定，《世界汉语教学》第 2 期。

郭锐（2008）语义结构和汉语虚词语义分析，《世界汉语教学》第 4 期。

郭锐（2009a）现代汉语和古代汉语中的介词悬空和介词删除，《中国语言学》（第 2 辑），《中国语言学》工作委员会编，山东教育出版社，济南。

郭锐（2009b）致使的语义类型和"把"字句语义差异，第 17 届国际中国语言学年会论文，巴黎。

郭锐（2012）共时语义演变和多义虚词的语义关联，《山西大学学报》（哲学社会科学版）第 3 期。

郭锐（2018）《早期北京话研究书系》，北京大学出版社，北京。

郭锐、陈颖、刘云（2017）从早期北京话材料看虚词"了"的读音变化，《中国语文》第 4 期。

郭锐、叶向阳（2001）致使的类型学和汉语的致使表达，第一届肯特岗国际汉语语言学圆桌会议论文，新加坡。

郭锐、翟赟、徐菁菁（2017）汉语普通话从哪里来——从南北官话差异看普通话词汇、语法来源，《中国言语文化学研究》第6号，东京。

哈伟（1996）与"再"有关的几个否定形式，《〈红楼梦〉的语言》，吴竞存编，北京语言学院出版社，北京。

韩沛玲、刘云、崔蕊（2015）当代北京话中"且VP呢"构式及"且"的语义分析，《中国语文》第6期。

贺阳（1994）北京话的语气词"哈"字，《方言》第1期。

洪波（2004）"给"字的语法化，《南开语言学刊》第2期。

洪波、赵茗（2005）汉语给予动词的使役化及使役动词的被动介词化，《语法化与语法研究》（二），沈家煊、吴福祥、马贝加主编，商务印书馆，北京。

侯精一（1962）百年前的广东人学"官话"手册《正音咀华》，《文字改革》第2期。

侯精一（2010）试论现代北京城区话的形成，《汉语史中的语言接触问题研究》，遇笑容、曹广顺、祖生利主编，语文出版社，北京。

侯兰笙（1997）《义林》，甘肃人民出版社，兰州。

侯瑞芬（2009）从力量与障碍看现代汉语情态动词"可以""能""会"，《语言学论丛》（第40辑），北京大学汉语语言学研究中心《语言学论丛》编委会编，商务印书馆，北京。

胡建刚（2007）主观量度和"才""都""了$_2$"的句法匹配模式分析，《世界汉语教学》第1期。

胡建华、杨萌萌（2015）"致使—被动"结构的句法，《当代语言学》第4期。

胡适（1988）《三侠五义》序，《胡适古典文学研究论集》，上海古籍出版社，上海。

胡适（1999）《中国章回小说考证》，安徽教育出版社，合肥。

胡明扬（1981）北京话的语气助词和叹词（上、下），《中国语文》第5、6期。

胡明扬（1987a）《北京话初探》序，《北京话初探》，商务印书馆，北京。

胡明扬（1987b）《北京话初探》，商务印书馆，北京。

胡明扬（1987c）北京、北京人、北京话，《北京话初探》，商务印书馆，北京。

胡明扬（1987d）北京话形容词的再分类，《北京话初探》，商务印书馆，北京。

胡明扬等（1992）《北京话研究》，北京燕山出版社，北京。

胡双宝（1992）北京话语汇研究略论，《世界汉语教学》第3期。

胡双宝（2002）读威妥玛著《语言自迩集》，《语文研究》第4期。

胡双宝（2017）我耳朵里的北京话，《语言文化述评》，世界图书出版公司，北京。

胡增益（1989）满语的"bai"和早期白话作品"白"的词义研究，《中国语文》第5期。

胡增益（1995）满语"白"同汉语副词"白"的借贷关系，《中国语言学报》（第5期），中国语言学会《中国语言学报》编委会编，商务印书馆，北京。

黄蓓（2016）作为主观性标记的"给"——兼论句法标记说的不足，《语言科学》第4期。

季永海（2004）从接触到融合——论满语文的衰落（上），《满语研究》第1期。

季永海（2005）从接触到融合——论满语文的衰落（下），《满语研究》第1期。

季永海（2006）关于北京旗人话对北京话的影响，《民族语文》第3期。

季永海、赵志忠（1985）《儿女英雄传》的满语语汇特色，《民族文学研究》第3期。

江蓝生（1994）《燕京妇语》所反映的清末北京话特色（上），《语文研究》第4期。

江蓝生（1995）《燕京妇语》所反映的清末北京话特色（下），《语文研究》第1期。

江蓝生（2000）汉语使役与被动兼用探源，《近代汉语探源》，商务印书馆，北京。

蒋绍愚（1994）《近代汉语研究概况》，北京大学出版社，北京。

蒋绍愚（1997）把字句略论——兼论功能扩展，《中国语文》第4期。

蒋绍愚（2002）"给"字句、"教"字句表被动的来源——兼谈语法化、类推和功能扩展，《语言学论丛》（第26辑），北京大学汉语语言学研究中心《语言学论丛》编委会编，商务印书馆，北京。

蒋绍愚（2005）《近代汉语研究概要》，北京大学出版社，北京。

蒋希文（1957）赣榆方言的人称代词，《中国语文》第8期。

金受申（1961）《北京话语汇》（修订本），商务印书馆，北京。

劲松（1989）北京口语的语体，《中国语文》第5期。

劲松（1992）北京话的语气和语调，《中国语文》第2期。

柯理思（2002）现代汉语里表示HABITUAL一类认识情态的范畴化，第四届肯特岗国际语言学圆桌会议论文，新加坡。

柯理思（2003）试论谓词的语义特征和语法化的关系,《语法化与语法研究》（一）,吴福祥、洪波主编,商务印书馆,北京。

孔庆东（2004）《口号万岁》,华龄出版社,北京。

雷晓彤（2005）"京味"小说的奠基人蔡友梅,《黑河学刊》第1期。

冷佛（1987）《春阿氏》,吉林文史出版社,长春。

黎秀花（2012）《"好你个X"的构式分析》,华中师范大学硕士论文。

李崇兴、祖生利、丁勇（2009）《元代汉语语法研究》,上海教育出版社,上海。

李家瑞（1937）《北平风俗类征》,商务印书馆,上海。

李家瑞（1990）《北平俗曲略》,上海文艺出版社,上海。

李蓝、曹茜蕾（2013a）汉语方言中的处置式和"把"字句（上）,《方言》第1期。

李蓝、曹茜蕾（2013b）汉语方言中的处置式和"把"字句（下）,《方言》第2期。

李临定（1986）《现代汉语句型》,商务印书馆,北京。

李明（2008）从"容""许""保"等动词看一类情态词的形成,《中国语文》第3期。

李明（2014）试谈语用推理及相关问题,《古汉语研究》第4期。

李树兰（2003）满汉合璧文献中的北京土语词,《中国语言学报》（第11期）,中国语言学会《中国语言学报》编委会编,商务印书馆,北京。

李泰洙（2003）《〈老乞大〉四种版本语言研究》,语文出版社,北京。

李炜（2002）清中叶以来使役"给"的历时考察与分析,《中山大学学报》（社会科学版）第3期。

李炜（2004a）加强处置/被动语势的助词"给",《语言教学与研究》第1期。

李炜（2004b）清中叶以来北京话的被动"给"及其相关问题——兼及"南方官话"的被动"给",《中山大学学报》（社会科学版）第3期。

李炜（2004c）北京话"给"字表达使役、被动义的历史与现状,《外国语学研究》第5号,东京。

李炜、李丹丹（2008）清中后期两种北京话口语材料中含"给"字的给予句及其给予义的表达,《兰州大学学报》（社会科学版）第2期。

李炜、李丹丹（2010）清中叶以来北京话的"跟"及相关问题,《安徽大学学报》（哲学社会科学版）第6期。

李炜、和丹丹（2011）北京话"您"的历时考察及相关问题,《方言》第 2 期。
李炜、石佩璇（2015）北京话与事介词"给"、"跟"的语法化及汉语与事系统,《语言研究》第 1 期。
李无未（2015）《日本汉语教科书汇刊（江户明治编）》,中华书局,北京。
李无未、陈珊珊（2006）日本明治时期的北京官话"会话"课本,《世界汉语教学》第 4 期。
李咸菊（2009）北京话话语标记"是不是""是吧"探析,《语言教学与研究》第 2 期。
李小凡（1996）《红楼梦》中的几种疑问句,《〈红楼梦〉的语言》,吴竞存编,北京语言学院出版社,北京。
李小凡（1998）苏州方言的体貌系统,《方言》第 3 期。
李友国（1996）双宾语结构初探,《〈红楼梦〉的语言》,吴竞存编,北京语言学院出版社,北京。
李宇明（1984）试论"们"在现代汉语人称代词中的类化作用,《华中师院学报》（哲学社会科学版）第 1 期。
李宇明（1997）主观量的成因,《汉语学习》第 5 期。
李宇明、陈前瑞（2005）北京话"给"字被动句的地位及其历史发展,《方言》第 4 期。
李宗江（1996）《红楼梦》中的"与"和"给",《〈红楼梦〉的语言》,吴竞存编,北京语言学院出版社,北京。
李佐丰（1994）《文言实词》,语文出版社,北京。
林素娥（2007）北京话"给"表处置的来源之我见,《汉语学报》第 4 期。
林焘（1987）北京官话溯源,《中国语文》第 3 期。
刘宾（2013）北京市昌平区崔村镇人称代词"怹"使用调查,《语言田野调查实录》（八）,王远新主编,中央民族大学出版社,北京。
刘丹青（2001）汉语给予类双及物结构的类型学考察,《中国语文》第 5 期。
刘丹青（2003）《语序类型学与介词理论》,商务印书馆,北京。
刘林军（2010）《北京话口语中话题结构的功能认知研究》,中国社会科学出版社,北京。
刘林军、高远（2010）北京话口语中话题化结构和左失位结构分析——兼与英语作类型学对比,《外语教学与研究》第 1 期。

刘祥柏（2004）北京话"一＋名"结构分析,《中国语文》第1期。

刘一之（2001）《北京话中的"着（·zhe）"字新探》,北京大学出版社,北京。

刘永耕（2000）使令度和使令类动词的再分类,《语文研究》第2期。

刘永耕（2005）动词"给"语法化过程的义素传承及相关问题,《中国语文》第2期。

刘云（2009）北京话敬称代词"您"考源,《北京社会科学》第3期。

刘云（2006）《北京话使役兼表被动现象研究 —— 以"让"和"给"为个案》,北京语言大学硕士论文。

刘云（2010）类型学视野下的汉语认识情态副词语法化研究,北京大学博士论文。

刘云（2013）早期北京话的新材料,《中国语文》第3期。

刘云（2017）《早期北京话珍稀文献集成》,北京大学出版社,北京。

刘云（2018a）北京话处置标记"给"的来源与历时演变,《汉语学报》第1期。

刘云（2018b）北京话被动标记"给"的来源及历时演变,《中国语文》第4期。

刘云（2018c）北京话多功能标记"让"的历时演变,《语言学论丛》（第58辑）,北京大学中国语言学研究中心《语言学论丛》编委会编,商务印书馆,北京。

刘云、陈晓、王硕、竹越孝（2018）《清代满汉合璧文献萃编》,北京大学出版社,北京。

刘云、王金花（2011）清末民初京味儿小说家蔡友梅生平及著作考述,《北京社会科学》第4期。

刘云、周晨萌（2013）释"您",《语言教学与研究》第5期。

［日］六角恒广（1992）《日本中国语教育史研究》,王顺洪译,北京语言学院出版社,北京。

［日］六角恒广（2000）《日本中国语教学书志》,王顺洪译,北京语言文化大学出版社,北京。

龙国富（2016）北京话"来＋N"构式的形成 —— 兼论互动语言学对构式语法化研究的启示,《国学学刊》第3期。

龙国富（2017）北京话儿尾结构历时演变研究,《广西师范大学学报》（哲学社会科学版）第4期。

龙国富（2018）跨层构式语法化与句法创新 —— 北京话连词"只要是、就算是、虽说是"的历史演变，《玉溪师范学院学报》第 2 期。

卢小群（2017）《老北京土话语法研究》，中国社会科学出版社，北京。

［日］鲁晓琨（2002）助动词"会"的语义探索及与"能"的对比，《第七届国际汉语教学讨论会论文选》，《第七届国际汉语教学讨论会论文选》编辑委员会编，北京大学出版社，北京。

［日］鲁晓琨（2004）《现代汉语基本助动词语义研究》，中国社会科学出版社，北京。

陆俭明（1959）现代汉语中一个新的语助词"看"，《中国语文》10 月号。

陆俭明（2009a）构式与意象图式，《北京大学学报》（哲学社会科学版）第 3 期。

陆俭明（2009b）隐喻、转喻散议，《外国语（上海外国语大学学报）》第 1 期。

陆俭明、马真（1999）《现代汉语虚词散论》，语文出版社，北京。

陆俭明、马真（2003）关于时间副词，《现代汉语虚词散论》（修订版），语文出版社，北京。

吕叔湘（1940）释您、俺、咱、喒，附论"们"字，《华西协合大学中国文化研究所集刊》第 1 卷第 2 期。

吕叔湘（1980）《现代汉语八百词》，商务印书馆，北京。

吕叔湘（1984）《语文杂记》，上海教育出版社，上海。

吕叔湘（1985）《近代汉语指代词》，江蓝生补，学林出版社，上海。

马贝加、王倩（2013）试论汉语介词从"所为"到"处置"的演变，《中国语文》第 1 期。

马思周（1990）再论近代汉语副词"白"，《中国语文》第 5 期。

马思周、潘慎（1981）《红楼梦》《儿女英雄传》中的副词"白"，《中国语文》第 6 期。

马希文（1983）关于动词"了"的弱化形式 /•lou/，《中国语言学报》第 1 期。

马希文（1987）北京方言里的"着"，《方言》第 1 期。

马希文（1988）北京方言里的"刚"和"刚刚"，《语文论集》（三），张志公主编，外语教学与研究出版社，北京。

马真（2004）《现代汉语虚词研究方法论》，商务印书馆，北京。

马真、陆俭明（2017）《现代汉语虚词散论》（第三版），北京大学出版社，北京。

孟琮（1983）北京话中的拟声词，《语法研究和探索》（一），北京大学出版社，北京。

孟琮(1985)"咧"字小考,《语法研究和探索》(三),北京大学出版社,北京。

孟琮(1986)口语中的"得"和"得了",《语言教学与研究》第3期。

孟兆臣(2005)历史上规模最大、时间最长的一次《聊斋》白话传播活动——报纸连载"评讲《聊斋》",《蒲松龄研究》第3期。

孟兆臣(2009)从书场献艺到报纸连载——张智兰、庄耀亭、尹箴明的"评讲《聊斋》",《吉林师范大学学报》(人文社会科学版)第6期。

弥松颐(1999)《京味儿夜话》,人民文学出版社,北京。

苗怀民(1999)《三侠五义》与《小五义》《续小五义》关系辨,《信阳师范学院学报》(哲学社会科学版)第3期。

[日]木村英树(2005)北京话"给"字句扩展为被动句的语义动因,《汉语学报》第2期。

牛顺心(2008)从类型学参项看普通话中分析型致使结构的句法类型及其语义表现,《语言研究》第1期。

潘秋平(2013)从语义地图看给予动词的语法化:兼论语义地图和多项语法化的关系,《语法化与语法研究》(六),吴福祥、邢向东主编,商务印书馆,北京。

彭利贞(1997)论使役语义的语形表现,《语文研究》第1期。

彭利贞(2007)《现代汉语情态研究》,中国社会科学出版社,北京。

彭宗平(2004)北京话里的特殊量词,《北京社会科学》第3期。

[韩]朴在渊、[韩]金雅瑛(2017)《朝鲜日据时期汉语会话书汇编》,北京大学出版社,北京。

齐沪扬(1995)有关介词"给"的支配成分省略的问题,《上海师范大学学报》(哲学社会科学版)第4期。

齐沪扬(2002)"呢"的意义分析和历史演变,《上海师范大学学报》(哲学社会科学版)第1期。

齐沪扬、李文浩(2009)突显度、主观化与短时义副词"才",《语言教学与研究》第5期。

齐如山(1991)《北京土话》,北京燕山出版社,北京。

[日]桥本万太郎(1987)汉语被动式的历史·区域发展,《中国语文》第1期。

屈哨兵(2004)现代汉语被动标记研究,华中师范大学博士论文。

［日］山田忠司（2018）对北京话特点的再思考,《语言学论丛》（第58辑）,北京大学中国语言学研究中心《语言学论丛》编委会编,商务印书馆,北京。

［日］杉村博文（1998）论现代汉语表"难事实现"的被动句,《世界汉语教学》第4期。

邵敬敏、赵春利（2005）"致使把字句"和"省隐被字句"及其语用解释,《汉语学习》第4期。

沈家煊（1999a）"在"字句和"给"字句,《中国语文》第2期。

沈家煊（1999b）《不对称和标记论》,江西教育出版社,南昌。

沈家煊（2001）语言的"主观性"和"主观化",《外语教学与研究》第4期。

沈家煊（2002）如何处置"处置式"？——论把字句的主观性,《中国语文》第5期。

沈家煊（2003）复句三域"行、知、言",《中国语文》第3期。

沈家煊（2004）语用原则、语用推理和语义演变,《外语教学与研究》第4期。

盛春丽（2003）《或然语气副词"大概""也许"和"恐怕"的功能分析》,延边大学硕士论文。

施春宏（2012）从构式压制看语法和修辞的互动关系,《当代修辞学》第1期。

石继昌（1991）说车王府本《刘公案》,《读书》第5期。

石毓智（1992）《肯定和否定的对称与不对称》,台湾学生书局,台北。

石毓智（2004）兼表被动和处置的"给"的语法化,《世界汉语教学》第3期。

石毓智（2005）被动标记"让"在当代汉语中的发展,《语言学论丛》（第31辑）,北京大学汉语语言学研究中心《语言学论丛》编委会编,商务印书馆,北京。

时良兵（2006）敬称"您"的来源,《长沙大学学报》第1期。

［日］矢野贺子（2017）《清末民初京味儿时评书系》,北京大学出版社,北京。

［美］史皓元（2018）东北话属北京官话还是北京话属东北方言？——基于移民史和入派三声的考量,《语言学论丛》（第58辑）,单秀波译,北京大学中国语言学研究中心《语言学论丛》编委会编,商务印书馆,北京。

松友梅（1908）《小额》,和记排印书局,北京。

松友梅（1983）《小额》,《中国近代文学研究》（第1辑）,广东人民出版社,广州。

宋桔（2011）《〈语言自迩集〉的文献和语法研究》,复旦大学博士论文。

宋桔（2015）《〈语言自迩集〉的汉语语法研究》，复旦大学出版社，上海。

孙德宣（1992）《白话聊斋》中的北京话词语，《语言研究与应用》，北京市语言学会编，商务印书馆，北京。

孙楷第（1957）《中国通俗小说书目》，作家出版社，北京。

孙锡信（1997）《官话指南》语法拾零，《汉语历史语法丛稿》，汉语大词典出版社，上海。

［日］太田辰夫（1958）《中国语历史文法》，蒋绍愚、徐昌华译，1987，北京大学出版社，北京。

［日］太田辰夫（1991）《汉语史通考》，江蓝生等译，重庆出版社，重庆。

［日］太田辰夫（2014）论清代北京话，陈晓译注，［日］远藤光晓校，《语言学论丛》（第48辑），北京大学中国语言学研究中心《语言学论丛》编委会编，商务印书馆，北京。

贪梦道人、郭广瑞（1993）《永庆升平传》，上海古籍出版社，上海。

佟玉泉（1989）《满语入门》，新疆人民出版社，乌鲁木齐。

万琴、马贝加（2013）被动介词"让"的产生，《温州大学学报》（社会科学版）第3期。

汪化云（2008）《汉语方言代词论略》，巴蜀书社，成都。

汪维辉（2005）《朝鲜时代汉语教科书丛刊》，中华书局，北京。

汪维辉（2009）《高丽史》和《李朝实录》中的汉语研究资料，《汉语史学报》（第9辑），浙江大学汉语史研究中心编，上海教育出版社，上海。

汪维辉等（2011）《朝鲜时代汉语教科书丛刊续编》，中华书局，北京。

王洪君（2017）《中原》《洪武》和当代方言的见开二——北京话溯源之一瞥，《方言》第2期。

王洪君、郭锐、刘云（2017）《早期北京话珍本典籍校释与研究》，北京大学出版社，北京。

王继红、彭江江、杨丽娟（2017）清代满汉合璧文献中的"V1着（O）V2"构式，《语言与翻译》第2期。

王健（2004）"给"字句表处置的来源，《语文研究》第4期。

王金花、姜安（2018）《清末民初京味儿小说书系》，北京大学出版社，北京。

王澧华、吴颖（2016）《近代来华西人汉语教材研究丛书》，广西师范大学出版社，桂林。

王力（1943）《中国现代语法》，商务印书馆，北京。

王力（1955）《中国语法理论》，中华书局，北京。

王力（1958）《汉语史稿》，科学出版社，北京。

王寅、严辰松（2005）语法化的特征、动因和机制——认知语言学视野中的语法化研究，《解放军外国语学院学报》第 4 期。

王远新、张阳、李媛冬（2012）《北京官话方言岛研究：清东陵和清西陵的满族汉语》，中央民族大学出版社，北京。

威妥玛（1886）《语言自迩集》，张卫东译，2002，北京大学出版社，北京。

魏兆惠（2014）早期北京话范围副词"净""尽"和"竟"，《廊坊师范学院学报》（社会科学版）第 1 期。

魏兆惠（2016）北京话副词"满"的来源及演变机制，《语文研究》第 1 期。

魏兆惠、宋春芳（2011）北京话"干脆"一词的演变，《北京社会科学》第 5 期。

吴福祥（2003）再论处置式的来源，《语言研究》第 3 期。

吴福祥（2004）近年来语法化研究的进展，《外语教学与研究》第 1 期。

吴福祥（2008）历史句法学理论与汉语历史语法研究，《当代语言学理论和汉语研究》，沈阳、冯胜利主编，商务印书馆，北京。

吴福祥（2015）《近代汉语语法》，中国社会科学出版社，北京。

吴竞存（1996a）说"情不情"和"情情"——曹雪芹笔下歧义结构初探，《〈红楼梦〉的语言》，吴竞存编，北京语言学院出版社，北京。

吴竞存（1996b）《〈红楼梦〉的语言》，北京语言学院出版社，北京。

吴蒙（1982）"您们"、"你"、"二"和"两"，《中国语文》第 2 期。

伍铁平（1982）礼貌语言中的词汇（类型和词源对比），《语文研究》第 2 期。

[日]下地早智子（2015）《官话指南》里时体标记"了"的用法特征，《现代汉语的历史研究》，[日]远藤光晓、[日]石崎博志主编，浙江大学出版社，杭州。

[日]香坂顺一（1997）《白话语汇研究》，江蓝生、白维国译，中华书局，北京。

项开喜（2002）汉语的双施力结构式，《语言研究》第 2 期。

项梦冰（1996）《红楼梦》中的状态词，《〈红楼梦〉的语言》，吴竞存编，北京语言学院出版社，北京。

谢俊英(1993)汉语人称代词"您"的变异研究,《语文研究》第4期。

谢晓明(2010)"给"字句被动义实现的制约因素,《语文研究》第2期。

邢福义(1996)说"您们",《方言》第2期。

邢欣(1992)试析兼语式动词"使"的特点,《新疆师范大学学报》(哲学社会科学版)第4期。

邢欣(2000)递系式的框架特点及各成分之间的相互制约,《语法研究和探索》(十),商务印书馆,北京。

邢欣(2004)《现代汉语兼语式》,北京广播学院出版社,北京。

邢志群(2004)汉语动词语法化的机制,《语言学论丛》第28辑,北京大学汉语语言学研究中心《语言学论丛》编委会编,商务印书馆,北京。

熊仲儒(2003)《现代汉语中的致使句式》,北京语言大学博士论文。

徐丹(1989)北京口语中非指人的"他(它)",《方言》第1期。

徐丹(1992)北京话中的语法标记词"给",《方言》第1期。

徐丹(1995)从北京话"V着"与西北方言"V的"的平行现象看"的"的来源,《方言》第4期。

徐丹(2003)"使"字句的演变——兼谈"使"字的语法化,《语法化与语法研究》(一),吴福祥、洪波主编,商务印书馆,北京。

徐世荣(1957)北京话里的土词和土音,《中国语文》第3期。

徐世荣(1990)《北京土语辞典》,北京出版社,北京。

徐世荣(1992)北京话及其特点,《语言研究与应用》,北京市语言学会编,商务印书馆,北京。

[美]薛凤生(1986)《北京音系解析》,北京语言学院出版社,北京。

杨荣祥(2005)《近代汉语副词研究》,商务印书馆,北京。

杨荣祥(2007)近代汉语副词"白"的释义与来源,《语法化与语法研究》(三),沈家煊、吴福祥、李宗江主编,商务印书馆,北京。

杨杏红(2014)《日本明治时期北京官话课本语法研究》,厦门大学出版社,厦门。

姚小平(2008)欧洲汉语教育史之缘起——早期传教士的汉语学习和研究,《长江学术》第1期。

叶向阳（2004）"把"字句的致使性解释，《世界汉语教学》第 2 期。

（清）佚名（1981）《龙图耳录》，（清）石玉昆述，傅惜华、汪原放校点，上海古籍出版社，上海。

（清）佚名（2017）《十全福》，陈晓导读，北京大学出版社，北京。

于润琦（1997）《清末民初小说书系》，中国文联出版社，北京。

于润琦（2006）民初京味小说家二三事，《南京理工大学学报》（社会科学版）第 5 期。

俞敏（1984）北京音系的成长和它受的周围影响，《方言》第 4 期。

俞敏（1988）北京口语"看不见、找不着"一类的词，《方言》第 4 期。

俞敏（1989）北京口语里有"动名词"，《语言教学与研究》第 1 期。

遇笑容、曹广顺、祖生利（2010）《汉语史中的语言接触问题研究》，语文出版社，北京。

乐耀（2010）北京话中"你像"的话语功能及相关问题探析，《中国语文》第 2 期。

云槎外史（1988）《红楼梦影》，北京大学出版社，北京。

曾立英（2005）"我看"与"你看"的主观化，《汉语学习》第 2 期。

翟赟（2018）《晚清民国时期南北官话语法差异研究》，北京大学出版社，北京。

翟赟、郭利霞（2018）《西人北京话教科书汇编》，北京大学出版社，北京。

张伯江（1999）现代汉语的双及物结构式，《中国语文》第 3 期。

张伯江（2000）论"把"字句的句式语义，《语言研究》第 1 期。

张伯江（2001）被字句和把字句的对称与不对称，《中国语文》第 6 期。

张伯江（2009）《从施受关系到句式语义》，商务印书馆，北京。

张伯江、方梅（1996）《汉语功能语法研究》，江西教育出版社，南昌。

张华克（2005）《清文指要解读》，文史哲出版社，台北。

张惠英（1989）说"给"与"乞"，《中国语文》第 5 期。

张惠英（2001）第二人称"贤、仁、恁、您"语源试探，《汉语方言代词研究》，语文出版社，北京。

张静（1982）"使"和"使"动句，《语文学习》第 2 期。

张丽丽（2005）从使役到致使，《台大文史哲学报》第 62 期。

张丽丽（2006a）汉语使役句表被动的语义发展，《语言暨语言学》7（1）。

张丽丽(2006b)从使役到条件,《台大文史哲学报》第65期。

张丽丽(2006c)使役动词的多重虚化——从句法、语义和语用三层面观之,《台大中文学报》第25期。

张美兰(2005)掌握汉语的金钥匙——元明清东西方汉语教材特点比较,《国际汉学》(第12辑),任继愈主编,大象出版社,郑州。

张美兰(2007)明治期间日本汉语教科书中的北京话口语词,《南京师范大学文学院学报》第2期。

张美兰(2008)清末汉语介词在南北方官话中的区别特征——以九江书局改写版《官话指南》为例,《继往开来的语言学发展之路》,陈燕、耿振生主编,语文出版社,北京。

张美兰(2009)清末北京官话的句法特点——以几部域外北京官话资料为例,香港浸会大学《人文中国学报》第15期,上海古籍出版社,上海。

张美兰(2011)《日本明治时期汉语教科书汇刊》,广西师范大学出版社,桂林。

张美兰、陈思羽(2006)清末民初北京口语中的话题标记——以100多年前几部域外汉语教材为例,《世界汉语教学》第2期。

张美兰、刘曼(2013)《〈清文指要〉汇校与语言研究》,上海教育出版社,上海。

张美兰、綦晋(2016)从《清文指要》满汉文本用词的变化看满文特征的消失,《中国语文》第6期。

张敏(1998)《认知语言学与汉语名词短语》,中国社会科学出版社,北京。

张世方(2009)北京话"伍的"的来源,《民族语文》第1期。

张世方(2010a)北京话"刷白"的来源,《北京社会科学》第6期。

张世方(2010b)北京话中的等类助词"伍的",《语言教学与研究》第1期。

张世方(2010c)《北京官话语音研究》,北京语言大学出版社,北京。

张寿康(1981)浅谈礼貌语言兼及"您们"的用法,《语文研究》第2期。

张旺熹(2004)《汉语句法的认知结构研究》,上海师范大学博士论文。

张卫东(1998a)威妥玛氏《语言自迩集》所记的北京音系,《北京大学学报》(哲学社会科学版)第4期。

张卫东（1998b）北京音何时成为汉语官话标准音,《深圳大学学报》(人文社会科学版)第 4 期。

张卫东（2002）从《语言自迩集·异读字音表》看百年来北京音的演变,《广东外语外贸大学学报》第 4 期。

张卫东（2014）再论威妥玛《语言自迩集》：现代汉语史之起始标志,《国际汉语教育史研究》，张西平、柳若梅主编，商务印书馆，北京。

张文（2013）近代汉语"给"的语法化演变研究,《语言学论丛》（第 47 辑），北京大学中国语言学研究中心《语言学论丛》编委会编，商务印书馆，北京。

张西平等（2003）《西方人早期汉语学习史调查》，中国大百科全书出版社，北京。

张相（2009）《诗词曲语辞汇释》，上海古籍出版社，上海。

张亚军（2002）《副词与限定描状功能》，安徽教育出版社，合肥。

张延俊（2010）试论"给"字被动式的方言背景,《方言》第 4 期。

张谊生（2000）《现代汉语副词研究》，学林出版社，上海。

张谊生（2003a）近代汉语情态化副词"白"再议——兼论副词"白"的虚化方式和内部差异及联系,《乐山师范学院学报》第 1 期。

张谊生（2003b）近代汉语强化否定的"白""再""更""通",《汉语史学报》（第 4 辑），上海教育出版社，上海。

张谊生（2003c）"副+是"的历时演化和共时变异——兼论现代汉语"副+是"的表达功用和分布范围,《语言科学》第 3 期。

张谊生（2009）介词悬空的方式与后果、动因和作用,《语言科学》第 3 期。

赵杰（1996）《北京话的满语底层和"轻声""儿化"探源》，北京燕山出版社，北京。

赵日新（2018）北京话并列连词 hàn、hài 的来源,《方言》第 1 期。

赵元任（1926）北京、苏州、常州语助词的研究,《清华大学学报》(自然科学版)第 2 期。

中国社会科学院语言研究所词典编辑室（2017）《现代汉语词典（第 7 版）》，商务印书馆，北京。

中国第一历史档案馆（1985）《康熙朝汉文朱批奏折汇编》（第五册），中国档案出版社，北京。

中国第一历史档案馆（1995）《清朝皇帝御批真迹选》（二），西苑出版社，北京。

钟兆华（1987）《红楼梦》"白"字来源探疑，《中国语文》第 6 期。

周晨萌（2006）《北京话轻声、儿化、清入字的变异研究》，北京语言大学博士论文。

周晨萌（2018）《清代官话正音文献》，北京大学出版社，北京。

周建设（2014）《明、清、民国时期珍稀老北京话历史文献整理与研究》，首都师范大学出版社，北京。

周一民（1991）北京方言动词的常用后缀，《方言》第 4 期。

周一民（1998）《北京口语语法（词法卷）》，语文出版社，北京。

周一民（2002）《现代北京话研究》，北京师范大学出版社，北京。

周一民（2003）北京话里的"差点儿没 VP"句式，《语言教学与研究》第 6 期。

周一民、朱建颂（1994）关于北京话中的满语词（一）（二），《中国语文》第 3 期。

朱德熙（1979）与动词"给"有关的句法问题，《方言》第 2 期。

朱德熙（1980）北京话、广州话、文水话和福州话里的"的"字，《方言》第 3 期。

朱德熙（1982a）《语法讲义》，商务印书馆，北京。

朱德熙（1982b）潮阳话和北京话重叠式象声词的构造——为第十五届国际汉藏语言学会议而作，《方言》第 3 期。

朱德熙（1987）现代汉语语法研究的对象是什么？《中国语文》第 4 期。

朱景松（1995）介词"给"可以引进受事成分，《中国语文》第 5 期。

朱自清（1993）你我，《文学》第 1 卷第 4 号。

[日] 竹越孝（2015a）论"直译"的真正目的——以蒙汉、满汉对译文献为例，《历史语言学研究》（第 9 辑），中国社会科学院语言研究所《历史语言学研究》编辑部编，商务印书馆，北京。

[日] 竹越孝（2015b）从满语教材到汉语教材——清代满汉合璧会话教材的语言及其演变，《民族语文》第 6 期。

[日] 竹越孝（2018a）《满汉成语对待》——现存最早的清代满汉合璧会话教材，《汉语史学报》（第 18 辑）。

［日］竹越孝（2018b）从《百条》到《清文指要》——以话条排列与内容的对照为中心，《语言学论丛》（第 58 辑），北京大学中国语言学研究中心《语言学论丛》编委会编，商务印书馆，北京。

［日］竹越孝、陈晓（2016）满语助词 dabala 与汉语句末助词"罢了/罢咧"相关关系研究，《民族语文》第 6 期。

祖生利（2000）《元代白话碑文研究》，中国社会科学院研究生院博士论文。

祖生利（2013）清代旗人汉语的满语干扰特征初探——以《清文启蒙》等三种兼汉满语会话教材为研究中心，《历史语言学研究》（第 6 辑），中国社会科学院语言研究所《历史语言学研究》编辑部编，商务印书馆，北京。

祖生利、毕晓燕（2017）清代句末语气助词"是呢""才是呢"，《历史语言学研究》（第 6 辑），中国社会科学院语言研究所《历史语言学研究》编辑部编，商务印书馆，北京。

［日］佐藤晴彦（2018）太田辰夫先生对清代北京话研究的贡献，《语言学论丛》（第 58 辑），北京大学中国语言学研究中心《语言学论丛》编委会编，商务印书馆，北京。

［日］佐佐木勋人（2002）由给予动词构成的处置句，《语法研究与探索》（十一），商务印书馆，北京。

外文文献：

Aikhenvald, A.Y. & Dixon, R. M. W.（Eds.）(2003) *Studies in Evidentiality. Typological Studies in Language（vol.54）*. Amsterdam: John Benjamins Publishing Company.

Bennett, P.（1981）The Evolution of Passive and Disposal Sentences. *Journal of Chinese Linguistics, vol9, pp.61-90.*

Bybee, J. L., Perkins, R. D. & Pagliuca, W.（1994）*The Evolution of Grammar: Tense, Aspect and Modality in the Languages of the World*. Chicago: University of Chicago Press.

Chafe, W. (1986) Evidentiality in English Conversation and Academic Writing. In: Chafe, W. & Nichols, J. (Eds.) *Evidentiality: The Linguistic Coding of Epistemology (v.XX,p.261-273)*, Norwood, NJ: Ablex.

Chao, Y. (赵元任) (1968a) *Mandarin Primer*(《国语入门》). Cambridge: Harvard University Press. 中译本:《北京口语语法》,李荣编译,1952,开明书店,北京。

Chao, Y. (赵元任) (1968b) *A Grammar of Spoken Chinese*(《中国话的文法》). Berkeley: University of California Press. 中译本:《中国话的文法》,丁邦新译,1980,香港中文大学出版社,香港。

Croft, W. (1991) *Syntactic Categories and Grammatical Relations: The Cognitive Organization of Information*. Chicago: University of Chicago Press.

Croft, W. (2003) *Typology and Universals (second edition)*. Cambridge: Cambridge University Press.

Dowty, D. (1991) Thematic Proto-roles and Argument Selection. *Language 67 (3): 547-619.*

Edkins, J. (1857) *A Grammar of the Chinese Colloquial Languages, Commonly Called the Mandarin Dialect*, Shanghai: London Mission Press.

Haspelmath, M. (1990) The Grammaticalization of Passive Morphology. *Studies in Language 14(1): 25-72.*

Heine, B., Claudi, U. & Hünnemeyer, F. (1991) *Grammaticalization: A Conceptual Framework*. Chicago: University of Chicago Press.

Helmbrecht, J. (2003) Politeness Distinctions in Second Person Pronouns. In F. Lenz (Ed.), *Deictic Conceptualisation of Space, Time and Person*. Amsterdam & Philadelphia: John Benjamins.

Hopper, P. J. & Traugott, E. C. (1993) *Grammaticalization (first edition)*. Cambridge: Cambridge University Press.

Hopper, P. J. & Traugott, E. C. (2003) *Grammaticalization (second edition)*. Cambridge: Cambridge University Press.

Horn, L. R. (1984) Toward a New Taxonomy for Pragmatic Inference: Q-based and R-based Implicature. In Schiffrin, D. (Ed.), *Meaning, Form, and Use in Context: Linguistic Applications*, pp.11-42, Washington, D.C.: Georgetown University Press.

Kuno, S. (1987) *Functional Syntax: Anaphora, Discourse and Empathy.* Chicago: University of Chicago Press.

Lakoff, G. & Johnson, M. (1980) *Metaphors We Live by.* Chicago: University of Chicago Press.

Levinson, S. C. (1983) *Pragmatics.* Cambridge: Cambridge University Press.

Nuyts, J. (2005) Overview and Linguistic Issues. In Frawle, W. (Ed) *The Expression of Modality.* Berlin: Moutonde Gruyter.

Palmer, F. R. (1986) *Mood and Modality (first edition)*. Cambridge: Cambridge University Press.

Palmer, F. R. (2001) *Mood and Modality (second edition)*. Cambridge: Cambridge University Press.

Plungian, V. A. (2001) The Place of Evidentiality Within the Universal Grammatical Space. *Journal of Pragmatics, 33(3) : 349–357.*

Stassen, L. (2009) *Predicative Possession.* Oxford: Oxford University Press.

Sweetser, E. (1990) *From Etymology to Pragmatic.* Cambridge: Cambridge University Press.

Talmy, L. (1988) Force dynamics in Language and Cognition. *Cognitive Science* (12) 49-100.

Traugott, E. C & Dasher, R. B. (2002) *Regularity in Semantic Change.* Cambridge: Cambridge University Press.

Traugott, E. C. (1995) Subjectification in grammticalization. In Stein &Wright (Eds.) *Subjectivity and Subjectivisation: Linguistic Perspective, pp31–54.* Cambridge: Cambridge University Press.

波多野太郎編（1984）《中國語學資料叢刊・白話研究篇》，不二出版，東京。

波多野太郎編（1985）《中國語學資料叢刊・燕語社會風俗、官話翻譯、古典小説、精選課本篇》，不二出版，東京。

大島吉郎（1992）《紅樓夢》における"麼""嗎"について——庚辰本と程甲本の比較を中心に，《大東文化大學外國學會誌》21。

大島吉郎（1993）"動・到"と"動・着"の分佈について——《紅樓夢》を中心に，《大東文化大學紀要（人文科學）》31。

大島吉郎（2007）動詞重畳型に関する通時的研究（九）——《兒女英雄傳》を中心に，《大東文化大學紀要（人文科學）》45。

地藏堂貞二（1988）清代北京語攷（I）——《京話指南》のことば，《北陸大學紀要》12。

地藏堂貞二（1996）《紅樓夢》の言語——是非疑問文と反復疑問文について，《北陸大學紀要》20。

高田時雄（1997）清代官話の資料について，《東方學會創立五十周年記念東方學論集》，東方學會，東京。

今井敬子（1987）清代北京語文法の再檢討——"被"、"叫"、"讓"をめぐって，《信州大學教養部紀要》21。

今井敬子（1991）《紅樓夢》の"來"と"去"——物語りの文章における視點表現，《信州大學教養部紀要》25。

金雅瑛（2011）民國時期中國語會話教材中出現的副詞"竟"、"淨"之用法考察，《中國語文學論集》69。

落合守和（1989）翻字翻刻《兼滿漢語滿洲套話清文啓蒙》（乾隆26年，東洋文庫藏）》，《言語文化接觸に關する研究》1。

落合守和（2002）評書《説聊齋》の語彙語法について，《日本中國語學會第52回全國大會預稿集》，日本中國語學會。

落合守和（2006）《社會小説埋香記》の言語について，《日本中國語學會第57回全國大會預稿集》，日本中國語學會。

落合守和（2011）清代北京刑事檔案所見的供詞口供,《清代民國漢語研究》,朴在淵、竹越美奈子編,學古房,首爾。

落合守和編（2002）《清民語料（一）》,清民語料研究會,東京。

落合守和編（2003a）《清民語料（二）》,清民語料研究會,東京。

落合守和編（2003b）《清民語料（三）》,清民語料研究會,東京。

內田慶市（2000）"Nin"に關わることがら,《關西大學文學論集》50。

內田慶市編（2017）《北京官話全編の研究 —— 付影印·語彙索引》,關西大學出版部,大阪。

朴在淵、金雅瑛主編（2009）《漢語會話書》,學古房,首爾。

朴在淵、金雅瑛主編（2011）《漢語會話書續編》,學古房,首爾。

申美燮（2013）日帝強佔期中國語教材中出現的文法內容研究,《東亞人文學》25。

申美燮（2013）日帝強佔期中國語教材中出現的"時制"和"相"的相關認識研究,《中國語文學》62。

山田忠司（1998）北京語における"給"の発達について——《紅樓夢》、《兒女英雄傳》、老舍作品をめぐつて,《大阪產業大學論集》（人文科學編）96。

山田忠司（2003）清末北京語の一斑 ——《燕語新編》を資料として,文教大學《文學部紀要》17(1)。

山田忠司（2004）《北京官話今古奇觀》の言語について,文教大學《文學部紀要》18(1)。

寺村政男（1994）清代北京語資料彙集·"庸言知旨"その1,大東文化大學《外國語學會誌》23。

太田辰夫（1950）清代の北京語について,《中國語學》34。

太田辰夫（1956）"給"について,《神戶外大論叢》7。

太田辰夫（1964）北京語の文法特點,《久重福三郎先生坂本一郎先生還曆紀念中國研究》,神戶市外國語大學,神戶市。

太田辰夫（1969）近代漢語,《中國語學新辭典》,光生館,東京。

太田辰夫（1989）《紅樓夢影》の語法,《中國語研究》31。

藤田益子（1993）《兒女英雄傳》中的"價"，大東文化大學《外國語學會誌》22。
藤田益子（1995）《兒女英雄傳》中一些常用動詞和現代北京話的比較，《中國語研究》37。
藤田益子（2000）《兒女英雄傳》中的形容詞重疊形式，《中國語研究》42。
藤田益子（2005）"把"構文における重疊形式──《兒女英雄傳》を中心に，新潟大學《國際センター紀要》1。
藤田益子（2007）威妥瑪和漢語會話課本──從《語言自邇集》考察威妥瑪所追求的語言境界──（一）《語言自邇集》、《問答篇》和《清文指要》的對照，新潟大學《國際センター紀要》3。
藤田益子（2009）《兒女英雄傳》における"被"構文──《敦煌變文》、《紅樓夢》との對照による考察，《環日本海研究年報》16。
尾崎實（1965a）旗人が教えた北京官話（2），《中國語學》147。
尾崎實（1965b）旗人が教えた北京官話（3），《中國語學》148。
尾崎實（1966）清代北京語の一斑，《中國語學》156。
尾崎實（2007）《尾崎實中國語學論集》，好文出版，東京。
香坂順一（1964）旗人が教えた北京官話（1），《中國語學》146。
香坂順一、宮田一郎（1970）《兒女英雄傳語彙索引》，采華書林，名古屋。
遠藤光曉、竹越孝主編（2011）《清代民國漢語文獻目錄》，學古房，首爾。
竹越孝（2012）《兼滿漢語滿洲套話清文啓蒙──翻字・翻訳・索引》，神戸市外國語大學外國學研究所，神戸。
竹越孝（2016）《滿漢字清文啓蒙（会話篇・文法篇）──校本と索引》，好文出版，東京。
竹越孝（2017）《〈一百條〉・〈清文指要〉対照本（Ⅰ）本文篇》，神戸市外國語大學外國學研究所，神戸。
宗内鴻（1938）《華語要訣》，三省堂，東京。
佐藤晴彥（1973）《正音咀華》のことば──近世白話史の一資料，大阪市立大學文學部《人文研究》25(3)。

附录一：清末民初京味儿小说大家蔡友梅生平及著作考述

刘云　王金花

1　引言

清末民初，随着北京报业的兴起，出现了蔡友梅（损公）、冷佛（王咏湘）、徐剑胆（徐济、哑铃、涤尘）、市隐（文实权）、儒丐等一大批北京报人小说家，他们在《京话日报》《顺天时报》《群强报》《爱国白话报》《益世报》《正宗爱国报》《实报》等数十种大小报纸上发表了数千部京味儿小说，以题材活泼、京味儿浓郁受到市民的热烈追捧。

由于多为旗人出身，这批作家在思想上更倾向于改良，他们以"开启民智"和"改良社会"为宗旨，掀起了一场针对市民阶层的底层启蒙运动，这也为新文化运动的开展奠定了群众基础。在北京风气渐开的过程中，小说和白话报可谓居功至伟："至于小说一节，在报纸上原是一宗赠品。您把正经事情看完，茶前酒后，作个解闷消烦一宗物件，无所谓好，无所谓不好。当初添这门的用意，原是引人入胜的法子，皆因各商家坐在屋子里，永远不闻时事，除去瞧黄皮报，看看当日的上谕、宫门抄，余外是什么也不知道，守旧顽固总算到家（这可说的是前个五六年的话）。后来白话报上添上这门小说，大家争着爱看，看完了小说，自不能不看别的。到了现在，商家开通的人，十成之中总算有对半，居然也立起商会来，居然也把小辫剪了去，也知道随时改良，也知道在报上登登告白。这们看起来，不能说不是白话报的功劳。"①

这批北京作家继承了《红楼梦》《儿女英雄传》的优秀文学传统，创作出大量优秀的京味儿作品，对老舍、邓友梅等京味儿小说大家的创作产生了积极影响。他们在清末民初的创作活动是京味儿文学发展史上的重要环节，在地域文学和文学史领域也有着极高的研究价值，"有了'京都'与'洋场'的对峙与交流，对中国近代小说的审视与评估，才会愈加客观，愈加细致"。（潘建国，2006）

本文所关注的是以小说《小额》闻名海内外的蔡友梅，作为早期京味儿小说家的领军人物，其连载作品往往就是报纸销量的保证，请看《白话国强报》的一则启事："现在因本报销路飞涨，惟恐不足以飨阅报诸君，特约请报界著名巨子小说大家蔡友梅先生，别号损公，担任本栏小说，自明天起改登'社会小说'《烂肉面》。其中滋味深奥，足为阅者一快。"（于润琦，2006b）"报界著名巨子小说大家"虽有过誉之嫌，某种意义上也反映了蔡友梅的受欢迎程度。当时的读者也给予他高度的评价："北方小说多从评话脱胎，庄谐并出，虽无蕴藉含蓄之致，颇足为快心醒睡之资。此中能手，以蔡友梅为最，今死已七年，无有能继之者矣。"（雷晓彤，2005b）

据笔者的不完全统计，蔡友梅1913年到1919年间一直担任《顺天时报》主笔，1920年同时在《京话日报》、《益世报》（北京）和《国强报》发表作品，这些报纸当时在北京的发行量和影响力都极大，蔡友梅的受欢迎程度可见一斑。

近些年，蔡友梅研究逐渐升温，但受材料所限，研究者对其生平和创作情况掌握得还很不够。笔者于民初报纸中发掘出一大批蔡氏作品，所谓"知人论世"，本文旨在对其生平和著述情况进行梳理，希望能为今后的研究提供一些线索。

---

① 哑铃，白话报今昔之不同，《白话捷报》1913年8月12日第十号。

2 生平及家世

2.1 姓名和别号

根据蔡友梅在作品中的自述，可以得知蔡松龄才是其本名："就听车后呼唤说'松龄，松龄'，记者心里一动。因为记者大名（可不鼎鼎）除去亲族世友的长辈，轻易没有人呼唤。"[①] 因为喜爱梅花，所以别号"友梅"，多有咏梅之诗词佳作见报：

《忆梅》[②]
癸卯年作时客山东
冷淡丰姿绝世奇，古香深与性情宜。
宵深作帐防烟入，东暖携盆向日移。
晨夕五年劳灌溉，家山千里费寻思。
名花此际知开否，别后何人解护诗。

类似的别号还有"松友梅""梅蒐""老梅"和"逋生"。说蔡友梅是一位梅痴绝不为过："记者不够林和靖的资格，我可最爱梅花，家里虽穷，别的不富裕，梅花大小还有二三十盆。两棵顶大的，都是二十多年的老梅，曾记得大女儿满月的时候，我由隆福寺买的。大女儿今年已然二十三了，其余的那些棵七八年的五六年的不等。其实梅花最容易培养，只要得着养法，轻易没有个死。每到冬腊之交，寒梅着花，雪晨月夕，伴我枯吟，别有一番情趣。"[③]

因小说以劝恶扬善为宗旨，常以"损人"为能事，蔡友梅又自号"损""损公"，他在小说《忠孝全》中自我揶揄道："再说记者这门小说，

---

① 蔡友梅，好人挨饿，发表于 1917 年 5 月 27 日的《益世报》。
② 该诗发表于 1917 年 7 月 17 日的《益世报》。
③ 损公，张二奎，《新鲜滋味》系列第八种，《京话日报》连载小说。

别的不敢夸嘴,敢说干净俐罗,男女可观,虽然沉闷点,多少有点益处;除去爱损人是毛病,我既叫损公吃这碗损饭,不能不损,但是损的那不够资格的人,决不损好人。"

蔡友梅晚年还曾以"退""退化"为笔名,其意在跟当年创办《进化报》比照,颇有几分自我调侃的意味。

2.2 家世

蔡友梅家世方面的研究成果极少,只知是旗人出身,证据均来自《北京报纸小史》的这则材料:"《进化报》,设于东单北大街,社长蔡友梅,编辑杨曼青、乐缓卿、李问山,体裁白话。蔡氏等皆为旗族,故其言论新闻注意在八旗生计问题。"[①] 我们在《蔡省吾先生事略》中发现一段新材料:"先生讳绳格,字省吾。蔡氏棣汉军旗籍,为有清世族。其先人以游击将军率砲营从袁甲三督师征洪杨,战殁寿州。清廷恤以轻车都尉,世职为先生长兄绶臣所承袭,后以参将官鲁省,即报界闻人蔡友梅之父也。是时先生与其弟君邻方十余龄,均就外傅,欲以科甲显。顾念兄禄仅可供鬻太夫人,少甘旨之奉。先生乃因孝废读,日习弓马,值大挑授蓝翎侍卫。弟君邻、侄友梅均以医行于世,盖出于太夫人家传也。由是家计日裕,一门穆穆雍雍,为六族所共仰。"

石继昌先生也称"绳格侄松龄,即北京老报人蔡友梅先生",他进而指出蔡家乃"漕运总督蔡士英之后裔,士英锦州人,隶汉军正白旗。士英子云贵总督蔡毓荣,孙吏部尚书蔡珽,康熙三十六年翰林,能诗,有《守素堂诗集》……蔡氏后裔多长于文事,清末有蔡绳格,字省吾,能诗文,嗜菊花,别号闲园菊农,写有《燕市货声》,记燕市小贩走街串巷的叫卖声,对于北京的民俗风物,极有参考价值。"[②]

---

① 管翼贤,北京报纸小史,《新闻学集成》,中华新闻学院,1943。
② 石继昌,汉军八家述略,北京燕山出版社主编《旧京人物与风情》,北京燕山出版社,1996。

由上述两个材料可知蔡友梅隶属于汉军正白旗①，出身贵胄，家学渊源颇深，长于文事和医学。从蔡友梅在作品中的自述中也不难看出，其出身确为"有清世族"，家庭条件极为优渥："从先是父母月儿的日子（我不说少爷班子，招呼又有人挑眼）。钱到手里就想花……交朋友也不知检据，腰里带着几十吊票儿，出城听戏，一个人儿闷得慌，遇见熟人，揪着人家就请听戏，其实遇不着，大爷高兴吗。"②

以蔡友梅的家世和才学本可顺利地走上仕途，但他却志不在此："其实那个时代，也认识几个高人，有办报馆这几个钱应酬应酬，联络联络，好歹我又有个底子，往高了不行，科长科员许闹一个当当。无如当时志不在此，一定要开通民智，犯这宗傻热心。……告诉你说，做官当差，我且心里不愿意，我还夸耀作什么？但分看得作官重，前清时代，藩臬我早作俗了，民国的简任官我也干腻了……作官当差信股道，我早把他瞧淡了。这几年我要是稍微热一点，别的不敢说，科长早当腻啦，因为不屑于干那个，所以才受这宗人罪。"③

后来蔡友梅弃医从文，即便生活日渐困顿，仍不改其志："要说这个损公学问原不大，阅历也不深，可是对于国家社会颇有热心毅力，投身社会已垂十年，各种公益事大半也都作过，无奈阻力横生，风潮屡起，很遭了些个危险，几乎没把性命牺牲，好在他百折不回，到如今也没退化，所以终朝奔走（可不是运动差使）。事忙鲜暇，好容易盼到新年各党会、学堂、报馆全都休息他老先生算是得闲。"④

蔡友梅的可敬之处在于他跳出了旗人出身的束缚，站在国家和民族

---

① 关于蔡省吾叔侄的旗籍还有镶黄旗一说，《刘半农书话》（浙江人民出版社，1998）有云："闲园鞠农蔡绳格，字省吾，号无闷山人，又号养石叟，待晓庐，镶黄旗汉军人，清二等侍卫，现年七十五以外，住柏林寺西太保街路南。"
② 损公，王遁世，《新鲜滋味》系列第十六种，《京话日报》连载小说。
③ 损公，王翻译，《顺天时报》连载小说。
④ 损，梦中赴会，《顺天时报》连载小说。

的立场，希望能够"引人心之趋向，启教育之萌芽，破迷信之根株，跻进化之方域"，并为此奋斗终身，因此杨曼青在《小额》序言中也提醒读者"倘以旗人家政而目之，恐负良匠之苦心也"。

2.3 生卒年

1917年8月15日（丁巳年六月廿八日），蔡友梅在《益世报》发表了诗作《初度感吟》：

> 终年常碌碌，屈指又生辰。
> 只见重来日，难寻已去春。
> 多愁容易老，同学笑长贫。
> 祝寿无人至，寒梅对病身。

初度即生日之意，由此可知，蔡友梅的生辰为阴历六月廿八日。其生年，据蔡友梅在1920年2月19日（己未年大年三十）《益世报》上的《岁暮感怀》一文中所称："记者今年四十八（怎么活来着），离这知命也就差两年了"，考虑到当时人都过阴历生日，蔡友梅应该是出生于公元1872年8月2日（壬申年六月廿八）；1920年的8月12日（阴历六月廿八日）蔡氏四十九岁；而他于1921年9月开始连载小说《鬼社会》之时，刚迈入知天命之年，蔡友梅自称其时"行年五十，我可不知四十九岁之非"，可证此言非虚。

1921年10月2日至17日，《益世报》上登出启事："现因梅叟偶感时疫，所有余墨及亦我之小说暂行停刊特此声明。"遗憾的是，虽蔡友梅自己也精通医术，然正所谓卢医不自医，最终回天乏力。《益世报》随即于11月6日刊出《哭蔡友梅》（汕翁）悼文：

> 蔡友梅死矣，溯其生平奖善戒恶，急公好义之传，当为常阅本报者所尽晓，无复赘言。昨得瘦鹤君来稿一件，题曰《哭蔡友梅》，爰录之于后，以飨阅者。

"秋风萧瑟动悲思，万斛新愁哭友时。空有清才醒浊世，苦无遗产活孤儿。平生著作犹金箧，往日吟哦早断髭。碎尽心肝呕尽血，玉楼合赋菊花诗。最难亲老又家贫，公是洪荒太古人。慨语辍医关至性（友梅昔日曾业医，名重一时。嗣因邻近有其族叔亦业医，相形见绌，事业萧条。友梅遂语叔曰：余从此辍医改业。），却金鬻产见天真（蔡母及叔弟等卖祖遗住房，友梅不分其值。）。传家幸有梅千树，照土空留月一轮。孤子三兮弱女四，莫公无计慰酸辛。"

呜呼！友梅之死，不但其家人哭之，戚友哭之，乃至识与不识皆哭之，岂非友梅之身虽死而心不死耶！友梅文章虽从此绝笔，而其事迹从此而益彰耶！然友梅死后，家贫如洗，而识与不识，思思不忘，较彼肉食者流，括尽民财以肥私欲，其人虽苟生，然社会人早盼其速死者为如何耶！呜呼！友梅！呜呼！社会！呜呼！今之肉食者！

蔡友梅享年五十岁，连载于《京话日报》的小说《鬼社会》成为其遗著，后由彭翼仲续编完成，他在小说中写道："《鬼社会》由损公编了二十八页半，不料损公一病不起，此书没有收场，不能装订成册，已经印就的二十八页，弃之可惜，由记者向鬼社会上推测，接续编演，以狗打架为结局，可谓之狗尾续貂，不足大雅一笑了。"

2.4 生平大事记

在连载于《益世报》的小说《王翻译》中，蔡友梅介绍了自己的主要经历："这话一说，是头十六年的事情。记者始而在北京办进化报。……记者办了二年报，糟蹋了几个钱，后来报馆关门，拉了不少亏空。先严正作外官，带来二三百块钱，原是还账的，让我填补了报馆的窟窿了。后来弄得不得了，我们老把兄信怀民军帅方给我来信，约我帮忙。我也是不得已而为之，在归绥带了二三年，变政之后，又赴河南、湖北、江西等处劝办印花储蓄公债，大小也算是个差事。从先在营务处当过委员，早年在山东随任，到县衙门就过馆，这是我从先做过的事情。"

结合作品中的其他线索，现将蔡友梅的生平大事罗列如下：

1872年　出生于北京一个汉军旗人家庭，是炮局胡同的"敬畏堂蔡家"。

1877年　六岁上开始接受传统教育，十四岁时念完五经。

1887年　十六岁学医，成年后曾行医谋生，名重一时。

1890年　十九岁时，父亲蔡绶臣赴山东上任，蔡友梅也一同随任。

1900年前　庚子之先，在某营充当过一段时间的文案委员。

1904年—1906年　任《京话日报》和《公益报》编辑。

1906年—1907年　1906年《京话日报》和《公益报》相继被查封后，蔡友梅倾尽家财创办《进化报》，连载《小额》，未几报社倒闭，欠债累累。

1908年—1910年　到归绥投奔时任绥远城将军的把兄信勤，做了两三年幕僚，任法政讲习所总办。

1912年　与钱愚儒、王淑渊组织正俗振乐新剧社。

1913年—1919年　以损、损公、退化等笔名在《顺天时报》连载小说。

1914年—1915年　在河南、湖北、江西等处劝办印花储蓄公债。

1915年　父亲蔡绶臣于当年阴历九月二十六日亥时去世。

1916年—1921年　在《益世报》（北京）就职，初期曾任编辑主任，后长期担任小说主笔。

1917年　受聘任担任教育部模范讲演所讲员，每星期一晚间赴讲演所讲习。

1918年—1921年　在《京话日报》和《白话国强报》连载小说。

1920年9月　丧偶，《益世报》于9月11日登出启事："蔡友梅先生现遭丧事，所有小说双料义务及益世余谭暂停。此启。"

1921年11月初　已经因病去世，享年五十岁。

通过遗著《鬼社会》，我们大致可以了解蔡友梅晚年的生活状态："我说照旧穷忙，依然故我，一天连编带写五千字，一月有十二堂模范讲演，每天还要瞧几个义务病，这个求作挽联，那个求作寿诗，除去写呈子我不管，我也不会正事之外，还兼着义务秘书，好在没心没肺，无虑无愁，闲暇的时候儿，唱两句弋腔，逗会子孩子，不饮酒能吃肉，嘴损如常，拿钱不当钱，爱花如命，避俗如仇，躺下外带着就睡，行年五十，我可不知四十九岁之非，现在就是过一天说一天罢。"①

"过一天说一天"本是戏言，没想到竟一语成谶，未及《鬼社会》连载完，蔡友梅就已撒手西去，家中一贫如洗，子女七人无人照料，令人扼腕不已。

3 著述情况

蔡友梅于1904年至1906年间在《京话日报》和《公益报》发表的作品暂时无从考证，目前笔者所见到的存世作品有一百余部，最早的作品是连载于《进化报》的《小额》（1907），最晚的是连载于《京话日报》的遗著《鬼社会》，下面依照连载报纸分别介绍：

3.1 《进化报》

《进化报》是蔡友梅创办的唯一一份报纸。根据《小额》序言，小说最早连载于《进化报》的小说一栏，友人德少泉在为《小额》作的序中写道："于是友梅先生，以报余副页，逐日笔述上说数语，穷年累日，集成一轴。"友人杨曼青也在序中有所记载："（友梅）初欲以文话译出，因碍于报格，不得已仍用平浅文字登于小说一栏，每信笔一篇，无暇更计工拙。"

笔者所见的《进化报》一到六版栏目依次为：演说、紧要新闻、本京新闻、畿辅新闻、各省新闻、各国新闻、宫门抄、上谕、专件、来函、杂录。《小额》正是连载于末版最后一个栏目《杂录》中，每日连载字数不一，视版面剩余篇幅而定。

据杨曼青序言可知，连载结束后，蔡友梅本想"重加点缀"后再付梓

---

① 损公，鬼社会，《新鲜滋味》系列第二十七种，《京话日报》连载小说。

出版，"复因阅报诸君屡次来函诘问，必欲一窥全豹，乃草草附诸印工。非敢云以餍阅者之目，聊以报诸君早观为快之心耳。"光绪三十四年七月初五，《小额》单行本由位于北京东单牌楼西观音寺的和记排印书局发行。

3.2 《顺天时报》

《顺天时报》影响力也极大，民国五六年间达到顶峰，日发行量最高达到 12000 份，成为华北第一大报。

1913 年至 1919 年间，蔡友梅以"损""损公""退化"等笔名连载了下列小说：

《梦中赴会》《二十世纪新现象》《新侦探》《孝子寻亲记》《感应篇》《张军门》《家庭魔鬼》《潘老丈》《海公子》《汪大头》《大劈棺》《大小骗》《姚三楞》《苦儿女》《刘瘸子》《贺新春》《金永年》《两捆钱》《奉教张》《苏造肉》《王善人》《王小六》《粉罗成》《钱串子》《小世界》《自由女》。

3.3 《益世报》

《益世报》由雷鸣远神父 1915 年在天津创刊，与《大公报》《申报》齐名。1916 年增刊北京版，蔡友梅先是担任编辑主任，后负责《小说》《益世余谈》《杂俎》等栏目，作品署名梅蒐、老梅、亦我、蔡友梅。笔者见到的小说有：《高明远》《张和尚》《怪现状》《过新年》《回头岸》《土匪学生》《八戒常》《王有道》《大车杨》《苦家庭》《恶社会》《贾万能》《刘阿英》《中国魂》《山蓃屈太守》《大兴王》《和尚寻亲》《谢大娘》《双料义务》《势利鬼》《店中美人》《以德报怨》《刘三怕》《王翻译》《美人首》。

3.4 《国强报》

蔡友梅在《国强报》上连载的作品有：《瞎松子》《忠孝全》《韩二刁》《连环套》《郭孝妇》《驴肉红》《新侠女》《郑秃子》《大樱桃》《白公鸡》《胶皮车》《二家败》《人人乐》《鞭子常》《山东马》《路三宝》《黑锅底》《五百万》。

3.5 《京话日报》

蔡友梅与《京话日报》的创办人彭翼仲私交甚笃,在《京话日报》第一次出版时就曾"效过微劳",民国七年十一月二十七日,吴梓箴投积水潭自尽。彭翼仲继承亡友遗志,出山重掌《京话日报》,蔡友梅应邀担任小说主笔:"在下于十年前在本报上也曾效过微劳,自打本报复活之后,因为事忙鲜暇,就说没功夫儿帮忙。头两天去瞧彭二哥(我一个人儿的),因为本报副张要换小说,特约我帮助帮助(要唱忠孝全),真有交情,不能不认可。损公的玩艺,在别的报上也请教过诸位,有无滋味,也不必自夸,也无须退让,反正瞧过的知道。"①

1919年7月至1921年10月间,蔡友梅共连载了《新鲜滋味》系列小说二十七种,目前存世的有二十六种(缺第二十三种):《姑作婆》(《新鲜滋味》第一种)、《苦哥哥》(第二种)、《理学周》(第三种)、《麻花刘》(第四种)、《库缎眼》(第五种)、《刘军门》(第六种)、《苦鸳鸯》(第七种)、《张二奎》(第八种)、《一壶醋》(第九种)、《铁王三》(第十种)、《花甲姻缘》(第十一种)、《鬼吹灯》(十二种)、《赵三黑》(十三种)、《张文斌》(第十四种)、《搜救孤》(第十五种)、《王遁世》(第十六种)、《小蝎子》(第十七种)、《曹二更》(第十八种)、《董新心》(第十九种)、《非慈论》(第二十种)、《贞魂义魄》(第二十一种)、《回头岸》(第二十二种)、《方圆头》(第二十四种)、《酒之害》(第二十五种)、《五人义》(第二十六种)、《鬼社会》(第二十七种)。

上述作品主要藏于国家图书馆、首都图书馆以及北京大学图书馆,此外笔者还在北师大图书馆搜得《天津晚报》发行的四部京味儿小说:《钱如海》《小姑毒》《义友记》《奸淫报》,署名今睿,风格与蔡氏作品接近,其中《钱如海》与新鲜滋味系列中的《董新心》相比,只是更换了主人公的名称,我们怀疑其他三部小说也是蔡友梅作品。

---

① 损公,姑作婆,《新鲜滋味》系列第一种,《京话日报》连载小说。

4 余论

陈平原先生指出，研究中国的现代化进程，古都北京比摩登上海更具样本意义，"一座都城，有各种各样的面相。有用刀剑建立起来的，那是政治的北京；有用金钱铸造起来的，那是经济的北京；有用砖木堆砌而成的，那是建筑的北京；有用色彩涂抹而成的，那是绘画的北京；有用文字累积起来的，那是文学的北京——这个经由史家的学识与文人的激情，用文字塑造出来的北京城，最容易感知，也最好触摸。"（陈平原，2008）蔡友梅的创作洋溢着浓郁的古都风情，京味儿隽永，为读者点染出一副醉人的老北京市井风俗画卷，开京味儿小说风气之先的同时，也为今天研究北京的"文学想象"和"历史记忆"提供了依据。

参考文献：

北京燕山出版社（1996）《旧京人物与风情》，北京燕山出版社，北京。

陈平原（2008）《北京记忆与记忆北京》，三联书店，北京。

葛永海（2004）试论早期京味小说的市井情味——以《小额》《春阿氏》为例，《北京社会科学》第 4 期。

管翼贤（1943）《新闻学集成》，中华新闻学院，北京。

黄岭峻（2002）论清末民初的道德危机，《辽宁师范大学学报》第 1 期。

雷晓彤（2005a）"京味"：近代北京小说家的探索，《北京社会科学》第 2 期。

雷晓彤（2005b）近代北京的满族小说家蔡友梅，《满族研究》第 4 期。

刘大先（2008a）被遗忘的清末民初京旗小说，《承德民族师专学报》第 1 期。

刘大先（2008b）定位京味文学的三重坐标，《韶关学院学报》第 11 期。

刘大先（2009）观念的潜流——清末民初京旗小说与老舍，《满族研究》第 2 期。

吕智敏（1991）艺术对象的地域化——谈京味小说的艺术特征，《北京社会科学》第 1 期。

潘建国（2006）近代小说的研究现状与学术空间，《文学遗产》第 1 期。

于润琦（1997）《清末民初小说书系》，中国文联出版公司，北京。

于润琦(2000)清末民初北京的报馆与早期京味小说的版本,《中国现代文学研究丛刊》第 4 期。

于润琦(2006a)《小额》的文学地图,《厦门教育学院学报》第 1 期。

于润琦(2006b)民初京味小说家二三事,《南京理工大学学报(社会科学版)》第 5 期。

张菊玲(1999)清末民初旗人的京话小说,《中国文化研究》第 1 期。

附录二：清末民国京味儿小说大家徐剑胆生平及著作考述

刘云　王金花

1　引言

  清末民初，北京民间报业的兴起催生出一个以蔡友梅、彭翼仲、徐剑胆、文实权、儒丐为代表的京味儿作家群。这批作家多为主张改良维新的报人，通过兴办教育，创办白话报刊和讲报处等举措，来对底层市民进行启蒙，当时京津地区风气渐开，他们功不可没。借助小说创作来开启民智、改良社会也成为这批作家的共识——德少泉在为《小额》所作的序言中大声疾呼："欲引人心之趋向，启教育之萌芽，破迷信之根株，跻进化之方域，莫小说若！莫小说若！"这一理念与梁启超"欲新一国之民，不可不先新一国之小说"之观点异曲同工，虽然提出的时间略晚，但践行程度极高。由于母语为当时的汉民族共同语——北京官话，较之南方作者，这批京人作家"我手写我口"时具有先天的优势，他们以白话报为阵地，发表了数以千计的京味儿小说，受到了广大市民的热烈追捧。遗憾的是，由于主将们的相继去世和离京，这一流派并未与新文化运动形成合流，于是淡出研究者视野，渐至湮没不闻。

  近些年来，重写文学史的呼声日益高涨，我们认为清末民初京味儿作家群尤其值得关注，由于处在新旧时代的夹层，他们的创作实绩为研新旧文学的转型和现代性问题提供了样本。从都市文学研究的角度出发，对他们的发掘一方面可使京味儿小说发展的历史脉络愈加清晰，另一方面，"有了'京都'与'洋场'的对峙与交流，对中国近代小说的审视与评估，才会愈加客观，愈加细致"。（潘建国，2006）

本文所挖掘的小说家徐剑胆在当时影响极大，作品最丰，创作时间最长。"徐仰宸，笔名剑胆。三十年来，在各报著小说，其数量不可计，堪称报界小说权威者。"（管翼贤，1943）

据笔者不完全统计，徐剑胆20世纪初即步入文坛，1945年仍在发表作品，创作生涯长达四十多年，留下了千余万字的作品，仅笔者亲见的作品就达两百余部，"报界小说权威者"实至名归。早在清末民初，剑胆就已扬名于北京小说界，与另一位"大文豪"蔡友梅（著名京味儿小说《小额》的作者）可谓是春兰秋菊，各擅胜场，到了民国中后期，仍是与张恨水、陈慎言齐名的通俗小说大家。20世纪30年代的报刊作家莲青（郭锡炬）在《〈阔太监〉跋》中对徐剑胆的作品予以了高度评价："近世则张恨水之《啼笑因缘》，钟子民之《北平新史》，笔端有舌，腕下生风，味美于回，不同嚼蜡，亦足称矣！若乃对于世道人心，有启聩震聋之助，措辞布局，极柳暗花明之奇，则以徐剑胆先生《阔太监》小说为尤足多焉。"在当时报载小说极为盛行，而徐剑胆的作品就是报纸销量的金字招牌，他对此也不无得意，在连载《白云鹏》时就曾提及："昨天发行所，因为买报，差点没把屋门给挤掉啦。大家固然是因为欢迎《白云鹏》小说起见咯，无如预印无多，求过于供，是以今天又多印了好几千。""大小说家"徐剑胆自然也就成为各报争相追逐的对象，请看《爱国白话报》初创时期的一则告白："本报仓促出版，内容缺点当所不免，亟应随时改良以副阅者雅意。刻拟于正张中扩充一版，增刊小说一种，已延定大小说家剑胆先生担任撰述，二三日内即可登出。先生理想绝高，笔力尤活泼跳脱，雅俗咸宜，所撰小说理趣饶多，耐人寻味，谅阅者必以一睹为快也。此布。"剑胆作品连载前，报社常在重要版面连续数日预告，连载一结束立即推出单行本，有些单行本还附有剑胆本人的画像,甚至连他的书法作品也成为报社的代购业务之一,受欢迎程度可见一斑。

2 徐剑胆之生平

2.1 生卒年

关于徐剑胆的生卒年,文献中未见记载,只能根据其在作品中的自述推断。在《实报》连载小说《义合拳》中,剑胆提到义和团运动爆发那年,自己正好三十岁,"按庚子之乱,凡在三十五六岁的人们皆能道及,然大半系出于耳食,著者那年正正三十岁。"庚子年为1900年,则徐剑胆应是生于1871年。

另一则材料则出自《爱国白话报》连载小说《孝子寻亲记》:"这两天淫雨连朝,道路泥泞,平坦之路皆为没股之水,但六月为大雨时行之期,例年如是,但未见平路小巷水没两股者。有之则在前清光绪二十五年间,大雨连朝彻夜,下至半月有余,近畿被淹,永定门外冲船,各处善士捐资放赈。回忆当年,余随诸朋辈在南顶一带,散放馒首杂粮,如在目前,屈指算来,乃三十年前之旧事也。彼时余正在二十有一,混沌懵懂,就知饿了吃,困了睡,家计艰难,从不在心,悉凭吾先慈耐苦支持,余则每日徒耗费最宝贵之光阴,曾不能为吾先慈分忧解愁,至之思之,不孝之罪甚大。"这段文字颇多矛盾之处,首先其发表时间为1921年8月1日,距离光绪二十五年(1899)并没有三十年之久,其次,根据《北京气候志》等水文资料,1899年的降水量并不高,1898年到1900年的年平均降水量只有454mm,居于历史较低水平。我们推测剑胆所描述的应该是光绪十七年(1891)的情形,该年的年降雨量和最高日降雨量分别为1401mm和609mm,均为历史之最。1891年距1921年恰好是三十年,此年剑胆二十一岁的话,则其生年为1871年,更加印证了前文的论述。

徐剑胆的卒年待考,1944年他仍在《实报》上连载侦探小说《血手印》,

1945年10月还在《国粹画报》发表了《庚子变乱之回忆》一文，此时已经75岁高龄，创作生涯逾40载，令人赞叹。

2.2　籍贯和出生地

徐剑胆在侦探小说《阔太监》自序中落款"仁和徐剑胆"，其籍贯应该是浙江杭州。他早期作品语言京味儿纯正，对方言土语的运用极为熟稔，在语言面貌和创作风格上与蔡友梅、王冷佛等京旗作家别无二致，小说也常以清末北京实事为题材，因此我们推测他可能是北京人。剑胆在长篇小说《旧京黑幕》中也称自己是"生长于此地五六十年"："慢说外省人，初来北京者不悉个中之奥妙，即以著者生长此地，五六十年，亲身直接阅历，皆难窥其底蕴。"此时为农历1931年末，剑胆应在61岁左右，与"五六十年"的表述大致吻合，应是北京生人。

2.3　本名和别号

剑胆作品常署名徐剑胆，根据石继昌（1996）介绍，其本名应为徐济。胡全章（2009）考证出他曾以"自了生"的笔名在《正宗爱国报》和《天津白话报》上发表了《华大嫂》《余小辫》等20部小说。笔者在阅读民国北京报载小说时，发现署名哑铃[①]（亚铃、亚）和涤尘的作品在语言及创作风格上与剑胆作品十分接近，水准很高，但在发表时间上却明显缺乏连续性，更蹊跷的是哑铃（亚铃、亚）作品常跟剑胆的作品同时在同一版面登载。种种证据证明哑铃（亚铃、亚）、涤尘、剑胆均系徐济笔名。1914年4、5月间，亚铃的《煤筐奇案》在《白话捷报》上连载，1920年的《北京白话报》有同名小说连载，同样署名亚铃，1920年12月28日的《爱国白话报》中刊出《煤筐奇案》单行本广告，作者则为剑胆："剑胆著《煤筐奇案》小说出版石印代购，每本售铜元二十五枚。又隶书治家格言每张

---

① 哑铃的线索最早是于润琦先生向笔者提供的，于先生还告知笔者徐济单行本作品的馆藏线索，谨致谢忱。

售大洋一毛，送报人均可代购。"

类似的证据不胜枚举，1920年的《小公报》上刊有剑胆著社会小说《义烈鸳鸯》，到了1927年，该小说又由哑铃重新发表于《北京白话报》。1920年1月，《爱国白话报》上连载了剑胆小说《眼镜博士》，1928年2月，同名作品又在《北京白话报》上重新连载，署名哑铃。当时的版权意识极强，很多报社的连载小说都写明"谢绝转载"，对剑胆这样的名家来说，大规模抄袭和被抄袭的行为都是难以想象的。此外，在第二百二十七号《白话捷报》的《戏评》专栏中，亚自称："当初《京都日报》发行时，鄙人与愚公同在社中担负主笔责任。"在1934年连载于《实报》的小说《新华忆旧》中，剑胆也有类似的描述："乃于民国元年壬子旧历正月初十夜内八点，曹崐之第三镇军就哗变了……著者那年正在《京都日报》任编辑。"

以上种种证据表明，剑胆、哑铃、亚铃、亚是同一人，后来徐济接受友人杨曼青的建议，将"哑铃"改为"亚铃"，内中颇有深意，他在小说《何喜珠》中这样写道："鄙人在本报上担任小说，别号是'哑铃'，取意如同是个摇不响的铃铛，其中并没有多大的意味。杨曼青先生谓'哑铃'莫若'亚铃'，为东亚之铃，意味深长，似比'哑铃'范围大点。既蒙朋友指正，那们就将'哑'字改作'亚'字，以后就用这个'亚铃'二字为别号了。"既然已经郑重声明，为何20年代又多次署名哑铃呢？原因很简单，此时"剑胆"已经名声大噪，成为了徐济的主要署名方式，只有在想隐藏身份时候才改署其他笔名，这时"哑铃"还是"亚铃"就不那么重要了。

徐济还曾经以"涤尘"为笔名。1921年6月的《北京白话报》连载了涤尘所著之警世小说《花鞋成老》，笔者于北京师范大学图书馆搜得《花鞋成老》单行本，该书署名剑胆编著，系《晚报副刊》发行。首都图书馆藏有该书的另一单行本，由《京话日报》发行，同样署名剑胆。任职《实报》期间，徐济还以"琴心"笔名发表掌故轶闻。

2.4 交游

20世纪30年代，徐济与金受申、庆博茹（珍）、郭琴石（家生）、张霈青（润普）、张醉丐（裕椿）、寿幼卿（森）、徐石雪（宗浩）、王默轩（讷）、景孤血（增元）、祁井西（昆）、段子立（鹤寿）、张慕雨（彬）等旧京文人"诗酒往还"，"或在远离闹世的西直门外高亮桥畔，或在阛阓之区的西四牌楼沙锅居中，七日一聚，聚则一壶酒、一碟肴，抵掌促膝，清言娓娓，上下古今，山南海北，至足乐也。一壶一碟，谐音'蝴蝶'，当时戏呼为'蝴蝶会'"。（石继昌，1996）徐济书画俱佳，曾于1939年在北京中央公园（今中山公园）举办群贤画展，合作者是天津知名画家李鹤筹。

2.5 主要经历

徐济曾于《实报半月刊》第三期发表《三十年来北平小报》一文，可见"侧身报界四十来年"绝非夸大之辞。而立之后，他把主要精力投入到小说创作和报纸编辑工作中，早在清末年间，徐济就以"自了生"笔名在《正宗爱国报》上开辟"庄言录"小说专栏，民国元年还同时在《京都日报》担任过编辑。1913年7月27日，袁世凯政府查封《正宗爱国报》，后残忍地杀害了著名爱国报人丁宝臣。报界同仁基于义愤，在极短的时间内就筹办起《白话捷报》和《爱国白话报》两份报纸。在《白话捷报》中，徐济担任小说栏目主笔，发表了《金三郎》《何喜珠》《李清风》《康小八》《张黑虎》《杨莲史》等京味儿作品，偶尔也在《演说》《笑林》《东拉西扯》《戏评》等栏目客串，署名哑、哑铃、亚、亚铃。在《爱国白话报》中则主要署名剑胆，发表了《李银娘》《魏大嘴》《盗中侠》《花和尚》《赛金花》《孝义节》等众多作品。哑铃也好，剑胆也罢，徐济都在作品中暗示了自己与《正宗爱国报》及自了生的关系。在《白话捷报》连载小说《金三郎》中，作者哑铃这样写道："按说到了现在这个时候，在下举着这管秃笔，仍然作小说，未免有点作不下去。无奈既是被朋友约出来，说不上不算来啦，谁叫白话报上已然相袭成风，没有这门小说，就仿佛戏园子没有女角是的

（您可听明白拉，就算我别位不算）。这么办，在下暂把闲愁旧恨以及柴米油盐酱醋茶七件大事全都抛开，低头认命。作小说一来不招灾，二来不惹祸，这们甘脆，干，就这们办。"

而在《爱国白话报》连载的小说《胡知县》中，作者剑胆同样有所暗示："别瞧本报出版没有几天，可是颇受社会合各商家的欢迎，销数已达一万多份。一个初出版，总算是销路畅旺，不为不多了。皆因本报一切主笔、重要人物，都约请的是时下名手。说到在下我这儿，外号叫猫屎（脏），小角儿。我们大家虽然与看报诸位在本报上仿佛是初次会面，其实睽违不了两三天的功夫，这话自可意会，不可言传了。"

此后徐济还在《蒙学报》《京话日报》《小公报》《群强报》《实报》《北京白话报》《顺天时报》《武德报》等北京白话报连载小说，数量极为可观。他在《实报》担任编辑和小说主笔的时间最长，管翼贤在《北京报纸小史》中记载道："《实报》，社址宣外大街，社长管翼贤，编辑苏雨田、罗保吾、宣永光、王柱宇、徐剑胆、张醉丐、生率斋诸氏，附设《实报半月刊》，虽系白话小报，报人皆属知名之士。"作为当时影响力最大的报纸之一，实报最高时的日销量达到十七万份，"执小型报业之牛耳"，徐济作品从1928年连载至1944年，地位可见一斑。此外，他还受邀在《新天津画报》《新天津晚报》等天津报刊连载了《花鞋成老》《阜大奶奶》《新官场现形记》等小说，受到市民欢迎。

除了小说创作外，徐济还以戏评闻名，他是知名票友，演出经验丰富，投身报界以后，在《白话捷报》《爱国白话报》《顺天时报》《心声画刊》上发表剧评，受到好评："北京评戏始于乔荩臣氏，笔名愚樵。乔氏精俄文，通文学，性豪放，尝与诸名伶往来，善演红净，于皮黄具有深切之研究。偶在公余之际，批评戏剧之得失，投稿于《群强报》，文中所指者，皆中肯要，于是大受伶界及好听戏者之欢迎。继之而起者有庄荫堂、徐剑胆。庄徐皆系票友，故所评皆得体。"徐济所开辟的《梨园轶话》等戏曲栏目，也为戏曲研究留下了宝贵的资料。

3　徐剑胆现存作品目录

徐剑胆在报纸上连载小说的数量极为惊人，存世的单行本数量也不少。胡全章（2009）在《爱国报附张》《天津白话报》《爱国白话报》《京话日报》《实事白话报》中发掘出数十部作品。笔者于北京地区图书馆馆藏中又打捞出 200 余部作品，现胪列如下。

3.1　报纸连载小说 [①]

3.1.1　《爱国白话报》

《李银娘》，载于"庄严录"栏目，第二十七号（1913 年 8 月 25 日）至第六十六号（10 月 4 日），一至三十九续，已完，剑胆。

《魏大嘴》，载于"庄严录"栏目，第六十七号（1913 年 10 月 5 日）至第一百十七号（11 月 25 日），"四十九续"，已完，剑胆。

《盗中侠》，载于"庄严录"栏目，第一百十八号（1913 年 11 月 26 日）至第一百五十八号（1914 年 1 月 8 日），一至四十续，已完，剑胆。

《花和尚》，载于"庄严录"栏目，第一百五十九号（1914 年 1 月 9 日）至第二百三十一号（3 月 30 日），一至七十一续，已完，首回有关天僧和马太璞所作序文，剑胆。

《赛金花》，载于"庄严录"栏目，第二百三十二号（1914 年 3 月 31 日）至第四百十九号（10 月 6 日），一至一百八十六续，已完，首回为马太璞题词以及胜石君和杨瑞和所作序言，剑胆。

《孝义节》，载于"庄严录"栏目，第四百二十号（1914 年 10 月 7 日）至第四百五十九号（11 月 16 日），一至三十七续，未完，剑胆。

《吴月娇》，载于"庄严录"栏目，第四百九十号（1914 年 12 月 17 日）

---

① 本文所查阅的早期白话报中，《爱国白话报》《白话捷报》《北京白话报》《实事白话报》见《中国早期白话报汇编》（全国图书馆文献缩微复制中心，2009），《北京小公报》和《实报》为国家图书馆缩微本，《群强报》和《北平日报》为首都图书馆所藏。

至第五百二十五号（1915年1月25日），十五续至五十续，已完，剑胆。

《珍珠冠》，载于《醒睡录》栏目，第五百二十六号（1915年1月26日）至第五百四十三号（2月12日），一至十七续，未完，剑胆。

《白绫帕》，载于《醒睡录》栏目，第八百七十七号（1916年1月21日），第"三十二续"，未完，剑胆。

《赵总兵》，载于《醒睡录》栏目，第八百八十九号号（1916年2月9日）至第八百九十号（2月10日），"七续至八续"，未完，剑胆。

《贾斯文》，警世小说，第一千七百七十七号（1918年8月19日）至一千八百二十四号（1918年10月7日），一至四十七续，已完，涤尘。

《恶仆害主记》，警世小说，第一千八百二十五号（1918年10月8日）至第一千八百四十九号（1918年11月2日），剑胆。

《陈烈女》，警世小说，第一千八百五十号（1918年11月3日）至第一千八百八十三号（1918年12月8日），一至三十三续，完，涤尘。

《锡壶案》，警世小说，第一千八百八十四号（1918年12月9日）至第一千九百二十三号（1919年1月22日），一至三十五续，已完，剑胆。

《杨结实》，警世小说，第一千九百二十四号（1919年1月23日）至第一千九百六十八号（3月15日），一至四十四续，已完，剑胆。

《张古董》，警世小说，第一千九百八十三号（1919年3月30日）至第2010号（4月27日），"二十七续"，已完，剑胆。

《如是观》，警世小说，第二千零一十号（1919年4月28日）至二千零三十号（5月17日），一至十九续，已完，剑胆。

《卖国奴》，警世小说，第二千零三十一号（1919年5月18日）至第二千零七十二号（6月29日），一至三十九续，已完，剑胆。

《张烈女》，警世小说，第二千零七十三号（1919年6月30日）至二千零八十九号（7月19日），一至十五续，已完，剑胆。

《小美人》，警世小说，第二千零九十号（1919年7月19日）至第二千一百二十三号（8月21日），"三十一续"，已完，剑胆。

《珠玉缘》，警世小说，第二千一百二十四号（1919年8月22日）至第二千一百四十号（9月7日），一至十六续，已完，剑胆。

《巧奇缘》，警世小说，第二千一百四十一号（1919年9月8日）至第二千一百五十七号（9月24日），一至十七续，已完，剑胆。

《偷生奴》，警世小说，第二千一百五十八号（1919年9月25日）至第二千一百七十六号（10月15日），一至十八续，已完，剑胆。

《恶讼师》，警世小说，第二千一百七十七号（1919年10月16日）至第二千一百九十二号（10月28日），一至十五续，已完，剑胆。

《抢婚奇案》，警世小说，第二千一百九十三号（1919年11月2日）至二千二百十号（11月19日），一至十七续，已完，剑胆。

《生死鸳鸯》，警世小说，第二千二百一十一号（1919年11月20日）至第二千二百三十四号（12月13日），一至二十三续，已完，剑胆。

《金闾艳案》，警世小说，第二千二百三十五号（1919年12月14日）至第二千二百五十三号（1920年1月7日），一至十九续，已完，剑胆。

《眼镜博士》，警世小说，第二千二百五十五号（1920年1月8日）至第二千二百九十一号（2月14日），一至三十五续，已完，剑胆。

《方承观》，警世小说，第二千二百九十二号（1920年2月15日）至第二千三百三十二号（4月1日），一至三十九续，已完，剑胆。

《香界寺》，警世小说，第二千三百三十三号（1920年4月2日）至第二千三百五十七号（4月27日），一至二十四续，已完，剑胆。

《夜游神》，警世小说，第二千三百五十八号（1920年4月28日）至第二千三百八十七号（5月27日），一至二十九续，已完，剑胆。

《小连生》，警世小说，第二千三百八十九号（1920年5月29日）至第二千四百三十五号（7月16日），一至四十七续，已完，剑胆。

《回头岸》，警世小说，第二千四百六十九号（1920年8月19日）至第二千四百七十六号（8月26日），一至三十八续，已完，剑胆。

《虎口余生记》，警世小说，第二千四百七十七号（1920年8月27日）

至第二千五百三十七号（10月29日），一至五十九续，已完，剑胆。

《新房死尸案》，警世小说，载第二千五百三十八号（1920年10月30日）至第二千五百五十六号（11月17日），一至十九续，已完，剑胆。

《风流所长》，警世小说，第二千五百五十七号（1920年11月18日）至第二千六百二十七号（1921年2月1日），一至六十八续，未完，剑胆。

《钓金龟》，警世小说，第二千六百三十二号（1921年2月6日）至第二千六百五十四号（3月6日），再续至二十四续，未完，剑胆。

《何喜珠》，警世小说，二千六百五十四号（1921年3月6日）至二千六百九十九号（1921年4月21日）一至四十四回，已完，亚铃。

《张观准》，警世小说，第二千六百六十一号（1921年3月13日）至第二千七百零三号（4月25日），三续至四十五续，已完，剑胆。

《仇幕娘》，警世小说，第二千七百十号（1921年5月4日）至第二千七百二十九号（1921年5月21日），一至十八，已完，亚铃。

《小五通》，警世小说，第二千七百零四号（1921年4月26日）至第二千七百三十九号（5月31日），一至三十四续，已完，剑胆。

《恶妇回头岸》，警世小说，第二千七百四十号（1921年6月1日）至第二千七百九十八号（8月1日），一至五十七续，已完，剑胆。

《孝子寻亲记》，警世小说，第二千七百九十九号（1921年8月1日）至第二千八百二十五号（8月27日），一至二十六续，已完，剑胆。

《蒲葵扇》，警世小说，第二千八百二十六号（1921年8月28日）至第二千八百四十五号（9月16日），一至十八续，已完，剑胆。

《妙判奇缘》，警世小说，载第二千八百四十六号（1921年9月17日）至第二千八百五十八号（9月30日），一至十一续，已完，剑胆。

《猴美人案》，警世小说，第二千八百六十号（1921年10月2日）至第二千八百八十三号（10月23日），一至二十二续，已完，剑胆。

《毛阿贵》，警世小说，第二千八百八十四号（1921年10月24日）至第二千九百二十八号（12月7日），一至三十九续，已完，剑胆。

《狗头六》，警世小说，第二千九百二十九号（1921年12月8日）至第二千九百四十四号（1922年2 10号），一至十五续，未完，剑胆。

《李秃子》，最近实事小说，二千九百四十二号（1922年1月8号）至1922年2月26日，未完，哑铃。

《逆伦谋杀案》，警世小说，1922年2月26日，未题回目，未完，剑胆。

3.1.2 《白话捷报》

《金三郎》，第一号（1913年8月3日）至第三十五号（9月6日），一至三十四续完，哑铃。

《何喜珠》，第三十六号（1913年9月7日）至第七十号（10月13日），一至三十二续完，亚铃。

《劫后再生缘》，第七十一号（1913年10月14日）至第九十三号（11月5日），一至二十三续完，亚铃。

《李清风》，第九十四号（1913年11月6日），未完，亚铃，

《康小八》，第一百四十七号至第二百十六号，一至六十八续完，亚铃。

《元宵案》，第二百十七号至二百四十八号，一至三十一续完，亚铃。

《煤筐奇案》，第二百四十九号至二百八十九号（1914年6月2日），一至三十九续完，亚铃。

《大报仇》，第二百九十号（1914年6月3日）至第三百二十二号（1914年7月5日），一至三十二续完，亚铃。

《张黑虎》，第三百二十三号（1914年7月5日）至第三百六十六号（1914年8月17日），一至四十二续完，亚铃。

《杨莲史》，三百六十七号（1914年8月18日），未完，亚铃。

3.1.3 《北京白话报》

《孽海循还记》，实事小说，1919年12月1日，十六续，未完，剑胆。

《同恶报》，1920年4月22日，一，未完，剑胆。

《祸国奴》，警世小说，五十七续，1920年10月23日，未完，剑胆。

《煤筐奇案》，1920年10月23日，十七，未完，亚铃。

《英雄会》，警世小说，1920年12月20日至1921年1月24日，八续至三十八续，已完，剑胆。

《美人祸水刘喜魁》，警世小说，1921年1月25日至1921年6月13日，一至一百二十二续，剑胆。

《花鞋成老》，警世小说，1921年6月2日至1921年6月13日，十五至二十五，未完，泽尘。

《邓子良》，社会小说，1921年8月24日，未完，亚铃。

《张小仙》，社会小说，1921年8月24日，六十三续（禁转载），未完，剑胆。

《苏兰芳》，1922年5月17日至1922年5月26日，三续至十二续，已完，剑胆。

《关公演义》，历史小说，1922年5月19日，第一回，未完，编辑徐剑胆（禁止转载）。

《山海关》，1922年5月27日，第一回，未完，剑胆。

《春明梦影》，社会小说，1922年6月14日至1922年11月3日，一至一百三十续完，剑胆。

《扁将军》，1922年6月14日，未完，哑铃。

《美人与伟人》，实事小说，1922年8月21日，未完，哑铃。

《清宫十三朝秘史》，历史小说，1922年10月7日，未完，哑铃。

《大骗案》，实事小说，1922年11月4日至11月25日，一至二十完，剑胆。

《金刚钻》，实事小说，1922年11月6日至1923年3月24号，一至一百二续，未完，剑胆。

《金少梅》，社会小说，1923年9月30日，三十九续，未完，剑胆。

《家庭祸》，实事小说，1923年9月30日，一，未完，哑铃。

《新毒计》，1924年2月2日，完，哑铃。

《新风流医》，实事小说，1924年2月3日，未完，哑铃。

《地藏庵》，1924年2月3日，十续，未完，剑胆。

《赵妈妈》，实事小说，1924年6月27日，一，未完，哑铃。

《恶奴欺主记》，1924年9月27日，未完，剑胆。

《方承观》，实事小说，1927年4月3日，七十二，未完，哑铃。

《黄姑娘》，实事小说，1927年4月3日至1927年6月7日，五十二至八十八，未完，剑胆。

《白话聊斋·罗刹海市》，1927年4月3日，十续，未完，剑胆译。

《义烈鸳鸯》，实事小说，1927年6月7日，二十二，未完，哑铃编著。

《白话聊斋·贾奉雉》，1927年6月7日，七，未完，剑胆译。

《白话聊斋·丁溪前》，1927年6月15日，一，未完，剑胆译。

《狡猾报》，实事小说，1927年9月2日，七十六，未完，剑胆。

《文字之孽》，实事小说，1927年9月2日，十五，未完，哑铃编著。

《白话聊斋·柳生》，1927年9月2日，十，未完，剑胆译。

《亡国泪》，寓言小说，1927年10月5日至1928年2月15日，十四至一百三十一，未完，剑胆。

《官场冤案》，实事小说，1927年10月5日至1927年11月7日，三十至六十一，未完，哑铃。

《白话聊斋·佟客》1927年10月5日，未完，剑胆。

《白话聊斋·仇大娘》，1927年11月7日，二七，未完，剑胆。

《宦途风波》，政治小说，1927年12月13日，十九，未完，哑铃。

《白话聊斋·阿英》，1927年12月13日，十二，未完，剑胆。

《白话聊斋·张诚》，1927年12月13日，二，未完，剑胆。

《白话聊斋·庚娘》，1928年1月8日，四，未完，剑胆。

《眼镜博士》，警世小说，1928年2月15日，十六，未完，哑铃编著。

《白话聊斋·翚仙》，十四，未完，剑胆译。

《白话聊斋·竹青》，1928年8月3日，五，未完，剑胆。

《白话聊斋·王大》，1928年9月24日，八，未完，剑胆。

《葫芦梦》，实事小说，1928年10月25日，一十四，未完，剑胆。

《恋爱孽镜》，实事小说，1929年7月3日，八十，未完，剑胆。

《金钱祸》，社会小说，1931年1月29日至1931年4月1日，一至一一九回，未完，徐剑胆著。

《地藏庵》，实事小说，1931年4月1日，三十一，未完，徐剑胆。

《故都黄粱梦》，社会小说，1931年7月7日，六十六，未完，剑胆。

《新贪欢报》，实事小说，1931年7月7日，一，未完，哑铃著。

《美人梦》，实事小说，1934年8月20日，未完，徐剑胆著。

《奇巧循环》，1934年11月18日，未完，徐剑胆。

《儿女英雄传》，1937年9月1日，未完，徐剑胆。

3.1.4 《北京小公报》

《李五奶奶》，社会小说，第四百零九号（1920年5月16号）至第五百二十九号（1920年9月15日），一百二十续，已完，剑胆。

《石宝龟》，社会小说，第五百三十号（1920年9月16日）至第五百五十六号（1920年10月15日），二十五续，已完，剑胆。

《义烈鸳鸯》，社会小说，第五百五十七号（1920年10月16日）至五百八十七号（1920年11月15日），三十续，已完，剑胆。

《杨翠喜》，社会小说，第五百八十八号（1920年11月16日）至第六百三十六号（1921年1月9日），四十九续，已完，剑胆。

《神术》，六百三十七号（1921年1月10日）至第六百五十二号（1921年1月21号），十五续，未完，剑胆。

《自由潮》，实事小说，六百五十三号（1921年1月26号）至六百八十八号（1921年3月8号），三十三续，已完，剑胆。

《刘二爷》，实事小说，第六百八十九号（1921年3月9日）至六百九十五号（1921年1月15日），六续，未完，剑胆。

《钟德祥》，警世小说，第七百八十号（1921年6月9号），三十六续，剑胆。

《血军刀》，警世小说，第八百零一号（1921年7月1号），九续，剑胆。
《七妻之议员》，八百六十四号（1921年9月3号），二十九续，剑胆。
《文艳王》，警世小说，第八百八十二号（1921年9月21号），剑胆。
《白狼》，实事小说，第一千零九十二号（1922年5月6日）至第一千零九十四号（1922年5月8日），四十二至四十四完，剑胆。
《梦中梦》，一千零九十六号（1922年5月10日），剑胆。
《逆伦惨杀案》，实事小说，1922年6月13日，剑胆。
《闷葫芦》，家庭小说，第一千五百九十六号（1923年7月21日），十五，剑胆。
《陈厨子》，折狱小说，第一千六百七十五号（1923年10月14日），十八，剑胆。

3.1.5 《实报》

《天桥》，社会谈片，1928年11月19日，四十五，剑胆。
《国贼》，通俗小说，1928年12月1日至12月24日，一至十九完，剑胆。
《一念差》，社会小说，1930年4月2日至5月21日，三十二至七十四完，剑胆。
《活阎罗》，1930年5月22日至7月22日，一至五十八回完，剑胆。
《义合拳》，1930年7月21日至9月30日，一至七十一回未完，剑胆。
《红鬃烈马》，武侠小说，1931年1月9日至1932年1月18日，四五五回，已完，剑胆。
《旧京黑幕》，长篇小说，1932年1月25号至1933年12月17日，完，剑胆。
《苦口佛心》，1933年12月18日至1934年4月22日，第十回完，剑胆。
《贫女奇缘》，1934年4月23日，剑胆。
《新华忆旧》，历史小说，1934年8月16日至1935年2月20日，第二回至第十回，剑胆。
《恶恋》，警世小说，1935年12月至1936年10月24日，完，剑胆。

《迷途》,1936年10月25日至1937年11月18日,第一回至十五回完,剑胆。

《报恩侠女》,侠义小说,1937年11月20日至1938年4月27日完,剑胆。

《欢喜冤家》,社会小说,1938年4月28日至9月26日,第一回至第六回完,剑胆。

《烟阀遭虐案》,1938年9月27日至1940年10月9日,第一回至二十回完,剑胆。

《双龙门》,武侠社会小说,1940年10月10日至1942年2月2日,第一回至第十三回完,剑胆。

《鬼蜮社会》,社会小说,1942年2月4日至1942年12月13日,剑胆。

《血手印》,侦探小说,1942年12月16日,连载至1944年,未完,剑胆。

3.1.6 《实事白话报》

《金扁簪》,实事侦探小说,1923年10月31日至12月24日,三至五十四,未完,剑胆。

《傅胜氏》,实事小说,1923年12月27日至1924年3月10日,一至六十四,未完,剑胆。

《黑骚儿》,实事小说,1924年3月28日至4月20日,一至二十三,未完,剑胆。

《三命奇冤》,实事小说,1924年5月28日至8月28日,十二至一〇一,未完,剑胆。

《前世冤》,实事小说,1924年9月28日至11月20日,一至五十三,未完,剑胆。

《白脸常》,实事小说,1924年11月26日至1925年1月12日,二至四十三,已完,剑胆。

《除夕之夜》,实事小说,剑胆,1925年2月1日至2月15日,十四至二十七,剑胆。

《七月生子》，实事小说，1925年3月15日，十，未完，剑胆。

3.1.7 《北平日报》

《宦海腥膻录》，1929年5月15日，第十回完，泽尘。

《红粉骷髅记》，1929年5月15日至1930年3月23日，第一回至第八回完，剑胆。

《满清亡国影》，1931年3月24日，未完，剑胆。

3.1.8 《群强报》

《泥人志》，葫芦剩语，第七千九百二十一号（1935年1月9日），（一二〇），第三回，剑胆。

《可怜虫》，葫芦剩语，第八千二百五十三号（1935年12月14日）至第八千二百六十一号（1935年12月22日），（八至十六，均署第一回），剑胆。

3.2 各大图书馆所藏单行本

一、**北京师范大学图书馆**：《阜大奶奶》《花鞋成老》。

二、**国家图书馆**：《阔太监》《川路风潮记》《王来保》《文字狱》。

三、**吉林图书馆藏单行本**：《新风流》《醒春居》《新贪欢报》《赵妈妈》《新毒计》《家庭惨史》《无头案》《家庭祸》。

四、**首都图书馆藏单行本**：《凤求凰》《巧循环》《华大嫂》《李傻子》《阿玉》《佘小辫》《范希周》《金茂》《唐大姑》《麻希陀》《翠花案》《貌相奇缘》《迷途》《阔太监》《赛金花》《杨结实》《贾孝廉》《妓中侠》《如是观》《卖国奴》《张古董》《陈列女》《玉碎珠沉记》《衢州案》《错中错》《新黄粱梦》《蛮女招祸记》《黑籍魂》《姊妹易嫁》《花鞋成老》《文字狱》《王来保》。

4　结语

综上所述，徐济的创作持续时间之长、数量之丰、受欢迎程度之高，在当时甚或后世均属首屈一指。其早期作品在体裁或题材上难脱旧体小说窠臼；又因之"报人——小说家"的双重身份，作品亦难免急就、杂凑之弊；此外，为迎合市民趣味，不少作品都是为"醒睡""消闲"而作。但我们也要看到，徐济其人有较为深厚的旧学积淀，同时作为维新、改良风潮的拥趸，在当时新旧交替的时代里，其小说作品大至创作理念、风格，小至语言、技巧，均可视为从旧文学向新文学转型的重要样本。他不忘"开通民智、改良风俗"之本心，其作品中所体现的"启蒙"意识、"警愚"宗旨以及平民思想，留下了特殊时代的鲜明印记；他的小说作品"不仅是研究此期京津地区社会思潮、民间组织、市井文化、乡风民俗、语言形态等领域的鲜活而宝贵的历史材料，更是研究中国白话通俗小说从传统到现代转型链条中不可或缺的重要一环节"（胡全章，2009）。可以说，徐济在京味儿文学发展史、北方通俗文学发展史乃至近现代文学发展史上都理应占据一席之地，然综观其人其事及其创作情况，虽已进入学界视野，受关注程度还远远不够。基于此，我们有必要对他的生平和作品进行进一步发掘、整理和研究，在进一步完善京味儿文学谱系的同时，以期对于近代中国小说由古典走向现代的历程及走向能有更为直观而深刻的认识。

参考文献：

管翼贤（1943）《新闻学集成》，中华新闻学院，北京。

胡全章（2009）清末民初白话报刊小说大家徐剑胆考论，《明清小说研究》第4期。

刘大先（2008a）被遗忘的清末民初京旗小说，《承德民族师专学报》第1期。

刘大先（2008b）定位京味文学的三重坐标，《韶关学院学报》第11期。

潘建国（2006）近代小说的研究现状与学术空间，《文学遗产》第1期。

石继昌（1996）《春明旧事》，北京出版社，北京。

于润琦（1997）《清末民初小说书系》，中国文联出版公司，北京。

张菊玲（1999）清末民初旗人的京话小说，《中国文化研究》第1期。

附录三:《庸言知旨》作者宜兴考述

刘云

1 引言

《庸言知旨》成书于嘉庆七年(1802),是清代最重要的满汉合璧会话书之一,作者宜兴为清宗室重臣,"宗室宜兴,字桂圃,八分公、西安将军普照孙,恒仁子。历官刑部侍郎、仓场侍郎、江苏巡抚、左都御史,嘉庆十四年卒。"[1]在序言中,宜兴介绍了《庸言知旨》的成书过程:"庚申,予任巴里坤,政务多暇,捡旧箧中,童时之所咨询于耆老,与夫承乏东省,采诸故乡人之口颊者,片楮之积若干,计此而任其凋零散佚,恐贻鸡肋之惜,爰加考酌,什摭其二三,分次条缕,凡三百余则编为一帙。"书中数量极为可观的话条均以满汉对照的形式呈现,题材包罗万象,涉及京旗生活的方方面面,是研究当时的旗人社会和语言面貌的重要数据。目前针对《庸言知旨》的系统研究较少,仅见《满汉合璧〈庸言知旨〉研究》(宋冰,2014)[2]一文对《庸言知旨》的版本、作者、内容特点和俗语进行了系统梳理和深入考察。在此基础上,本文拟对宜兴的家世、生卒年、履历做进一步挖掘和梳理。

---

[1] 盛昱、杨钟羲辑录《八旗文经》卷五八,《中华文史丛书》之九,台湾华文书局,1969年,第1865页。
[2] 宋冰《满汉合璧〈庸言知旨〉研究》,黑龙江大学硕士论文,2014年。

2 宜兴之家世

宜兴为清太祖努尔哈赤六世孙，英亲王阿济格五世孙，是名副其实的"天潢贵胄"。阿济格（1605—1651）是努尔哈赤第十二子，多尔衮之同母兄长，少年从征，军功卓越。后金天命七年（1622），阿济格跻身执掌国政的八和硕贝勒之列，崇德元年（1636）封武英郡王，顺治元年（1644）封和硕英亲王，授定远大将军，顺治五年授平西将军。多尔衮死后，阿济格"召其子郡王劳亲以兵胁多尔衮所属使附己"①，意欲摄政，被郑亲王济尔哈朗等逮捕圈禁，革去王爵，顺治八年十月十六日赐死，年四十七岁。阿济格育有十一子，劳亲亦被赐死，其余诸子皆被逐出宗室，黜为庶人。

顺治十八年，阿济格次子傅勒赫（1628—1660），以无罪得复宗籍，康熙元年（1662）二月追封镇国公。傅勒赫第三子绰克都（1651—1711）即为宜兴曾祖，生于顺治八年辛卯三月初七，康熙四年十二月封辅国公，五十年辛卯七月二十七日卒，年六十一岁。"绰克都，事圣祖。从董额讨王辅臣，守汉中，攻秦州，师无功。授盛京将军，又以不称职，夺爵。上录阿济格功，以其子普照仍袭辅国公。"②

普照（1691—1724）为绰克都第八子，宜兴之祖父，生于康熙三十年辛未十月初七日，康熙三十七年十二月袭奉恩辅国公，工诗，曾任议政大臣。③康熙五十二年十二月缘事革退公爵。雍正元年（1723）三月，因军前效力且兄女为年羹尧妻，特封奉恩辅国公。同年五月署西安将军，七月授宗人府右宗人，卒于雍正二年甲辰九月十三日，年三十四岁。雍正三年，年羹尧身陷囹圄，普照家族也受到波及，世袭爵位被追夺。

普照子恒仁（1713—1747），字育万，又字月山，为宜兴之父，康熙五十二年癸巳九月二十四日生，恒仁仰慕著名宗室诗人文昭之为人，亦做

---

① 赵尔巽等撰《清史稿》卷二一七，中华书局，1976年，第9018页。
② 赵尔巽等撰《清史稿》卷二一七，中华书局，1976年，第9018页。
③ 其子恒仁在《月山诗话》中提及，其父任议政大臣时时常获得"御书之赐"。

废爵读书之举,"杜门绝宾客,终身不妄交一人,文艺外更无他嗜"①,工诗,先后就教于沈廷芳和沈德潜,有《月山诗集》和《月山诗话》传世,惜乎英年早逝,卒于乾隆十二年(1747)丁卯五月十一日,年仅三十五岁。沈廷芳为之作墓志铭,赞其"学博而思精",诗作"清微朴老,克具古人风格,足传于后无疑也"。②

恒仁育有三子,长子肇礼为嫡妻纳喇氏所生,十一岁时早夭,次子宜孙和第三子宜兴均为妾陈氏所生。宜孙(1740—1777)字贻谋,号东轩,生于乾隆五年庚申九月廿八日,卒于乾隆四十二年六月二十三日,乾隆三十四年授宗学副管,与曹雪芹有交游。宜兴育有四子,仅有次子明绪成年,系正室韩佳氏所生。明绪(1775—1836),生于乾隆四十年五月廿一日,嘉庆元年恩诏授六品官,嘉庆十四年,赏四品侍卫,卒于道光十六年(1836)六月初九。

3 宜兴之生卒年

关于宜兴的生卒年有 1747—1809 和 1744—1808 两种不同意见,前者出自《爱新觉罗家族全书》,依据疑为《爱新觉罗宗谱》。后者出自宋冰(2014),生年根据宜兴《〈月山诗集〉跋》(书于乾隆五十一年)中自述"宜兴四十有二"推出,卒年依据《清代职官年表》相关记录。笔者认为,宜兴卒于嘉庆十四年(1809)不应存有争议,各文献中的记载并无冲突③——"嘉庆十四年卒"(《八旗文经》)、"十四年卒"(《国朝耆献类征初编》)、"十四年正月卒"(《满汉大臣列传》)、"嘉庆十四年己巳正月二十三日午时卒"(《爱新觉罗宗谱》)。而宜兴的生年信息,目力所及,

---

① 宜兴《〈月山诗集〉跋》,《八旗文经》卷二二,《中华文史丛书》之九,台湾华文书局,1969 年,第 798 页。
② 沈廷芳《月山诗集·墓志铭》,《月山诗集》,《丛书集成初编》,商务印书馆,1939 年,第 58 页。
③ 《清代职官年表》记载宜兴也是卒于嘉庆十四年(1809)正月廿三,而非 1808 年。

仅见于《爱新觉罗宗谱宗谱》中——"乾隆十二年丁卯三月二十九日辰时生",即1747年。《爱新觉罗宗谱宗谱》虽是研究爱新觉罗家族的重要资料,也存在个别内容与史传不符的情况,未可遽信,仍应多方考据验证。而《〈月山诗集〉跋》提供了新的证据,文中宜兴自述"生四十二日而孤",只是在"弥月时曾抱见父一面",由此可知宜兴出生后仅一个多月其父恒仁即离世。恒仁卒于乾隆十二年丁卯五月十一日,距三月二十九日恰好是四十二天,与《爱新觉罗宗谱》记载的生年吻合。综上所述,宜兴的生卒年信息可完善为:生于乾隆十二年丁卯三月二十九日(1747年5月8日)辰时,卒于嘉庆十四年己巳正月二十三日(1809年3月8日)。

4　宜兴之履历

《满汉大臣列传》《爱新觉罗宗谱》和《国朝耆献类征初编》对宜兴的仕宦履历均有详细记录,结合《清实录》《清代官员履历档案全编》中的相关资料,我们在宋冰(2014)的基础上,将宜兴的职表履历整理汇总如下:

表1　宜兴仕宦履历表

任职时间	职衔
乾隆三十二年[①]正月	由宗人府效力笔帖式补七品笔帖式
乾隆三十六年[②]	授宗人府主事
乾隆四十二年五月	迁宗人府副理事官
同年五月	同月升宗人府理事官
乾隆四十三年	兼宗室佐领
乾隆四十八年二月[③]	授太仆寺少卿

---

① 《爱新觉罗宗谱》作"三十三年"。
② 《爱新觉罗宗谱》作"三十八年"。
③ 《爱新觉罗宗谱》作"三月"。

（续表）

任职时间	职衔
同年四月	擢内阁学士兼礼部侍郎
同年四月	兼镶红旗满洲副都统
同年五月	以原衔充经筵讲官
同年七月	授盛京礼部侍郎
同年九月	管理盛京宗室觉罗学事务
同年十月	兼署盛京兵部侍郎
同年十二月	命管六边事务
乾隆五十二年二月①	调盛京户部侍郎，兼管奉天府尹事务
乾隆五十七年九月	调盛京刑部侍郎
乾隆五十九年十一月	授刑部右侍郎入京供职
乾隆六十年正月	兼镶红旗②汉军副都统
同年正月	调镶白旗满洲副都统
同年四月	迁仓场侍郎
嘉庆四年正月③	署山东巡抚
嘉庆四年二月	授江苏巡抚，七月卸任
嘉庆四年九月	赏授二等侍卫，前往巴里坤作为领队大臣
嘉庆七年二月	迁科布多参赞大臣
嘉庆七年	授正蓝旗满洲副都统
嘉庆八年九月	调盛京副都统
嘉庆十二年七月	擢都察院左都御史
同年十月	署刑部尚书
嘉庆十三年四月	充宗室翻译会试考官

① 宋冰（2014）作"五十四年"。
② 《爱新觉罗宗谱》和《清实录》中作"镶红旗"，《满汉大臣列传》作"正红旗"。
③ 宋冰（2014）作"三年"。

(续表)

任职时间	职衔
同年五月	授步军统领
同年七月	因查抄李如枚家产未能迅速办理,降二级留用,兼署工部尚书。不久以失察宗室喜庆与民人斗殴降四级留任,后又缘事降两级留用。

此外,据"中央研究院"历史语言研究所内阁大库档案记载,嘉庆年间宜兴还担任过盛京将军(署)、内务府大臣、正蓝旗满洲都统(署)、正蓝旗满洲都统等。

附录四:《清话问答四十条》作者常钧生平及著作考述

刘云 王硕

1 引言

《清话问答四十条》是清代重要的满汉合璧会话书,该书成书于乾隆二十二年(1757),于次年刊行,传播甚广,又于光绪四年(1878)修订再版,更名为《满汉合璧四十条》。作者常钧(1702—1789),隶镶红旗硕麟佐领,以翻译举人累官至甘肃巡抚、湖南巡抚,另著有《射的说》《敦煌随笔》《敦煌杂钞》等重要著作。常钧一生颇为传奇,壮年时军功卓著,是雍乾非常倚重的西北封疆大吏,而其文才也十分出众,精于绘事,不仅是清代满语文教育的有力推动者,也是敦煌史地学的早期代表人物。在现有研究中,仅《清代西北边臣常钧史事三题》[1]一文对常钧的身份、旗籍和西北宦迹进行了考证,本文将通过挖掘族谱、史籍、档案、地方志等清代民国典籍,对常钧的家世、生平履历及著述情况加以考察。

---

[1] 肖超宇,清代西北边臣常钧史事三题,《中国边疆民族研究》(第九辑),中央民族大学出版社,2015年,第135—146页。

2 常钧之家世

《叶赫那拉氏世系生辰谱》为常钧次子那淳所著，那淳后人增补，是研究常钧家世的第一手资料。据书中记载，常钧字且平，号和亭，别号可园、之溪、复翁，斋名清润，堂名敬义，生于"壬午年二月初六日寅时"，卒于"乾隆己酉年五十四年十月二十四日卯时"，享年八十八岁。常钧曾祖胡锡布为镶红旗满洲，跟随清世祖入关，曾任骁骑参领。祖父蒙固尔岱由考取笔帖式历任工部他齐哈哈番、户部员外郎、郎中、钦差河东盐院、陕西布政司。父兴葆生于康熙壬寅元年（1662），终于雍正己酉七年（1729），曾任平郡王府头等护卫、总管包衣大臣事务。母鄂卓氏为正红旗满洲，甘肃巡抚伊图之女。

常钧原配瓜尔佳氏为内务府员外郎哈什泰之女，正黄旗满洲，终于雍正年间，生长子那霱。继配鄂卓氏，生于康熙壬辰五十一年（1712），乾隆二十六年（1761）诰封夫人，终于乾隆五十二年，为礼部郎中兼佐领五格之女，正红旗满洲，生次子那淳。常钧后又纳妾四人，妻妾六人共育有九子九女，成年的有六子七女，多与世家贵胄结亲，这也从侧面反映了常钧家世之显赫。

常钧长子那霱（1721—1796），字雨芩，号燚堂，乾隆十五年由监生中式翻译举人，官至工部郎中。次子那淳（1730—1782），字朴岑，号清若，别号意园、晏如，由监生中式乾隆十五年庚午科文举人，次年考中翻译进士，任义州知州，普安知府。袁枚在《随园诗话》中称其为和珅门下，"长身玉立，书气迎人"①。四子那澄（1736—1797），承袭云骑尉世职，由监生考取笔贴式，官至步军统领衙门员外郎、浙江宁绍台道。六子那衍（1741—1795），字蕉石，号益堂，由官学生考取内阁中书，补入票签处行走，任复州知州、武岗州知州。七子那琪（1745—1811）字斐章，号瞻武，由监生考取内阁中书，后任池州州府、横州知州。九子那口字学山，号思文，

---
① （清）袁枚《随园诗话》，王英志校点，江苏古籍出版社，2000年，第534页。

由官学生考补工部库使，后任直隶通判。常钧六子均以文翰入仕，足见家学之渊博。

3 常钧之生平履历

雍正四年（1726），常钧由"翻译举人考授内阁中书"[①]。雍正八年，时任兵部主事的常钧和内阁侍读舒赫德被挑选为首任军机章京，"雍正时用兵西北，虑中书未尽谨密，始别设军需房，嗣定名军机处。其初即用议政处得力之员，如雍正八年仅内阁侍读舒赫德、兵部主事常钧二员，皆旗籍也。"[②]《军机章京题名》也有记载："常钧，镶红旗满洲人，雍正八年由兵部主事充。"[③]常钧后被派往西北地区历练。据《续潼关县志》记载，雍正十年，"镶红旗人举人"[④]常钧出任陕西潼关抚民同知。"雍正十三年十一月内补授榆林府知，乾隆三年十二月内补授甘肃安西兵备道。"[⑤]常钧任安西道十余年，任上著有《敦煌杂钞》《敦煌随笔》，从书中内容可见，常钧对当地边防政务等非常熟悉，在当时这样熟悉甘陕边情的官员是极为稀缺的，乾隆曾"因甘省边防重地令各省提镇卓荐人员来京引见时询明熟悉边情并愿往甘省效力者声明请旨发往补用"，结果"数年来愿往者仅寥寥数人，况据伊等自称熟悉边情亦未必遽可信"。[⑥]因此，乾隆十二年（1747），

[①] （清）李桓辑《国朝耆献类征初编》，《清代人物传记丛刊》，周骏富辑，台湾明文书局，1985年，第154册第603—612页。

[②] （清）龙顾山人《南屋述闻》，《近代稗海》（第十一辑），章伯锋、顾亚主编，四川人民出版社，1988年，第149页。

[③] （清）吴孝铭编《军机章京题名》，《近代中国史料丛刊》，沈云龙主编，文海出版社，1966年，第544册第19页。

[④] （清）向淮修，（清）王森文纂《续潼关县志》，《中国方志丛书》，台湾成文出版社，1969年，第59页。

[⑤] 秦国经主编《清代官员履历档案全编》，华东师范大学出版社，1997年，卷二第86页。

[⑥] 中国第一历史档案馆编《乾隆朝上谕档》，中国档案出版社，1991年，第二册第442页第1705条。

乾隆接见常钧后就计划培养重用，"人去得，再过数年可以陕甘臬司用之"①。乾隆十四年，常钧因"废弛徇隐""亏空白银一万七千两"被甘肃巡抚鄂昌参奏后革职，后来依旧得到乾隆重用，"特授兵部主事、军机处行走，随征西路"②。乾隆二十年，常钧以军机章京从征准噶尔，二十二年，因在军中"承办事件既无贻误，且效力行间颇知奋勉"③，授额外员外郎。

之后，常钧仕途步入了快车道，乾隆二十五年四月，"升授江南徐淮海道，未及赴任，旋授正白旗汉军副都统兼公中佐领"④，同年六月迁刑部侍郎，同年十一月协助大学士刘统勋赴江西查处江西巡抚阿思哈收取贿赠案，署江西巡抚，十二月署安徽巡抚，同月调补仓场侍郎，乾隆二十六年四月实授河南巡抚，任内积极整治水患，赈济灾民，推广犁楼和撒裂种二法，解决了湿地无法用牛犁田的难题，得到嘉奖。同年十月赴江西任巡抚，次年二月，乾隆南巡赐常钧诗，表彰其军功政绩，诗云："百战得归身，九歌出牧臣。无端泛河洛，有术免沉沦。熟路轻车易，贤劳体恤频。西江鱼米地，休息且同民。"⑤是年闰五月，乾隆又以常钧从征准噶尔卓有劳绩，恩赏云骑尉世职。表面上恩赏有加，实际上此时乾隆对常钧任上所为已有所不满："乾隆二十七年壬午九月乙亥。谕军机大臣等。朕检阅刑部所进本年秋审招册内江西一省。经九卿改入情实者共有七件之多常钧前在军营少有劳绩，是以加恩擢。任巡抚理应益加感励实心奋勉，况秋谳大典更当详慎核拟以肃刑章。乃该抚一味意存姑息，竟致改驳七案。从前见常钧有渐趋要誉之意是以将伊调任甘肃。今于江西秋审一事观之是其渐染沽名恶习已可概见。常钧着传旨严行申饬。嗣后亟宜痛加湔改、诸事

---

① 秦国经主编《清代官员履历档案全编》，华东师范大学出版社，1997年，卷二第86页。
② （清）那淳纂修《叶赫那拉氏世系生辰谱》，《北京图书馆藏家谱丛刊》，北京图书馆出版社，2003年，第275页。
③ 《平定准噶尔方略》正编卷四六，《钦定四库全书》第358册第4页下。
④ （清）那淳纂修《叶赫那拉氏世系生辰谱》，《北京图书馆藏家谱丛刊》，北京图书馆出版社，2003年，第275页。
⑤ 国史馆纂《满汉大臣列传》，卷四第14页下。

认真，方不负委任封疆至意。"① 不难看出，乾隆对常钧仍抱有厚望，但对其沽名钓誉的倾向有所觉察，这也为其后来被罢黜革职埋下了伏笔。

此后常钧被频繁调任，于乾隆二十七年五月调甘肃巡抚，二十八年十一月调湖北巡抚，二十九年六月调云南巡抚，同年七月署理湖广总督，乾隆三十一年（1766）二月任湖南巡抚，期间审理"桂阳州民侯七郎殴杀从兄岳添"一案时，用人失察，受桂阳知州张宏燧蒙蔽，被革去巡抚之职，但很快就被重新启用，乾隆三十二年二月，乾隆命常钧任喀什噶尔办事大臣，自备资斧前往，五月调任哈喇沙尔办事大臣钦差，驻哈尔沙尔掌大臣关防，办理回部事务。三十六年常钧奉调回京，"补授三等侍卫，补本旗管理红白银两事务章京"②。乾隆五十年，常钧受邀参加千叟宴。五十四年卒，享寿八十八岁。

4 常钧之重要著述

4.1 满汉合璧《清话问答四十条》

4.1.1 《清话问答四十条》的版本

《清话问答四十条》是一部教授旗人学习满语的会话书，由四十段不同主题的日常会话组成。满文列左，右列是对应的北方口语翻译。该书现存两种版本，均流传较广。其一题名《清话问答四十条》。卷首有乾隆二十三年满文序；其二题名《满汉合璧四十条》，卷首有光绪四年满汉对照序。这两种版本在中央民族大学图书馆③、北京大学图书馆④均有收藏。

---

① 《清实录高宗纯皇帝实录》卷六七一，中华书局，1986年。
② （清）那淳纂修《叶赫那拉氏世系生辰谱》，《北京图书馆藏家谱丛刊》，北京图书馆出版社，2003年，第276页。
③ 黄润华、屈六生主编《全国满文图书资料联合目录》，书目文献出版社，1991年，第126、241页。
④ 北京大学图书馆藏为笔者亲见。

其中乾隆本,前有常贵序,后有作者跋,皆为满文,每页六行,正文部分为满汉合璧,每页满汉文各五行,每行词数不一,满汉文隔行对照书写。光绪本,前有一序言,介绍了该书重新修订出版的过程,云:"光绪二年二月,奉都军宪,将八旗官学事务委派镶红、镶蓝二旗协领穆精额经理。查得官学原刊书板内有《四十条》一书,板片朽烂过多。至二十余年,并未刷印,恐有误于诸生,用是令领催祥瑞、双祥、恩承、恩瑞、灵康、额勒赫布、翻译教习依济斯浑、锡特浑阿召诸梓人重行刊刻去后,今光绪四年四月刊刻已竣,刷出以资诸生受读而垂永久也,是为序。"光绪本序言与正文均是满汉合璧,每页满汉文各五行,每行词数不一,满汉文隔行对照书写。乾隆本和光绪本中缝上均有单鱼尾,中缝下均有汉文页码标记,有外粗内细双线边框,均无界栏。在内容上,两个版本大体相同,极个别满汉文用字、用词略有出入,或可作为不同时期语言发展变化的证据,具有一定的比较研究价值。

4.1.2 从序跋看《清话问答四十条》的成书过程及内容特点

乾隆本成书时间早,书前有永贵序言,书后有作者跋,对编写过程和宗旨有明确的记述,皆为满文,为方便研究者使用,将之译为汉文[①]:

序

达意昭行,无言则不能远存;卓识君子,定然言简意赅,音律明晰,以增其行。国文字简而音繁,清语言简而意丰。修身、教子、齐家、领军民,则不输汉文。吾与先生于军中共理繁杂,先生天生于稳重中有修身之功课,遇事不失其思,从容若无事理之,故而多重之而心结之。一日,先生出《四十条》一书,嘱吾作序,言"此乃我于军旅中,得闲所编,于国语旁注汉语,为教育子弟而作者。"余观之,非但话条,明理之处亦丰。言者,心之声也,行之兆也。学生明之而践行,则非但熟习国语,更于修身有补。先生之学问、存心、行事,定于公私有

---
① 译文由王硕执笔。

益而用诚，由是亦可洞见。故而作序予之。

永贵 作
乾隆二十三年戊寅春日

跋

  古今之人，若有阐发之项，必出其初心以作序，然今吾之为教子弟所做者，特恐在子弟心性未定时，失老人之旧俗，故何必恬作序。吾生性愚钝且自幼久居省城，故而未得勤学国语。丙午年，幸而考取得用，未久得放外任，辗转二十余年，不但未执清书，幼年所记之言语亦至忘却。乙亥年，以章京分从戎以来，虽无读书之暇，尚有休息之刻，念及教授子弟，将眼前问答粗话编为四十条，兼以汉字，不无献丑于诸君子处，然若得见谅于惯引新进后生之思者，幸也。

那拉氏常钧
乾隆二十二年丁丑年中秋

  永贵（？—1783），雍正十年（1732）由笔帖式授户部主事，历任伊犁将军、吏部尚书、协办大学士等要务。永贵和常钧一样，均缘事免职后被派往西北，在平定准噶尔等战事中屡立战功得到重用。从序跋看，《清话问答四十条》应是成书于"从征西路"期间，具体来说是乾隆二十年到乾隆二十二年之间。常钧精通满汉双语，于雍正四年考取翻译举人，其长子那霱和次子那淳也分别考中翻译举人和翻译进士。从序跋可知，常钧撰写该书的目的是为了教育满洲子弟，所传授的不仅是满语知识，还有"老满洲"们的立身处世之道。因此，《清话问答四十条》不仅仅是一本教授满语的"话条子"，还具有极强的教化、劝喻功能，这与《清文启蒙》《清文指要》等经典满汉合璧会话书一脉相承，如第二条就是个劝学满洲话的话题，以一问一答的形式展开：

  甲：阿哥你会说满洲话吗？
  A: age si manjurame bahanambiu?

乙：现今学着说呢。

B: te taqime gisurembi.

甲：你口里说是学，看来不甚用功。满洲话，是满洲们分内必该
　　会的，若不练熟使不得呢。光阴迅速，日月如梭，好好的用功，
　　人不能替你用力，不要耽搁了自己。

A: si angga de taqimbi sere gojime, tuwaqi asuru kiqerakv, manju
gisun serengge, manju halangga niyalma i teisu dorgi urunakv
bahanaqi aqarangge, ureburakv oqi ojorakv kai, erin kemu geri
fari, xun biya homso -i adali, saikan kiqe, niyalma sini funde
hvsutuleme muterakv, ume beye be sartabure.

我们对四十个话条的主题进行了归纳，胪列如下：

1 立身行己之理	11 为弟的道理	21 道谢寒暄	31 感激朋友教导
2 劝学满洲话	12 读书以明理	22 道别寒暄	32 感谢朋友提醒
3 劝学	13 劝亲友多走动	23 赞人谨言慎言	33 背后莫议人非
4 无师自通满洲话	14 偶识新友	24 精明人忌刻薄	34 劝人莫要骄纵
5 汉先生讲授得法	15 宽厚爽快之益友	25 办事之道	35 劝人制怒忍耐
6 书本武备俱要用功	16 交友需慎	26 忌文过饰非	36 贫而无谄
7 射箭要诀	17 招待经过的朋友	27 谦逊之道	37 仗义疏财
8 闲暇时光	18 友人处寻觅美食	28 劝人谨言慎言	38 赠马致谢
9 品行是本，本事是末	19 参加宴请	29 冒撞朋友	39 打围养犬话题
10 孝道	20 便酌	30 忍让他人	40 修身处事之道

如上表所示，《清话问答四十条》的内容十分丰富，不乏美食、下棋、
射箭、听戏、写字、打弹弓、摔跤、打猎、饲养犬马等旗人日常文娱军体
话题，但更多的内容集中在鼓励子弟努力学习上进，教授他们如何为人处

事和待人接物。其中"劝学"题材的有8条，作者勉励子弟们加强满汉文学习的同时，也要勤习骑射技勇，不忘满洲之根本。第13、14、17、19、20、21、22、37、38、39等条则演示了在各种特定环境下如何待人接物，而剩余诸条则教育子弟敦行孝悌、善交良友、谨言慎行、宽厚待人、修身养性。

4.1.3 《清话问答四十条》是清代旗人生活的小百科——以十九条为例

《清话问答四十条》一书其目的虽"为教育子弟而作"，内容除了教化旗人子弟修身、尽孝、齐家等外，还兼及各类文娱活动、军事技能训练，在字里行间反映了彼时旗人社会的日常生活。如第十九条中的宴请描写，反映出当时旗人生活中主食多为各式面条与糕点，菜品较少，以各式烧烤烹煮的肉类为主，且在食用时，主要就餐工具仍然是刀，且自切自食。

仅 hangse（面）又有 lakiyangga hangse（挂面）、furungga hangse（切面）、tatangga hangse（拉面）等多种，此外，主食尚有 lala（黄米饭），而食用时必配有 oromu（奶皮子），另外，如食用米饭还需配上 xasigan（粉汤）、sile（空汤），而饭后又有饮品 ayara（酸奶子）和饭后点心 koforo efen（蜂糕）、hvya efen（螺丝饽饽）、feshen efen（撒糕）、ninggiya efen（馄饨）、tahvra efen（扁食）等。这一番对旗人宴请主食、饮品、甜点的精彩描写，恰似清中前期的一部饮食简介手册，充分体现了旗人对于饮食（特别是面食）的讲究，与诸多描写记录清代旗人社会生活的文献相印证。

在不厌其烦地描述了面点后，迟迟不见各类菜蔬登场，等来的却是要用小刀割着吃的 bujuhangge（煮的肉）、xolohongge（烧烤的肉）和 fuqihiyalahangge（燎毛的肉）。仅在一次宴席上就出现了至少三种不同做法的肉食（据笔者考查，应该都是猪肉）。这次宴席似乎规模不小，参与者众，且有 fuqihiyalahangge（燎毛的肉）[①]，似乎暗示了这是一场祭祀后阖族共分福肉的宴席。非但第十九条此一条，第二十条提及吃请，第

---

① 参见东洋文化研究院藏《满洲世谱式样图》第57、58页。

二十一条提及各节令点心，在四十条的局促篇幅内竟然有三条提到了饮食，其中两条更是以宴饮、馈赠为主题，可见其在旗人社交生活中的重要地位。而《清话问答四十条》所描绘的旗人生活远不仅如此，说它是一部旗人生活小百科手册毫不为过。

4.2　满汉合璧《射的说》

常钧另一本满汉合璧著作《射的说》成书于乾隆三十五年（1770），是一本教授射箭技巧的专业书，具体介绍了"步位""执弓""扣箭""开弓""审固""撒放"等环节的技巧要领以及入门阶段的训练方法。常钧认为射箭之道不在力而在德，射箭技巧要发挥效用，精神层面上要做到"诚意""正心""存神""养气"，才能达到弓、箭、手合一的境界。《射的说》后附《榆阳射圃观马图说》，亦为常钧所著，介绍了挑选良驹的技巧和要点。

4.3　《敦煌杂钞》和《敦煌随笔》

常钧被认为是"18世纪初叶第一个用文字记录了肃州以西各县和敦煌莫高窟的文人"[①]，其代表著述《敦煌杂钞》和《敦煌随笔》均成书于乾隆七年（1742），据书中常钧自序可知，两书有所不同。《敦煌杂钞》采"旧闻新得"，"略见沿革建置山川城堡之大凡"，主要是将《重修肃州新志》和各卫自辑志稿中的相关内容"分析义类，钞茸成编"。而《敦煌杂抄》更侧重"形势险要、疆域道里、风土人情、民俗、吏治"，是常钧游历、观察、思考所得，"间尝于巡历所至，辙迹所经，咨诹所及按之图说，征之舆论，其今昔之异宜，见闻之殊致者，辄随笔记之"。

4.4　存世诗文画作

除以上著述外，常钧还有诗文传世。《雪桥诗话》中收录《题鸭子泉诗》

[①]　史苇湘《敦煌历史与莫高窟艺术研究》，甘肃教育出版社，2002年，第41页。

一首,系常钧任安西道期间题于哈密西驿馆壁间,《三州辑略》也收录该诗,名《题敦煌古寺》,诗云:

> 曾奏南熏解舜颜,敦煌祠庙白云间。
> 灵旗影里铜乌静,社鼓声中铁马闲。
> 万里石沙开瀚海,一屏晴雪映天山。
> 高城月落飞羌笛,又见春光度玉关。

《八旗文经》收录《刘念台〈人谱〉序》一文,《人谱》为明代大儒刘宗周的理学名著,乾隆三十年重新刊印时,常钧为之作序,全文如下①:

> 《易·系词》言:立人之道曰仁与义,配天地称为三才。《礼经》言:人者天地之心,阴阳之端,四时之会,五行之秀也。故人而能尽人道则天地资以参赞,万物赖以裁成。失其道则与万物等,甚且或不如之。庄周言:名者实之宾。人之为人即名而实具焉,被此名者不可不重自审也。山阴刘念台先生之学本于余姚王文成公而清修笃行,能自辟户编,其《人谱》一帙,乃其在蕺山书院讲学时所著,以授学者,实治身入德之门户。江都方观察又取古今嘉言懿行与谱中条目相比附者,以类向从,文醇而事核,能使人依仁迁义之心油然以生、奋然以振。譬之医然,谱则轩岐之《灵枢》《素文》,类记则王叔和之《脉决》、孙思邈之汤液方剂,奏之而立起沉屙者也。譬之田然,谱则炎农野老之十七篇,管仲之《地员篇》,类记则《氾胜之书》、贾思勰《齐民要术》、崔实、韩谔之《四民月令》,禾谱、农器种种悉备,可式之以饱妇子者也。人之所以克尽人道,约言之亦不外乎此矣。广南守王大夫往在御史部曹素著望实,出守滇南,行笈有是编,重为刊布,郑重来问序于予。予观是编始于慎独知几,终于改过,大旨与周子太极图说易通,喝于互答,是先生心所真得,非传习于姚江者。学者果然奉是为圭臬,

---

① 见《八旗文经》,卷一四第488页。

有执辙可循，有阼奥可入。过则圣，及则贤，不及则不失于命名，岂不近而可守、简而易操，躬行之而立有效欤。则是编固化民成俗之所不可少欤！因援笔序之，以广其传焉。乙酉。

《墨香居画识》称常钧"解组后优游林下将二十年。精绘事，其画虎尤妙，世尤珍之"[①]，其绘制的《海防图》亦为传世舆图之珍品。

5　小结

综上所述，在敦煌学史、边疆史和满语教学史上，常钧都是一位重要人物，其著作《清话问答四十条》更是研究清代旗人生活和语言面貌的重要文献。遗憾的是，常钧及其著作目前尚未得到应有的关注，本文对常钧的家世、履历和著述情况进行了初步考证，期冀抛砖引玉，能够给后续研究提供一些线索和参考。

---

① （清）冯金伯撰《墨香居画识》，卷六第2页。

后　记

　　提笔之际，我才意识到关注北京话已有15个年头，自己也将步入不惑之年。梁实秋说："中年的妙趣，在于相当的认识人生，认识自己，从而做自己所能做的事，享受自己所能享受的生活。"照这个说法，我无疑是非常幸运的，早在读书期间我就找到了适合自己的研究方向，且一直自得其乐。硕博期间先后受教于崔希亮、陆俭明和郭锐老师，三位恩师对学问的孜孜以求、对名利的淡薄洒脱以及在待人处事上的宽厚正直令我受益终身。崔老师不仅是我学术上的引路人，还在我人生的关键节点上指点迷津，鼓励我坚持学术道路。早期北京话文献散见于京津地区各大图书馆的古籍部中，拍照、复印的费用不菲，没有崔老师的帮助，研究很难顺利启动。陆老师对我的研究、工作和生活给予了很大帮助，这两年去看望他和马真老师时，他们都会询问"早期北京话珍稀文献集成"的进展情况，充分肯定早期北京话文献整理和研究工作的意义，二老的鼓励对我以及"集成"所有的参与者都是莫大的激励。郭老师总是把学生的成长放在第一位，对学生的论文不厌其烦地反复推敲修改，在凌晨收到他的反馈邮件是家常便饭。郭老师近年来对早期北京话和现代汉民族共同语的发展颇为关注，发表了一些重要观点，我也有幸能在工作之余继续受教，在与老师的讨论中受益良多。

　　本书第七章初稿曾冒昧求教于蒋绍愚先生，不久就收到一份极为详细的意见。蒋先生在治学上的严谨以及对后辈的鼓励扶持令人钦佩。书中的部分章节已经在学术刊物上发表，感谢《中国语文》《语言教学与研究》《汉语学报》《语言学论丛》编辑部和匿名审稿专家的宝贵意见,此次成书时在内容上做了进一步调整和扩充。

此外,我要感谢曹志耘、陈前瑞、董秀芳、杜若明、方梅、李明、刘一之、刘子瑜、朴在渊、山田忠司、汪维辉、王洪君、王继红、杨建国、于润琦、袁毓林、张赪、张美兰、张世方、赵日新、周建设、竹越孝等师长给予的帮助和鼓励,感谢曹晋、陈晓、陈颖、崔蕊、韩沛玲、郝琦、侯瑞芬、侯兴泉、李计伟、刘倩、陆晨、欧慧英、朴恩石、孙文访、王磊、王硕、王文颖、谢成名、徐菁菁、徐毅发、姚晓东、翟赟、张娟、周晨萌等学友们一直以来的大力支持;感谢对外经贸大学中文学院邓如冰、陈保新、蒋春红、高淑燕等同事以及科研处同仁的支持。没有北京大学出版社邓晓霞主任和李凌老师的督促,本书很难按时付梓,责任编辑路冬月老师为本书付出了大量辛劳,胡双宝先生和宋立文老师对书稿提出了诸多宝贵意见,在此一并致以诚挚的谢意。最后我想向我的父母和爱人道一声"感谢",你们的默默支持是我前行的最大动力。

本书是我的第一本学术专著,也是我从事早期北京话语法研究的一个阶段性总结,由于资质驽钝,深知距离师长们的要求还有很大距离,书中错讹谬误或力所不逮之处,日后将弥补匡正。这本小书既是小结,也是激励,我将继续在早期北京话研究领域深耕细作,挖掘整理更多的早期文献服务学界,不辜负师长和亲友们的栽培与期望。

刘云

2018 年 6 月

"早期北京话珍本典籍校释与研究"
丛书总目录

早期北京话珍稀文献集成

（一）日本北京话教科书汇编

《燕京妇语》等八种　　四声联珠
华语跬步　　官话指南·改订官话指南
亚细亚言语集　　京华事略·北京纪闻
北京风土编·北京事情·北京风俗问答
伊苏普喻言·今古奇观·搜奇新编

（二）朝鲜日据时期汉语会话书汇编

改正增补汉语独学　　修正独习汉语指南
高等官话华语精选　　官话华语教范
速修汉语自通　　无先生速修中国语自通
速修汉语大成　　官话标准：短期速修中国语自通
中语大全　　"内鲜满"最速成中国语自通

（三）西人北京话教科书汇编

寻津录　　北京话语音读本
语言自迩集　　语言自迩集（第二版）
官话类编　　言语声片
华语入门　　华英文义津逮
汉英北京官话词汇　　北京官话初阶
汉语口语初级读本·北京儿歌

（四）清代满汉合璧文献萃编

清文启蒙　　　　　　　　清话问答四十条
一百条·清语易言　　　　清文指要
续编兼汉清文指要　　　　庸言知旨
满汉成语对待　　　　　　清文接字·字法举一歌
重刻清文虚字指南编

（五）清代官话正音文献

正音撮要　　　　　　　　正音咀华

（六）十全福

（七）清末民初京味儿小说书系

新鲜滋味　　　　　　　　过新年
小额　　　　　　　　　　北京
春阿氏　　　　　　　　　花鞋成老
评讲聊斋　　　　　　　　讲演聊斋

（八）清末民初京味儿时评书系

益世余谭——民国初年北京生活百态
益世余墨——民国初年北京生活百态

早期北京话研究书系

早期北京话语法演变专题研究
早期北京话语气词研究
晚清民国时期南北官话语法差异研究
基于清后期至民国初期北京话文献语料的个案研究
高本汉《北京话语音读本》整理与研究
北京话语音演变研究
文化语言学视域下的北京地名研究
语言自迩集——19世纪中期的北京话（第二版）
清末民初北京话语词汇释